NAGEL & KIMCHE

N E D   O ' G O R M A N

Politik für alle

Hannah Arendt lesen in unsicheren Zeiten

Aus dem amerikanischen Englisch
von Dr. Stephanie Singh

Illustrationen
von Sekani Kenyatta Reed

NAGEL & KIMCHE

1. Auflage 2021

Titel der Originalausgabe:
»Politics for Everybody.
Reading Hannah Arendt in Uncertain Times«

Satz: im Verlag, gesetzt aus der Minion
Druck und Bindung: CPI Books GmbH

ISBN 978-3-312-01210-7
Printed in Germany

Für Graham, zum Studienbeginn, tolle lege

When a people loses its political freedom, it loses its political reality, even if it should succeed in surviving physically.

HANNAH ARENDT, Introduction into Politics

When the facts come home to roost, let us try to at least make them welcome. Let us try not to escape into some utopias — images, theories, or sheer follies.

HANNAH ARENDT, Home to Roost

Allgemeine Anmerkung zu den Zitaten: Einige Zitate von Hannah Arendt wurden in diesem Buch auf Englisch belassen. Grund ist die besondere Editionslage: Arendt veröffentlichte viele ihrer Schriften zuerst auf Englisch und übersetzte sie später selbst ins Deutsche, häufig in überarbeiteter Form und somit abweichend von den englischen Originaltexten. Manche ihrer englischen Texte wurden bis heute nicht ins Deutsche übertragen. Hier auf Englisch belassene Zitate gibt es also nicht, nicht in dieser Form oder nicht im selben Zusammenhang auf Deutsch.

INHALT

VORWORT

Dieses Buch handelt vom Glück.

Bestimmt kennt jeder die Redewendung vom »Streben nach Glück« (*the pursuit of happiness*). Sie war – und ist – revolutionär. Für die Unterzeichner der amerikanischen Unabhängigkeitserklärung und die Menschen, die sie vertraten, war Glück das Ziel des politischen Lebens. Auf uns Heutige wirkt dieser Anspruch überraschend. Wir sind es nicht gewöhnt, Politik mit Glück zu verbinden. Viel eher assoziieren wir sie mit negativen Gefühlen wie Elend, Depression, Apathie, Empörung oder Wut. Doch als Thomas Jefferson vom »Streben nach Glück« schrieb, tat er das nicht leichthin. Er wiederholte nur einen uralten Gemeinplatz. In der Antike galt »Glück« oder »Gedeihen« als Endziel des politischen Lebens. Zufriedenheit im Alltag war nach damaliger Vorstellung am besten zu erreichen, indem man in Aufbau und Instandhaltung des kollektiven Lebens investierte.

Die deutsch-amerikanische politische Denkerin Hannah Arendt verfasste den Großteil ihrer Schriften in der Mitte des 20. Jahrhunderts. Sie beobachtete, dass die Amerikanerinnen und Amerikaner* – mit der entscheidenden Ausnahme der Bürger-

* Der Verlag ist um gendergerechte Sprache bemüht. Da dieser Text viele Zitate und historische Bezüge enthält, eignet er sich nicht für eine durchgängige Verwendung der gendergerechten Sprache. Daher hat sich der Verlag für einen Wechsel zwischen Beidnennung und der auch intergeschlechtliche und nicht-binäre Menschen einschließenden Sternchenform entschieden. In historischen Zusammenhängen steht größtenteils die männliche Form, entsprechend der politischen Realität in der griechischen *polis* und im Römischen Reich.

rechtlerinnen und Bürgerrechtler – diese grundlegende Wahrheit weitgehend vergessen hatten. Natürlich strebten viele in den USA der 1950er- und 1960er-Jahren nach »Glück«. Aber dabei handelte es sich um ein privates Glück. In den 1950er-Jahren suchte man es in neuen Küchengeräten, Comedy-Serien und Kochrezepten, in den 1960er-Jahren in Sex, Drogen und Rock'n Roll. Arendt schrieb, die amerikanische Bevölkerung hätte mit diesen privaten Dingen jenes tradierte Streben ersetzt, dass man zu Jeffersons Zeit noch ganz direkt als »öffentliches Glück« bezeichnet hätte. Wegen dieses öffentlichen Glücks – und nicht wegen höherer Löhne oder mehr Besitz – emigrierten die Menschen aus England und anderswo in die Neue Welt. Und wegen dieses öffentlichen Glücks kämpften sie im amerikanischen Unabhängigkeitskrieg.

Arendt schrieb in einer Zeit, in der die Ablösung des öffentlichen durch das private Glück von den meisten Amerikaner*innen nicht als Problem betrachtet wurde. Na und?, schienen sie zu fragen. Sie setzten auf eine Zukunft mit mehr Wohlstand für sich und ihre Kinder. Viele fanden gute Gründe, ihr wirtschaftliches und persönliches Wohlergehen über eine aktive Beteiligung an der bürgerlichen Gemeinschaft zu stellen. In Konsumgütern, Unterhaltungsangeboten, schönen Häusern und schicken Autos sahen sie immer neue Wege zum privaten Glück. Das öffentliche Leben erschien ihnen bestenfalls als eine Art Freizeitbeschäftigung, die Menschen mit politischen Ambitionen vorbehalten war. In dieser Zeit entwickelte sich ein neues amerikanisches Credo, das der ehemalige Präsident Ronald Reagan in den 1980er-Jahren so formulierte: »Folgende Wahrheiten erachten wir als selbstverständlich: dass alle Menschen gleich geschaffen sind; dass sie von ihrem Schöpfer mit gewissen unveräußerlichen Rechten ausgestattet sind; und dass zu diesen Rechten das Recht gehört, von der Regierung in Ruhe gelassen zu werden, Politiker zu verachten und sich auf das Geldverdienen zu konzentrieren.« Seitdem ist dieses Credo ein amerikanisches Glaubensbekenntnis.

Wenigstens war das bis vor Kurzem so. Während ich diese Zeilen schreibe, erleben wir die negativen Folgen unserer mangelnden Beteiligung am staatsbürgerlichen und politischen Leben. Mithilfe der sozialen Medien drängt unsere lange vernachlässigte politische Kultur in den Privatbereich, führt zu Familienstreit, ruiniert Freundschaften und macht uns persönlich unglücklich, depressiv oder zutiefst wütend. Zudem erreichen die größten Weltprobleme – vom Klimawandel über zunehmende wirtschaftliche Ungleichheit und Informationskrieg bis hin zu Flüchtlingskrisen – nun auch viele von uns (manchmal ganz direkt) und können nicht länger ignoriert werden.

Die Grundaussage dieses Buchs ist deshalb: Nachhaltiges und umfassendes privates Glück hängt vom öffentlichen Glück ab. Auf dieser Grundvoraussetzung wurde die amerikanische Republik gegründet. Sie bildet zwar keine perfekte Basis, ist aber heute noch genauso wahr wie damals. Die Qualität unseres öffentlichen Lebens formt die Qualität unseres privaten Lebens. Politik formt einige Grundbedingungen unserer privaten Zielsetzungen und ist längst nicht nur ein Hobby seltsamer Typen.

Das Projekt namens »Liberalismus«, Leitprinzip der zweiten Hälfte des 20. Jahrhunderts in Nordamerika, machte uns lange das Gegenteil glauben. Liberalismus hängt mit »liberalen« politischen Positionen zusammen, unterscheidet sich zugleich aber von diesen – schließlich bezeichnen sich auch Konservative als liberal. Er kann definiert werden als die Überzeugung, die Hauptverpflichtung der Gesellschaft bestehe im Schutz des privaten Strebens nach Glück. Der Liberalismus gründet in einigen sehr wichtigen Wahrheiten: Individuen sind wichtig und schutzbedürftig und Individualität ist etwas Gutes.

Doch der Liberalismus kann den Akzent so stark in Richtung des individuellen Rechts auf das Streben nach dem wie auch immer gearteten privaten Glück verschieben, dass eben jene gesellschaftlichen, politischen und ökologischen Probleme vernachlässigt werden, die doch gerade die Bedingungen und Umstände der privaten, persönlichen Zielsetzungen bilden. Der Liberalismus lehrt uns, dass wir uns nur auf unsere privaten Interessen konzentrieren müssten, ohne die Privatinteressen anderer einzuschränken, und schon sei uns das Glück gewiss. In seiner extremen Ausformung wird dieser Ansatz als »Libertarismus«[1] bezeichnet. Doch für die meisten von uns funktioniert die Welt nicht so: Derzeit müssen wir erkennen, dass unser Privatleben, unser Wirtschaftsleben und unsere körperliche Gesundheit nicht von der politischen Dynamik der Wohnviertel, Gemeinschaften, Länder und klimatischen Bedingungen unabhängig sind, sondern dass sie von all diesen Faktoren direkt beeinflusst werden. Politik ist eine Frage der *Lebensqualität* – eine Frage des Glücks.

Das ist eine »republikanische« Behauptung. Wie der Liberalismus sollte auch der Republikanismus nicht mit einer politischen Partei oder einer bestimmten politischen Ideologie verwechselt werden: Er beschreibt schlichtweg die Vorstellung, dass die Qualität des Privatlebens nicht streng von der des öffentlichen Lebens getrennt werden kann, dass privates Glück zu einem gewissen Grad von öffentlichem Glück abhängig ist, und dass öffentliches Glück sowohl wesenhaft verfassungsgebunden (etwa in der »Gewaltenteilung«) als auch der Praxis verpflichtet ist (beispielsweise in Form aktiver Staatsbürgerlichkeit). Der Republikanismus geht dem Liberalismus voraus. Es gibt gute Gründe für die mancherorts vertretene These, letzterer sei nur eine verschlankte Form des ersteren.[2] Wie dem auch sei: Wann immer überzeugte Liberale – und nochmals: Es geht hier nicht um rechts gegen links, sondern um jene, die sich den oben dargelegten Merkmalen des Liberalismus verpflichtet fühlen und häufig konservativ sind – sich öffentlich für ein liberales Anliegen einsetzen, hauchen sie dem republikanischen Geist des Redens und Handelns im öffentlichen Raum neues Leben ein.

In diesem Sinne will auch das vorliegende Buch den republikanischen Geist wachrufen. Es entstand im Kontext politischer Umstände und Krisen, die sich im zweiten Jahrzehnt des 21. Jahrhunderts besonders herauskristallisierten. Es tritt dafür ein, den republikanischen Geist als Selbstverständlichkeit wiederzubeleben, nicht nur in Wahlkampfphasen oder Krisenzeiten. Obwohl ich an einer Universität lehre, habe ich dieses Buch deshalb mehr als Bürger denn als Wissenschaftler geschrieben. Mein Hauptthema ist die Politik, und das zentrale Argument dieses Buchs lautet, dass Politik *alle* angeht.

Genauer gesagt ist dieses Buch eine Verteidigungsschrift der Politik für jene Menschen, die den Glauben an die Politik verloren haben – darunter meine Freund*innen, Nachbar*innen, Student*innen, Glaubensgenoss*innen und Leute, denen ich beim Kaffeetrinken oder im Fitnessstudio begegne. Normalerweise fallen diese Leute in eine von zwei Kategorien: Sie sind entweder politikverdrossen oder sorgen sich in obsessiver Weise um die Politik. Es ist viel die Rede von einer Polarisierung beider politischer Lager. Ich glaube, die Kluft zwischen den »Desinteressierten« und den »Besessenen« ist die folgenreichste Form heutiger politischer Polarisierung. Sie bildet die Infrastruktur der Polarisierung der Parteienlager. Ich will deshalb für eine politische Mitte argumentieren, die nicht direkt mit politischen Parteien oder Ideologien zu tun hat, sondern mit dem Wert und der Bedeutung der Politik selbst.

Das Folgende ist weder ein neutrales Plädoyer für die Politik noch ein Plädoyer für neutrale Politik. In Übereinstimmung mit seiner Leitfigur Hannah Arendt setzt sich dieses Buch für die republikanische Demokratie ein. John Adams scherzte vor 200 Jahren, das Wort *Republik* könne alles oder nichts bedeuten. Damit hätte er noch heute Recht. Kombiniere man es jedoch mit Demokratie – er formulierte: *democratical* –, erhalte man etwas sehr Spezifisches und Besonderes: eine politische Ordnung, in der die Regierung von den Menschen ausgeht, durch die Menschen gebildet wird und für die Menschen besteht, statt von, durch oder für die Privilegierten, Reichen oder Durchtriebenen.[3]

Hannah Arendt war die kenntnisreichste Verteidigerin der republikanischen Demokratie im vergangenen Jahrhundert. Sie war hochgebildet und ein Bücherwurm, zugleich aber praktisch veranlagt und auf das Persönliche gerichtet. Sie war eine Geflüchtete, die in den 1930er-Jahren als deutsche Jüdin den Nazis entkam. Ihr politisches Denken wurzelte deshalb in ihren eigenen Erfahrungen als Geflüchtete, die irgendwann Amerika zu ihrer Heimat machte. Vielleicht trug die Intensität dieser Erfahrung zur Stringenz und zum Scharfsinn ihrer Schriften bei, die vielen schwer zugänglich erscheinen. Stephen Brown, der mich vor Jahren zuerst mit dem Werk Arendts bekannt machte, schreibt: »Selbst ihre klügsten Leser haben Schwierigkeiten, zu erkennen, was sie meint.«[4] In diesem Buch will ich unter anderem zeigen, dass Arendts politisches Denken tatsächlich in gesundem Menschenverstand und Alltagserfahrungen gründet. Ihre Herangehensweise an Politik ist geerdet, vernünftig und realistisch. Arendt-Expert*innen werden die Fragen und Probleme dieses Buchs vertraut sein; sie werden auf diesen Seiten kaum etwas Überraschendes oder Neues finden – vielleicht mit Ausnahme einiger meiner Interpretationen. Anderen Wissenschaftler*innen wird dieses Buch hoffentlich als Einführung in Arendts Werk dienen (wofür ich die Anmerkungen als besonders hilfreich erachte).[5] Dennoch ist dies weniger ein Buch über Hannah Arendt als vielmehr ein arendtianisches Buch. Es bewegt sich zwischen einer Einführung in ihre Arbeit und die Werke anderer wichtiger politischer Denker und einer Einführung in die politischen Künste selbst. Es ist das Produkt meines jahrzehntelagen Austauschs mit Arendts Schriften und den von ihnen aufgegriffenen Traditionen, sowie vieler anderer Gespräche mit Lehrer*innen, Freund*innen, Familienmitgliedern, Studierenden und sogar Fremden. [6]

Apropos Fremde: Während der Arbeit an diesem Buch wurde eine Fremde mir zur wertvollen Mitarbeiterin. Das Buch enthält Zeichnungen der Chicagoer Künstlerin Sekani Reed. Ich habe sie erst kennengelernt, als dieses Projekt schon weit fortgeschritten war. Als ich ihre Zeichnungen bei einer Ausstellung vor Ort und später auf Instagram entdeckte, fiel mir ihre bemerkenswerte Fähigkeit auf, menschliche Gesichter und Hände zum Leben zu erwecken. Ich nahm allen Mut zusammen und fragte sie, ob sie einige Zeichnungen für dieses Buch anfertigen würde. Nach einigen Gesprächen stimmte sie zu. Die Arbeit mit Sekani gab mir einen kleinen Einblick in die Möglichkeiten der Politik: Wir waren einander fremd, entstammten unterschiedlichen Kontexten und vertraten verschiedene Generationen. Keine Kategorie unserer Identität stimmt überein: Wir sehen verschieden aus, sprechen verschieden, verhalten uns verschieden und hören (weitgehend) verschiedene Musik. Da überrascht es nicht, dass wir oft nicht einer Meinung waren. Dennoch *sprachen* wir miteinander – manchmal lange und im Rahmen von persönlichen Begegnungen, manchmal in Form von Textnachrichten – über schwierige Themen (oder, wie Arendt sagen würde, »Objekte«) von allgemeinem Interesse. Unsere Unterhaltungen brachten mehr hervor als die Zeichnungen auf diesen Seiten. Manche Worte und Gedanken in diesem Buch entstanden aus Gesprächen mit Sekani. Das heißt natürlich nicht, dass sie unbedingt ihren Standpunkt wiedergeben, genauso wenig wie ihre Zeichnungen nicht bloße »Illustrationen« meiner Argumente sind. Vielmehr befinden sie sich in einer visuellen Diskussion mit den Themen und Argumenten dieses Buchs. Wie demokratische Bürger*innen sind sie in der Lage, sowohl für sich zu sprechen als auch in das Gespräch anderer einzustimmen.

EINLEITUNG

Die verlorene Politik

Ich möchte mit einem politischen Gleichnis beginnen – dem Gleichnis vom verlorenen Sohn. Es stammt ursprünglich aus der Bibel; ich schmücke es jedoch etwas aus. Es geht ungefähr so: Ein reicher Vater hat zwei Söhne, einen älteren und einen jüngeren. Jedem ist ein großes Erbe versprochen. Der ältere Sohn ist pflichtbewusst, verantwortungsvoll und wartet geduldig auf den Tag, an dem er seine Hälfte des Familienvermögens erben wird. Der jüngere Sohn hingegen will so schnell wie möglich eigene Entscheidungen treffen und bittet schon jung um sein Erbe, als der Vater noch gesund ist. Vielleicht zur Überraschung des Jüngeren erklärt sich der Vater einverstanden und gibt ihm sein Erbteil, ungeachtet des Protests des älteren Sohnes.

Ausgestattet mit viel Geld zieht der jüngere Sohn in die Welt hinaus, gibt jedoch durch seinen zügellosen Lebensstil alles binnen kurzer Zeit aus. Mittellos arbeitet er zunächst als Helfer auf einem Bauernhof, ehe er beschämt nach Hause zurückkehrt. Er will nach einer Anstellung auf dem väterlichen Hof fragen, wo er wenigstens nicht bei den Schweinen schlafen müsste. Ehe der jüngere Sohn auch nur ein Wort sagen kann, fällt ihm sein Vater um den Hals und richtet eine Begrüßungsfeier für ihn aus. Der ältere Sohn ist entsetzt über das Verhalten des Vaters und beschwert sich: Er selbst habe jahrelang pflichtbewusst für ihn gearbeitet, aber für ihn sei nie ein Fest veranstaltet worden. Der Vater antwortet ihm: »Alles, was ich besitze, gehört doch schon dir!«[7]

Das Gleichnis vom verlorenen Sohn gilt weithin als Beispiel bedingungsloser Liebe, doch mit gleichem Recht kann es als politische Parabel gelesen werden. Damals wie heute war der Auszug von zu Hause eine Form des Erwachsenwerdens. Indem er dem jüngeren Sohn das Erbe gab und ihn ziehen ließ, sagte ihm der Vater: Du bist nun frei von den Zwängen deines Heims, aber auch von dem Schutz, den es dir bot. Du bist mir gleichgestellt. Nach der beschämenden Rückkehr ist der jüngere Sohn bereit, der Familie im Austausch für Schutz und Unterhalt zu dienen. Der Vater lehnt das Angebot ab und besteht auf der Freiheit und Gleichheit des Sohns, indem er ihn umarmt und feiern lässt. Damit sagt der Vater: Eine Rückkehr zu väterlicher Aufsicht und Beschränkung wird es nicht geben, wir sind noch immer gleichgestellt und du bist noch immer frei. Der ältere Sohn lehnt dies ab. Er glaubt, Freiheit und Gleichheit müsse man sich verdienen und sie seien jenen vorbehalten, die sich gut benehmen. Die Antwort des Vaters – »Alles, was ich besitze, gehört doch schon dir!« – bedeutet: »Auch du bist mir gleichgestellt und bist frei, wie dein Bruder. Du hast zwar nie das Haus verlassen, aber ich muss auch dich freigeben!« Die Basis der Beziehung zu beiden Söhnen besteht also nicht mehr in Verpflichtungen und Befehlen, sondern in Freiheit und Gleichheit, und jedes Thema wird auf dieser Basis verhandelt, auch Eifersucht, Ungerechtigkeit, Dummheit und Verschwendung.

Meine These lautet, dass Politik – genau wie elterliche Liebe – mit dem Akt des Loslassens beginnt, mit dem Verzicht auf Kontrolle, sodass einer dem anderen nicht als Herr oder Diener, sondern als Gleicher gegenübertritt. Wir sind daran gewöhnt, Gleichheit und Freiheit für die Ziele politischen Aktivismus zu halten. Ich argumentiere, dass sie der *Anfang* von Politik sind und Politik ohne sie nicht möglich ist. In diesem Buch gibt es wenig Idealismus und keine grundlos optimistischen Versprechen von einer perfekten politischen Welt. Im Gegenteil. Ich werde mit drei Tatsachen beginnen.

Erstens: Die Menschen müssen zueinander als Gleichgestellte in Beziehung treten. Nicht alle Beziehungen erfüllen diese Voraussetzung; man könnte sogar sagen, dass es die meisten nicht tun. Dennoch *stellt sich Gleichheit ein.* Zweitens: Wenn Menschen einander gleichberechtigt behandeln, treten sie in eine freiheitliche Beziehung. Diese Freiheit ist natürlich nicht gänzlich und absolut. Niemand ist absolut frei – das ist eine idealistische Vorstellung. Wir sind durch unseren Körper und Geist eingeschränkt. Immer wieder sind wir gezwungen, unsere körperlichen und sozialen Grundbedürfnisse zu stillen: Wir müssen Essen zubereiten, genug schlafen, pünktlich zur Arbeit gehen, uns um bedürftige Familienmitglieder kümmern, und so weiter. Und es gibt viele Menschen und Kräfte da draußen, die aktiv versuchen, uns zu kontrollieren und auszubeuten und unsere Freiheit einzuschränken. Dennoch: Genau wie die Gleichheit *stellt auch die Freiheit sich ein.* Freiheit, so meine These, ist kein Zustand des Seins, sondern ein *Merkmal* des Zusammenseins mit anderen. Sie ist ein Merkmal von Beziehungen. Drittens: Wie im Gleichnis vom Vater und Sohn sind auch Gleichheit und Freiheit abhängig von ständig neuen menschlichen Entscheidungen und Verhaltensweisen – nicht von der Natur, der Gesellschaft oder der Marktwirtschaft. Freiheit und Gleichheit sind zwar Tatsachen des menschlichen Lebens – eben menschliche Phänomene –, müssen aber stets aufs Neue aktiv gewählt werden, denn sie sind nicht die einzigen Tatsachen des Lebens. Es gibt genügend Unterdrückung oder schlicht notwendige andere Tatsachen. Freiheit und Gleichheit müssen deshalb gezielt gewählt werden. Und genau darum drehten sich so viele politische Auseinandersetzungen in der Menschheitsgeschichte.

Politik ist letztlich die Kunst, in Freiheit und Gleichheit mit anderen zusammenzuleben. Politische Beziehungen sind etwas Besonderes: Sie stellen sich ein, wann immer zwei oder mehr Menschen miteinander in Gleichheit und Freiheit in Beziehung treten. Das wiederum führt zu einer Form menschlicher Macht, die politische Macht genannt wird. Solche Beziehungen entwickeln sich nicht automatisch. Sie müssen gezielt verfolgt werden, wie man sich in einem Handwerk oder einer Kunst übt. Es gibt viele Ungerechtigkeiten und Verzerrungen, die Politik zu etwas anderem als der Kunst freiheitlicher, gleicher Beziehungen pervertieren und die zur Verwechslung von Waffenmacht mit politischer Macht führen können. Das Gleichnis von den beiden Söhnen ist auch die Geschichte einer solchen Verzerrung, nämlich der Missgunst. Der ältere Sohn missgönnt seinem Bruder dessen Freiheit. Er will, dass sein Vater die Gesetze macht, dass er den Bruder zur Strafe versklavt oder anderweitig unterdrückt. Missgunst ist sicherlich eine eindrucksvolle Kraft, aber sie schädigt die Politik und verzerrt sie, sodass sie nicht mehr in freien und gleichen Beziehungen zu anderen besteht. Durch Missgunst kann Politik zu einer Form der Rache werden, zur Durchsetzung der eigenen Vorstellungen dienen oder »uns« gegen »die« aufbringen.

Deshalb handelt dieses Buch vom Unterschied zwischen authentischer und pervertierter Politik. Ich untersuche und erkläre diesen Unterschied und mache deutlich, dass es diesen Unterschied gibt. Ich setze mich dafür ein, ihn zu erkennen, indem ich authentische Politik gegen die vielen Formen ihres Missbrauchs verteidige.[8]

Natürlich gibt es überall Hinweise darauf, dass die pervertierte Form der Politik sich durchsetzt. Im vergangenen Jahrzehnt hat sich die Polarisierung in den USA auf dramatische Weise verstärkt. Viele Menschen dort haben sich *verrannt* – entweder in ihre kleinen politischen Kokons fernab aller Zweifel, Meinungsverschiedenheiten und anderslautender Daten, oder in die Ohnmacht angesichts der Tatsache, dass so viele Menschen sich in etwas verrannt haben. Politikwissenschaftler*innen und Medienforscher*innen erfinden neue Begriffe zur Beschreibung dieses Phänomens – *Filterblasen, affektive Polarisierung, expressive Par-*

teilichkeit und viele mehr. Sie alle verweisen letztlich auf die gleiche Grundsituation, nämlich auf die Vorherrschaft einer perversen Parteilichkeit (die für gewisse Medien und Social-Media-Konzerne äußerst gewinnbringend ist).[9] Viele von uns sind unfähig, die Welten der anderen zu sehen, ganz zu schweigen von der Welt selbst, die jenseits unserer parteiischen Standpunkte liegt. Niemand von uns ist gänzlich frei von dieser Kurzsichtigkeit. Bildung ist in dieser Hinsicht keineswegs das Allheilmittel, für das man sie halten mag. Eine Studie des Pew Research Center von 2016 kommt sogar zum gegenteiligen Schluss: Je gebildeter man ist, umso eher beharrt man auf seiner Weltsicht.[10] Faktoren wie Medienkonsum, Zugehörigkeit zur Stadt- versus Landbevölkerung oder das individuelle Steueraufkommen beeinflussen den Grad der jeweiligen politischen Kurzsichtigkeit, nicht aber die grundsätzliche Existenz dieser Kurzsichtigkeit. Andere Studien zeigen, dass die Wahrscheinlichkeit, sich in der eigenen Filterblase festzufahren, mit zunehmendem politischem Interesse steigt.[11]

Es überrascht nicht, dass viele von uns sich dazu entschieden haben, die Politik zu ignorieren, vor ihr zu flüchten oder sie anderweitig zu meiden. Politische Diskussionen haben zahllose Freundschaften zerstört und Familienfeiern jäh beendet. Wer sich mit seinen Kolleg*innen gut verstehen möchte, meidet Gespräche über Politik. Wer zum Erntedankfest ein schönes Essen mit der Familie genießen will, spricht nicht über Politik. Wer ein angenehmes Unterrichtsklima erhalten will, lässt Politik unerwähnt. Die *New York Times* berichtete von einer Frau, die all ihre Freundinnen und Freunde verlor, weil sie Donald Trump gewählt hatte. »Freundinnen und Freunde, die ich seit 40 Jahren kannte«, beklagte sie. »Ich sage Ihnen, das ist verrückt.«[12] »Verrückt« ist tatsächlich eine gute Beschreibung für die verzerrte Politik unserer Zeit. Sie zeigt sich nicht nur in zerbrochenen Freundschaften und desaströsen Familientreffen, sondern auch am unstillbaren Hunger der Privatsender und Sozialen Medien nach Drama, Empörung und Scheinde-

Thanksgiving

batten, an den enormen Geldmengen, die im US-Wahlkampf verpulvert werden, an den lächerlichen politischen Werbespots in Wahlkampfzeiten und an der bizarren Aufteilung der US-Wahlbezirke, die so gestaltet sind, dass sie die jeweils herrschende Partei an der Macht halten. Viele von uns haben zurecht genug von der Politik.

Dennoch versteht sich dieses Buch als Verteidigung der Würde der Politik im Zeitalter ihrer Schande. Es hält Politik für die unabdingbare alltägliche Kunst, miteinander freiheitlich in Beziehung zu treten, und betrachtet sie nicht als Problem, sondern als Teil der Lösung für unsere politische Kurzsichtigkeit, Malaise und Missgunst. Es plädiert nicht für ein Weniger, sondern für ein Mehr an Politik – dafür, die Politik ernster zu nehmen, statt sie abzuschreiben, und ihr eine wohlüberlegte Chance zu geben.

Zu diesem Zweck untersuche ich im Folgenden das Werk einer der prononciertesten Fürsprecherinnen der Politik im 20. Jahrhundert: Hannah Arendt (1906-1975). Die in Deutschland geborene Jüdin floh in den 1930er-Jahren vor den Nazis und ließ sich in den Vereinigten Staaten nieder.[13] Von nun an arbeitete sie dreißig Jahre lang an *Elemente und Ursprünge totaler Herrschaft*, einer scharfen Analyse des Totalitarismus. Sie schrieb zudem viele andere Bücher und Artikel, deren Themen von der Revolution bis zur Verantwortung des Menschen für den Erhalt der Welt reichten. In einer Reihe von Artikeln, die zuerst im *New Yorker* und später unter dem Titel *Eichmann in Jerusalem* erschienenen, machte sie Adolf Eichmann, einen der Verwalter des Holocaust, zum Paradebeispiel der »Banalität des Bösen« und wurde damit zu einer der umstrittensten Autorinnen ihrer Zeit, da viele Kritiker diese Formulierung mit »uninteressant« oder »langweilig« gleichsetzten.[14]

Arendts berüchtigte Wendung von der »Banalität des Bösen« sollte jedoch im Gegenteil bezeichnen, wie das – vor allem moderne – Böse oft von Menschen verübt wird, deren größte Sünde in *Gedankenlosigkeit* besteht.[15] Genau wie viele weniger spektakuläre Formen menschlicher Grausamkeit wurden auch die Massaker und Genozide im 20. Jahrhundert Arendt zufolge von Menschen ausgeübt, die eher gedankenlos als teuflisch waren. Sie folgten entweder einem Gruppendenken oder verschrieben sich unreflektiert der Pflichterfüllung, Loyalität oder Gehorsamkeit. Arendt betonte stets, dass »Gedankenlosigkeit« nichts mit Intelligenz zu tun habe. Vielmehr sei jeder dafür anfällig, denn jeder könne das Denken einstellen:

> Das Denken [...] ist kein Vorrecht der Wenigen, sondern eine immerfort gegebene Fähigkeit von jedermann; gleichermaßen ist die Unfähigkeit zu denken nicht das »Vorrecht« von jenen vielen, denen es an geistiger Kraft fehlt, sondern die immerfort gegebene Möglichkeit für jedermann – die Wissenschaftler, Gelehrten und anderen Spezialisten in den Geistesfabriken nicht ausgeschlossen [...].[16]

Politik ist für Arendt nicht die letztgültige Lösung für das gedankenlos Böse, doch sie war ein wichtiges Gegenmittel – aus dem einfachen Grund, weil sie uns dazu aufruft, mit anderen, die sich von uns unterscheiden, zu reden und potentiell nachzudenken. Arendt zufolge stellen sich politische Lösungen nie automatisch ein, sind nie bloß regelkonform oder das Ergebnis von purem Gehorsam. Sie entstehen immer unter Berücksichtigung der Perspektiven Stimmen und Bedenken anderer und münden eher in Urteilen und Taten als in gedankenlosen Vorurteilen oder instinktiven Reaktionen. Arendt betonte, dass diese Unternehmung namens Politik eine Angelegenheit für *jeden* sei.[17]

Ein merkwürdiges Plädoyer für Politik

Arendts merkwürdiges Plädoyer für Politik beginnt mit der paradoxen Tatsache, dass wir einerseits an der Praxis und Kultivierung der Politik arbeiten müssen, ihr andererseits jedoch nicht entgehen können, wie sehr wir es auch versuchen mögen. Arendt merkt an, dass die Menschen jahrhundertelang versucht haben, der Politik zu entgehen. Sie hofften, eine andere Kraft – Wirtschaft, Wissenschaft, Technik, Religion, Rasse oder individuelle Selbstverwirklichung – könne uns aus den Zwängen unserer politischen Verfasstheit befreien und uns den Horizont des endlosen Fortschritts eröffnen. Angesichts arbiträrer Entscheidungen der Monarchen vergangener Jahrhunderte und deren desaströser Folgen hielten die Europäer und Amerikaner des 18. und 19. Jahrhunderts Dinge wie »das Gesetz der Geschichte«, »die Kraft der Vorsehung«, »die Vorteile der Industrialisierung«, »die Geheimnisse der Biologie« oder »die Magie der Märkte« für Wege in eine Welt jenseits der Politik. Die Auswirkungen dieser Möchtegernwelt ohne Politik auf das 20. Jahrhundert waren absolut katastrophal. Der Anspruch auf eine historische Bestimmung der arischen Rasse brachte uns den Holocaust, die Anforderungen der sowjetischen Kollektivierung brachten uns den Gulag, der Vorrang der Physik über der Politik brachte uns die

Atombombe, und die »Eroberung der Märkte« brachte uns Bürgerkriege in Zentral- und Südamerika, Kolonial- und Postkolonialkriege in Afrika und Ausbeutungsbetriebe in Asien.

Arendt zufolge hatten diese Katastrophen einen Bumerang-Effekt. Jede von ihnen – Nazideutschland, die Sowjetunion, der nukleare Terror oder der wirtschaftliche Imperialismus – entsprang dem Bedürfnis nach einer Welt jenseits der Politik – in Gestalt gesellschaftlicher Ordnungen auf Basis von rassischer Identität, dialektischem Materialismus, Wissenschaft als Verteidigungsstrategie oder Profitmaximierung. Und jede von ihnen führte zu einer perversen Politisierung des gesamten Lebens, von der individuellen Genetik über Geschichte und Wissenschaft bis hin zu Pullovern und Bananen. Laut Arendt begann jede dieser Katastrophen nicht etwa mit einer unpolitischen Position, sondern einer starken Konzentration des Politischen auf eine einzige destruktive Dynamik. Mit anderen Worten: Der verzerrten und repressiven Politik konnten nicht einmal jene entgehen, die sie überwinden wollten. Sie konnten sie sich nur zu eigen machen und zugunsten eigener Interessen noch weiter pervertieren.

Auf der Erde gibt es laut Arendt »nicht *den* Menschen, sondern die Menschen«. Politik gehört zu unserer *conditio humana*, weil wir »zwar alle dasselbe sind, nämlich Menschen, aber dies auf die merkwürdige Art und Weise, dass keiner dieser Menschen je einem anderen gleicht, der einmal gelebt hat oder leben wird.«[18] Wir sind plurale Wesen, und die Tatsache unserer »Pluralität« erfordert, dass wir unsere Gleichheit und Verschiedenheit in der einen oder anderen Form politisch verhandeln.[19] Die Grundfrage ist so alt wie die politische Philosophie selbst: Wer nimmt an welchem politischen Prozess mit welchem Ziel und mit welchen Mitteln teil? Wir können der Politik nicht entgehen. Wir können sie nur verbessern oder verschlimmern, konstruktiver oder destruktiver machen, demokratischer (als Vorrecht der Bürger) oder oligarchischer (als Privileg Weniger) gestalten.

Arendt plädierte für eine authentische, demokratische Politik. Das wirkt manchmal idealistisch, ist es aber nicht. Im Gegenteil: Ihre Herangehensweise an Politik war realer als die Perspektive, die etwa das Fernsehen heute nach dem Vorbild von *House of Cards* einnimmt, indem es Politik als Nullsummenspiel um Macht präsentiert, in dem Intrigen, Korruption, Lügen, Manipulation und rücksichtsloses Herrschaftsstreben an der Tagesordnung sind. Natürlich gab und gibt es viele Menschen in politischer Verantwortung, die, gelinde gesagt, nicht gut mit anderen zusammenarbeiten können. Solche Menschen können große Macht ausüben, sei es durch Zwang oder durch Zerstörung.

Dennoch gilt: Piraterie, Tyrannei und Zerstörung sind keine authentischen Ausdrucksformen der politischen Kunst, sondern die Perversion und Ausbeutung derselben. Arendt scheint das von Augustinus (354-430 n. Chr.) gelernt zu haben, mit dem sie sich in ihrer Dissertationsschrift beschäftigte.[20] Augustinus zufolge verzerren Bosheit, Lasterhaftigkeit und Verbrechen das Gute in etwas Schlechtes. Piraterie, Tyrannei und Zerstörung gehören zur Kunst des Diebstahls, nicht der Politik. Es gab zwar schon viele Diebe in der Regierung, doch das Amt ändert nichts an ihrem Status als Diebe. Wer sich für so etwas interessiert, sollte dieses Buch niederlegen und lieber eines über die Kunst des Diebstahls lesen.

Die Kunst der Politik ist *realer* als die Kunst des Diebstahls, weil der Diebstahl – wie ein Parasit – von der Politik abhängig ist. Damit gestohlen werden kann, muss es Diebesgut geben. Damit gelogen werden kann, muss es eine Wahrheit geben. Damit getötet werden kann, muss es ein Leben geben. Ich will sagen, dass etwas nicht wirklicher wird, nur weil es schockierender, grotesker oder kränker ist. Täglich gibt es in der Politik viele Situationen wie in *House of Cards*, bei Weitem zu viele, um sie zu zählen. Korruption ist in heutigen Regierungen oft nicht die Ausnahme, sondern die Regel. Nichtsdestotrotz stellt Korruption immer die Korruption von etwas dar, und vieles von dem, was wir heute Politik nennen, ist nur die Korruption von Politik. Und eben dieses grundlegende Phänomen, das Phänomen der Politik, steht im Zentrum dieses Buchs.

Der Populismus des 21. Jahrhunderts zeigt sich im Brexit, in den Wahlsiegen verschiedener »starker Männer« und in gärenden rassistisch und nationalistisch konnotierten Krisen in Nordamerika, der Europäischen Union und Teilen Südamerikas. Er beruht stark auf Lügen, Manipulation und Diebstahl, hat aber eine gute Eigenschaft: Er erinnert uns daran, dass *wir in einer politischen Welt leben.* Aus dieser gibt es kein Entrinnen. Die Politik ist unser Schicksal. Die Frage ist, was fangen wir mit unserem Schicksal an? Wir brauchen nicht weniger, sondern eine bessere Politik. Die Politik als Kunst bedarf der Fürsprache und Demokratisierung. Eine Wiederbelebung der Bedeutung der Politik und ihrer Kunst sowie eine Neubildung der Menschen in diesen Bereichen könnten lähmender ideologischer und parteipolitischer Hyperventilation entgegenwirken. Beides könnte uns helfen, Kontakt mit unserem inneren politischen Wesen aufzunehmen. So würden nachbarschaftliche Strukturen gestärkt, Gemeinschaften bereichert, die Kompetenzen der Regierung gesteigert und wir würden nicht noch weiter auseinandergerissen.

Momentan leiden wir an einer Art Autoimmunerkrankung: Mit unserem Angriff auf das tatsächlich kranke politische System haben wir auch die Heilmittel angegriffen. Vielleicht bietet die Psychologie eine bessere Analogie: Wir projizieren Ursachen von Problemen auf die Politik, die letztlich ein Ergebnis ihrer Schwächung sind und nur durch die Stärkung eben dieser Politik adressiert werden können. Wir benötigen eine erneute Einführung in die Grundlagen der Politik, damit wir die Chance auf kollektive Gesundheit und Vernunft wiedererlangen können.[21]

Beispielsweise müssen wir die politische Verfasstheit unseres Wirtschaftslebens ernst nehmen. Wir dürfen Wirtschaft nicht als eine autonome, unkontrollierbare Kraft in unserem kollektiven

Leben betrachten, sondern als etwas, das wir gemeinsam adressieren können. Wir müssen der staatsbürgerlichen Führung wieder Bedeutung verleihen, sodass Begriffe wie *Ehre* und *Respekt* nicht für Militär und Flaggen reserviert, sondern auch auf Zivilist*innen anwendbar sind. Wir müssen verhindern, dass Programmier*innen das Monopol auf politische Macht bekommen, indem sie unsere globalen digitalen Netzwerke stärker mit der Macht der Algorithmen verknüpfen. Und als ganz normale Bürger*innen müssen wir die Kunst des Überzeugens, Debattierens, Dialogisierens, Nachdenkens und Unterscheidens wieder neu lernen und sie von bloßer Frömmelei in alltägliche Praxis verwandeln.

Hannah Arendts Grundkurs in Politik

Arendts Texte enthalten eine Art Grundkurs in Politik. Er basiert auf sechs Tatsachen, die wir mit den fünf Sinnen und dem gesunden Menschenverstand begreifen können. Zunächst fordert Arendt uns auf, unsere Grundsituation als Menschen in den Blick zu nehmen, insbesondere die erste und wichtigste Tatsache: dass nämlich du und ich und andere zusammen auf dieser Erde leben. Arendt bezeichnet dies als »menschliche Bedingtheit«.[22] Es ist bedeutsam, dass Arendt ihr Nachdenken über Politik mit der *conditio humana* beginnt und nicht etwa mit der so genannten »Natur des Menschen«. Viele andere bekannte Namen der politischen Philosophie der Moderne nahmen an, Politik sei in der einen oder anderen Weise eine Antwort auf und ein Umgehen mit dem Problem der »menschlichen Natur«.

In diesem Buch möchte ich nicht nur Arendts Denken ergründen, sondern auch den Ursprung einiger von ihr kritisierter Vorstellungen. Der Gedanke, Politik sei ein Mittel zum Umgang mit der »menschlichen Natur« ist sehr alt, erhielt aber zu Beginn der Moderne prominente Unterstützung durch John Locke (1632–

1704). Locke half beim Errichten des philosophischen Fundaments dessen, was heute als »politischer Liberalismus« bekannt ist. Diese Position wurde und wird sowohl auf der konservativen als auch der liberalen Seite des ideologischen Spektrums von vielen geteilt. Locke argumentierte, der Mensch sei von Natur aus besitzergreifend, gierig und habsüchtig. Wir sind Individuen mit Besitzansprüchen. Wir alle eignen uns Dinge an. Wir wollen Dinge besitzen – vor allem uns selbst und alles, was zu unserem Überleben und Unterhalt notwendig ist. Lockes Idealvorstellung war deshalb eine Gesellschaft, die auf Eigentumsrechten und Vertragsregeln basierte, die »mich« und »meine Sachen« gegen die gesellschaftlichen Aneignungsprozesse schützen sollten: Er glaubte, dies sei zu erreichen, indem man jenen Rechte garantiere, die über bestimmte Eigenschaften verfügten – nämlich vor allem männlich waren und Eigentum hatten. Seine politische Theorie hätte dem älteren Bruder im Gleichnis vom verlorenen Sohn gefallen: Nur die Berechtigten erhalten Rechte.

Seit Locke haben politisch Liberale die »Qualifikationen«, mit denen man Rechte erhält, wieder und wieder überarbeitet, Lockes Perspektive im Grundsatz aber beibehalten: Der politische Liberalismus ist für jeden, der dessen Voraussetzungen erfüllt. Wer dazu gehört, wird hauptsächlich davor geschützt, dass andere sich seinen Besitz zu eigen machen. Wie bereits erwähnt herrscht darüber sowohl unter Konservativen als auch unter Liberalen Konsens. Die Parteien sind sich zwar nicht einig, wer für den Schutz qualifiziert ist und wie die gesellschaftlichen Rechte und Regeln im Detail ausgestaltet sein müssen, doch sie stimmen darin überein, dass die wichtigsten politischen Fragen sich auf individuelle Eigentumsrechte und die damit verbundenen Gesetze zurückführen lassen.

Arendt kritisierte diese Position. Sie war der Meinung, Politik sei für *alle*, nicht für »jeden, der gewisse Voraussetzungen erfüllt«. Darüber hinaus hielt sie die Schlussfolgerung für lächerlich reduktionistisch, eine Vorstellung von der »menschlichen Natur« solle die Gesellschaft leiten. Sie hielt die menschliche Natur für zu kompliziert und variabel, als dass sie zur stabilen Grundlage der Politik geeignet sei. Sie fürchtete, die Theorien über die menschliche Natur könnten dazu führen, dass wir andere zu dem machen wollen, wofür wir die Menschen von vornherein halten. Wenn wir die menschliche Natur für formbar, konditionierbar und behavioristisch kontrollierbar halten, werden wir versuchen, aus den Menschen nichts anderes zu machen als bessere Hunde. Halten wir die menschliche Natur für gut und nobel, werden wir versuchen, die Menschen zu Heiligen zu machen. Und wenn wir die menschliche Natur für besitzergreifend halten, werden wir versuchen, alle zu Käufern und Verkäufern zu machen.

Arendt näherte sich der Politik also nicht über die Natur des Menschen, sondern über die menschliche Bedingtheit – und zwar vorrangig über die Tatsache, dass Menschsein bedeutet, mit anderen Menschen auf der Erde zusammenzuleben. »Das ist doch klar«, ließe sich hier sagen. Doch im Kern von Arendts Werk steht die Methode, sich dem Offensichtlichen zuzuwenden und ihm Bedeutung zu verleihen – und das zu hinterfragen, was wir häufig als offensichtlich erachten. Laut Arendt sind alle menschlichen Aktivitäten durch die grundlegende Tatsache des Zusammenlebens auf der Erde bedingt.[23] Dieser Tatsache können wir nicht entrinnen, gleich welche Formen der Ausgrenzung, Ausbeutung und Unterdrückung wir wählen.[24] Doch was machen wir aus der Tatsache unseres Zusammenlebens? Eben *dies* ist laut Arendt die entscheidende politische Frage.

Indem Arendt diese Frage aufgriff, betonte sie eine zweite Tatsache: Normalerweise teilen alle Menschen auf der Erde grundlegende menschliche Fähigkeiten – die Fähigkeit, zu denken, zu kommunizieren und zu handeln. Wir alle sind gemeinhin in der Lage, unseren Geist für das Herausbilden von Ideen, Behauptungen, Meinungen und Urteilen zu nutzen. Wir alle haben im Allgemeinen die Fähigkeit, mit anderen zu kommunizieren, Sprache, Gesten oder Bilder für Aussagen zu benutzen, Fragen zu stellen, Gefühle auszudrücken oder uns und andere einfach nur an die eigene Existenz zu erinnern.[25] Und schließlich handeln wir alle: Sei es auf gewöhnliche Weise, indem wir Müll vom Gehweg aufheben, oder heldenhaft, indem wir ein Kind von der Straße ziehen, um einen Zusammenstoß mit einem fahrenden Auto zu verhindern. Denken, Sprechen und Handeln sind die grundlegenden Instrumente, mit denen wir in der Welt, unseren Gemeinschaften, Kulturen und Zivilisationen navigieren.

Nun haben wir zwei klar erkennbare Tatsachen: unser Zusammenleben auf der Erde und unsere grundlegenden Fähigkeiten, die uns bei diesem Zusammenleben mit anderen helfen. Eine dritte Tatsache kommt hinzu: Es gibt besondere Objekte, Probleme und Ereignisse, die innerhalb einer vielfältigen Gruppe von Menschen für alle von Bedeutung sind. Diese Tatsache beginnt mit der Beobachtung, dass jedem von uns bestimmte Dinge wichtig sind – nicht alles und jedes, aber doch manches. Ist uns etwas wirklich wichtig, setzen wir uns dafür ein. Betrifft es mehr als eine Person, wird die Angelegenheit unausweichlich zum »gemeinsamen« Thema. Indem wir uns um solche Angelegenheiten von gemeinsamer Bedeutung herum organisieren, formen wir, wie Arendt es nannte, eine »gemeinsame Welt.«[26] Diese gemeinsame Welt ist nicht identisch mit der leuchtend blauen Kugel, die wir auf NASA-Fotos sehen. Vielmehr ist sie die Sammlung all der verschiedenen Dinge, die uns gemeinsam mit anderen Menschen wichtig sind, seien es Bäume, Delfine, Steuern, Taser, Stereotypen oder Gehwege.

In unserer Beschäftigung mit diesen Dingen zusammen mit anderen werden wir wahrscheinlich merken, dass wir manches anders sehen als andere. Zum Beispiel möchte mein Nachbar einen wild wuchernden Baum loswerden, der zwischen unseren Häusern steht. Ich aber will ihn behalten, weil er meiner Veranda Schatten spendet. Wir sehen die Dinge unterschiedlich – nicht, weil wir verschiedenen politischen Parteien angehören, sondern weil wir verschiedene Menschen mit verschiedenen Standpunkten sind. Der Baum bildet, so könnte man sagen, einen Berührungspunkt zwischen meinem Nachbarn und mir. Doch Arendt würde es grundsätzlicher formulieren: Er bildet einen *Verbindungspunkt* mit meinem Nachbarn in unserer gemeinsamen Welt. Gleichzeitig gehören die diversen Mikroben in und um den Baum nicht zu unserer gemeinsamen nachbarschaftlichen Welt, weil keiner von uns sich viele Gedanken um sie gemacht hat oder überzeugt wurde, sich um sie zu scheren. Für die Baumkundler*innen der Stadt jedoch könnten diese Mikroben große Bedeutung haben und deshalb Teile einer gemeinsamen Welt sein.

Unterschiedlichkeit ist deshalb die vierte Tatsache in Arendts Grundkurs in Politik. Manchmal sind unsere Differenzen gering, manchmal enorm. In jedem Fall sollten wir nicht erwarten, die Dinge genauso zu sehen wie andere oder den exakt gleichen Standpunkt zu haben. Wir alle sind auf verschiedene Weise in der Welt verortet. Wenn manche Leute die Dinge identisch betrachten, liegt das daran, dass sie ihre individuelle Perspektive zugunsten einer Gruppe aufgegeben haben. Manchmal ist die Unterordnung des eigenen Standpunkts harmlos – etwa bei Fans einer Popband. Manchmal ist sie nötig, beispielsweise bei militärischen Einheiten im Kriegseinsatz. Doch in anderen Fällen kann sie gefährlich sein – vor allem, wenn wir anfangen, angesichts komplexer Probleme zu Denken und zu Handeln wie kleine Rädchen im Getriebe einer ideologischen oder politischen Parteimaschine, statt die Vielfalt der Perspektiven zu nutzen.

Deshalb gibt es die fünfte Tatsache, die *Freiheit*. Menschen, die ihre Fähigkeit, zu denken, zu reden und zu handeln zur Bewältigung gemeinsamer Probleme nutzen können, unterscheiden sich qualitativ von Menschen, die zu bestimmten Dingen gezwungen werden. Wir alle handeln unter Druck und unterliegen verschiedenen Zwängen. Absolute Freiheit gibt es nicht. Dennoch besteht ein qualitativer Unterschied zwischen dem Gleichschritt einer Tanzgruppe, die wir freiwillig besuchen, und dem Gleichschritt bewachter Gefängnisinsassen. Freiheit liegt für Arendt in der *Qualität* menschlichen Handelns, sie ist abhängig von Überzeugung und Kontext. Geht es um das gemeinsame Engagement für bestimmte Dinge, hat freiwilliges Engagement eine andere Qualität und ist dem erzwungenen »Engagement« überlegen, das unter Druck entsteht oder nur geschieht, weil alle es tun. Es ist der Unterschied zwischen einfachem Mitläufertum und eigenem *Handeln* (siehe Kap. 6).

Schließlich die letzte Tatsache: Damit Menschen ihre Fähigkeit, zu denken, zu reden und zu handeln zur Bewältigung gemeinsamer Probleme nutzen können, brauchen sie den dazu nötigen Raum. Wir brauchen einen Raum, der Abstand zwischen den Menschen ermöglicht und in dem wir uns als plurale Wesen äußern können statt als große, einheitliche Masse. Arendt nennt diesen Raum etwas enigmatisch den »Erscheinungsraum«:[27] Damit etwas vor uns erscheinen kann, benötigen wir einen gewissen Abstand zwischen uns und dem Objekt. Indem wir ein Problem aus – sei es geringer – Entfernung betrachten, merken wir intuitiv, dass es nicht nur mit uns zu tun hat, sondern Teil der Welt außerhalb unseres Gehirns.[28] Es kann also ein Thema von allgemeinem Interesse sein, das auch andere sehen können. Wenn das, was mir Sorgen macht, von niemand anderem erkannt wird, kann es gewissermaßen nicht zum politischen Objekt werden. Umgekehrt gilt: Wenn ich keine Distanz zwischen mir und einem Objekt schaffen kann – etwa zwischen mir und dem Baum –, werden mir die Aussagen anderer über den Baum als Aussagen über *mich* erscheinen. So werde ich gewissermaßen selbst zum politischen Objekt. Das ist zwar nicht grundsätzlich problematisch (denn der Baum könnte mir so wichtig sein, dass ich ihn als Teil meiner selbst sehe). Und doch ist es gut, zu wissen, dass in einem »Erscheinungsraum« – ein Onlineforum, ein Wohnzimmer, ein Treffen des Elternbeirats, eine Bar, ein Parteitag oder eine Straßenecke – die Dinge, die uns am Herzen liegen (auch wir selbst) verschiedenen Leuten unterschiedlich erscheinen können.[29]

Und damit haben wir die sechs grundlegenden Tatsachen beisammen, die unsere politische Existenz formen. Diese sechs Tatsachen können in einer sehr arendtianischen Behauptung zusammengefasst werden: *Politik ereignet sich, wenn Menschen frei als Gleiche zusammenkommen und gemeinsamen Anliegen im Gespräch oder handelnd begegnen.* Freiheit und Gleichheit sind hier fundamentale Formen gegenseitiger Beziehungen, nicht nur rechtliche Kategorien oder ideologische Slogans. Sie sind nicht wesenhaft abhängig von Gesetzen oder nationalen Identitäten, sondern von den Entscheidungen, die wir hinsichtlich unserer Beziehungen zu anderen treffen. Am Arbeitsplatz stehen wir unserer Chefin oder unserem Chef beispielsweise nicht frei und gleich gegenüber. Dennoch können wir mit ihr oder ihm als Freie und Gleiche über ein gemeinsames Anliegen sprechen – etwa Schießereien an Schulen. Damit tritt man in eine politische Beziehung ein.

Arendts grundlegende Herangehensweise an Politik ist frei von vielen Worten, die wir gemeinhin mit Politik verbinden: *Politiker, Regierung, Wahlkampf, Parteien, Medien, Wahlen, Konservative, Liberale, Unabhängige, Radikale, rechts, links, Sozialisten, Libertäre, Autoritäre.* Arendt machte sich keineswegs keine Gedanken um diese Dinge – im Gegenteil. Auch mangelte es ihr nicht an einer eigenen politischen Position, obwohl sie sich im amerikanischen Parteiensystem weder als Republikanerin noch als Demokratin verortete. Sie war republikanische Demokratin im historischen Sinn der Macht der Bürger, der Herrschaft des Gesetzes und der Bedeutung dessen, was sie als »öffentliche Freiheit«[30] bezeichnete. Zentraler Punkt ihrer Herangehensweise an Politik ist das Bestehen auf Politik als grundsätzliche menschliche Fähigkeit, die mehr oder weniger authentisch umgesetzt werden kann. Laut Arendt sind wir – unter anderem – *politische Wesen*. Immer wenn wir reden, handeln oder uns in sonstiger Form anderen gegenüber als Gleiche verhalten, zeugen wir vom bemerkenswerten menschlichen Potential für Kooperation, Konfrontation, Vertrauen, Fordern, Zuhören, Meinungen, Urteile, Entschuldigungen und Vergeben. Diese Fähigkeiten bilden den Kern von Aufbau und Erhalt politischer Gemeinschaften.

Arendt zufolge bilden diese Fähigkeiten die Grundlage echter politischer Macht. Politische Macht wird nicht wie eine Schusswaffe oder ein Vorschlaghammer eingesetzt, sondern von den Menschen in der Beschäftigung mit gemeinsamen Anliegen konstituiert, geformt und erzeugt, indem sie ihre Fähigkeit zur Kommunikation und zum Handeln ausüben.[31] Darüber hinaus bilden diese Fähigkeiten laut Arendt die einzig gültige Basis dessen, was wir als »Menschenrechte« und »Menschenwürde« bezeichnen – sie selbst sprach etwas präziser von »politischen Rechten«.[32]

Weil das Individuum die politischen Fähigkeiten zur Kommunikation und zum Handeln hat, sieht Arendt ein Recht auf eine Gemeinschaft gegeben, die diese Fähigkeiten genauso respektiert – so, wie ein Fisch das Recht auf Wasser hat. Ihrer Meinung nach ist die einzige Gemeinschaft, die die Fähigkeiten des Individuums (nicht als bloßes Mitglied einer Familie, sozialen Gruppe oder Identitätskategorie) respektieren kann, eine freie politische Gemeinschaft Gleicher, mithin eine Demokratie. Der Markt schützt das Recht des Einzelnen auf Reden und Handeln nicht; die Technologie respektiert keine »Würde«; die »Geschichte« schert sich nicht um individuelles menschliches Leben; und wie wir im vergangenen Jahrhundert immer wieder lernen mussten, verschließen auch autoritäre Staaten oder Regierungen im Namen administrativer Macht die Augen vor individuellen Rechten und der Würde des Einzelnen. Demokratische politische Gemeinschaften sind die einzigen Gemeinschaften, die die Fähigkeit des Individuums zum Sprechen und Handeln in ihrer Gänze respektieren können. Wer die demokratische Politik abschreibt, gibt laut Arendt mehr als nur die Ideale von Individualität und Freiheit auf – er verzichtet auf die Würde und damit auf einen gewissen Grad unserer Menschlichkeit.[33]

Dieses Argument ist nicht abgehoben. Es wurzelt vielmehr in den sechs weiter oben diskutierten Grundlagen der menschlichen Bedingtheit, obwohl diese Tatsachen zugleich »normativ« sind und Ideale darstellen, für die es sich zu kämpfen lohnt. Diese Tatsachen schließen zudem andere Realitäten der menschlichen Existenz keineswegs aus, etwa Gewalt, Ausbeutung oder Gefahr. Zu ihrer Zeit gehörte Arendt zu den prominenteren Kritikerinnen der repressiven und restriktiven Tendenzen der modernen Gesellschaft des 20. Jahrhunderts, darunter auch den damaligen »freien Gesellschaften«. Sie meinte, wir Modernen seien gar nicht so begeistert von Freiheit und Gleichheit, wie wir gerne behaupteten, und oft besser darin, uns und anderen Käfige zu bauen, als freie Gemeinschaften zu begründen. In Krisenzeiten setzen wir zu häufig auf *technologische* und *wirtschaftliche* Lösungen, obwohl wir eigentlich *politische* Antworten bräuchten. Die technologischen und wirtschaftlichen Lösungen mögen effizient, wirksam und vielleicht sogar kurzfristig lohnenswert sein, befeuern langfristig aber Krisen, weil sie unsere politischen Fähigkeiten zugunsten der Konformität mit der wirtschaftlichen und gesellschaftlichen Maschinerie vernachlässigen. Darüber hinaus münden sie häufig in eine Unvereinbarkeit, da Lösungen aus dem Ingenieurwesen oder der Marktwirtschaft auf nicht-technische oder nicht-wirtschaftliche Probleme wie Misstrauen, Hass, Ausbeutung oder Korruption angewendet werden. Arendt glaubte, die Menschen würden es dereinst ablehnen, als Schmieröl eines von Ökonomen, Anwälten, Verteidigungsexperten und Programmierern betriebenen Systems zu dienen. Ich denke, wir können mit Recht feststellen, dass dieser Punkt nun gekommen ist.

* * *

Arendt hatte die Schrecken des 20. Jahrhunderts über- und miterlebt: Nazideutschland, die sowjetischen Schauprozesse und den Gulag, den Kalten Krieg mit der nuklearen Bedrohung. Sie schrieb wie eine, die aus den Kriegsruinen nicht das wiederaufbauen wollte, was einmal war, sondern etwas Neues für uns alle schaffen wollte. Sie selbst bediente sich intensiv bei den politischen Denkern der Vergangenheit, um eine Politik der Zukunft neu zu denken. In ähnlicher Weise will ich auf den folgenden Seiten einige von Arendts Hauptthesen gemeinsam mit denen anderer politischer Denker beleuchten, um die Herausforderungen und Möglichkeiten einer Politik für das 21. Jahrhundert zu erörtern.

Von zentraler Bedeutung für Arendts Werk – und für die Verteidigung der Politik in den folgenden Kapiteln – sind mehrere Herausforderungen: die Differenzierung zwischen authentischer Politik und verzerrten Sichtweisen auf Politik (Kapitel 1); die Schwierigkeit, Politik zu schätzen (Kapitel 2); die Herausforderung politischer Urteilsbildung (Kapitel 3); das Problem der Wahrheit in der Politik (Kapitel 4); und die Rolle des Überzeugungskraft in der Politik (Kapitel 5). Damit will ich keine Verteidigungsschrift auf die Politik verfassen, sondern die politische Vorstellungskraft meiner Leser*innen stimulieren und zum Leben erwecken. Kern dieser Vorstellungskraft ist der Gedanke der Freiheit (Kapitel 6). Das bedeutet, Politik in einem positiveren Licht zu sehen und zu lernen, sie sowohl in ihren authentischen als auch in ihren verzerrten Erscheinungsformen zu erkennen.

Ich lade meine Leserinnen und Leser ein, bei der Lektüre die eigenen Vorurteile gegenüber der Politik abzulegen und alternative Perspektiven zuzulassen. Skeptiker*innen bitte ich, dieses Buch als Gedankenexperiment zu betrachten und sich darauf einzulassen. Wer sich für eine Verteidigung der Politik interessiert, sollte sich nach der Lektüre der folgenden Seiten fragen, was genau an der Politik diese Verteidigung wert ist. Und wer sich bereits als Freund*in der Politik versteht, den bitte ich, genau wie die Skeptiker*innen, die positiven Vorurteile abzulegen und sich auf dieses Buch einzulassen.

Vorausschicken muss ich, dass dieses Buch keine hieb- und stichfeste Argumentation enthält, denn eine solche Verteidigung ist nicht möglich. Ich möchte auch nicht Arendts sämtliche Gedanken und Positionen verteidigen. Über die Jahre gab es mehr als genug Kritik an Arendt, und wie ich hat auch sie manches übersehen, vergessen oder sich hin und wieder verrannt.[34] Das Ausloten der Grenzen von Arendts Denken ist zwar wichtig, wird aber in diesem Buch nicht versucht. Es gleicht eher den Zeichnungen auf diesen Seiten und will, wie diese, die politische Vorstellungskraft anregen.

Im Herzen dieses Buchs steht die Fortsetzung von Arendts Vorlesungen zu politischer Bildung. Politische Bildung – von den alten Griechen als *paideia* bezeichnet – war in der gesamten Geschichte in verschiedenen Gesellschaften weltweit von großer Bedeutung. Doch um eine politische Bildung zu wollen, müssen wir zuerst daran glauben, dass die Politik diese wert ist. Das vorliegende Buch schreibt sich deshalb in eine andere Tradition ein, die von Moses bis Machiavelli, von Mozi bis Martin Luther King und von Isokrates bis Arendt reicht: Es ist die Tradition, die Würde der politischen Kunst zu definieren und zu verteidigen. Ich will skeptische wie freundlich gesinnte Leser*innen gleichermaßen überzeugen, dass (1) Politik überall dort möglich ist, wo sich zwei oder mehr Menschen begegnen, (2) Politik als Lebensweise in unserer modernen Welt technologischen und wirtschaftlichen Lösungen vielleicht nicht im Hinblick auf Effizienz, aber doch auf Freiheit und Gleichheit überlegen ist, und dass (3) demokratische Politik nichts anderes ist als der Versuch, die Reichweite der Politik als solcher unter den Menschen zu erweitern. Nebenbei werde ich meinen Leser*innen eine Reihe von Denkern der Vergangenheit vorstellen oder wiedervorstellen, darunter Platon, Aristoteles, René Descartes, John Milton und Thomas Hobbes.

Arendt schrieb: »Die Traditionslinie ist durchbrochen, und wir müssen die Vergangenheit für uns selbst entdecken. Das bedeutet, Autoren zu lesen, wie sie nie zuvor gelesen wurden.«[35] Während manchen das Folgende nicht gänzlich neu erscheinen wird, lade ich dennoch dazu ein, die Politik gemeinsam mit mir in einem neuen Licht zu sehen – als erblickten wir sie zum ersten Mal.

1

Bestandteile der Politik

Am 9. Oktober 2016 standen zwei US-Präsidentschaftskandidaten einander in einer Fernsehdebatte gegenüber. Donald Trump und Hillary Clinton hatten bereits einen monatelangen Wahlkampf hinter sich, doch diese Debatte Anfang Oktober schien angesichts des nur noch einen Monat entfernten Wahltermins von entscheidender Bedeutung. Besonders für Donald Trump stand viel auf dem Spiel: Er lag nicht nur in den meisten Umfragen hinten, und am 7. Oktober, zwei Tage vor der Debatte, war zudem ein Video aufgetaucht, auf dem er gegenüber dem Fernsehmoderator Billy Bush damit angab, Frauen durch Grapschen sexuell belästigt zu haben. Der Kandidat Trump hatte von der Debatte wohl noch mehr peinliche Momente als üblich zu erwarten. Und genauso kam es. Bemerkenswerterweise war jedoch der peinlichste Moment für Trump nicht das Gespräch über das pikante Video, sondern ein einziges, ganz und gar alltägliches Wort: Politiker. Schon früh im Wahlkampf ertappte Trump sich dabei, sich selbst – vielleicht zum ersten Mal – öffentlich als Politiker zu bezeichnen. Ungläubig gestand er ein: »Ich kann nicht glauben, dass ich das über mich selbst sage.«[36] Wie konnte dieses Etikett einen so schlechten Ruf bekommen, dass es peinlicher war, sich als »Politiker« zu bezeichnen, als auf Video mit Prahlereien von sexuellen Übergriffen festgehalten zu werden? Die Politik muss wirklich in einem schlechten Zustand sein – mindestens die Wahlpolitik.

Leider beziehen wir einen Großteil unserer Meinung über die Politik aus dem Privatfernsehen, Talksendungen im Radio, den

Sozialen Medien, fiktiven Serien und Reality-Formaten. Ich bezeichne das als »Wahl-Unterhaltungs-Komplex«. In dieser Welt ist ein Politiker das Gleiche wie ein Verbrecher. Politik ist ein großes Geschäft, Politiker*innen sind fast wie Stars in Reality-Formaten – oder sie sind tatsächlich deren Stars. Es ist eine Welt, in der Sensationen mehr gelten als Substanz und Macht letztlich durch Profit bemessen wird. Wie der militärisch-industrielle Komplex, vor dem der ehemalige Präsident Dwight D. Eisenhower einst warnte, ist auch dieses Konglomerat eine deutliche und gegenwärtige Gefahr für jede Republik, insofern sie »ungesteuerten Einfluss« auf unser politisches Leben nimmt.[37]

Diese Welt übt dennoch mächtige Anziehungskraft aus. Manche von uns ertappen sich dabei, konstruierte politische Enthüllungen im Privatfernsehen zu verfolgen, wie besessen die Tweets irgendwelcher Politiker*innen zu lesen oder angesichts der neuesten Nachrichten aus der Politik die bevorstehende Apokalypse zu fürchten. Andere unter uns fasziniert der Wahl-Unterhaltungs-Komplex zwar nicht, doch er passt zu unserer ohnehin zynischen Sicht auf die Politik. Wir wissen, dass sich Wahlpolitik im Zeitalter der Medienkonzerne und des großangelegten Lobbyismus eher an unseren Sinn für das Dramatische richtet als an unser Denkvermögen. Dennoch werden wir von sensationalistischen, verschwörerischen oder einfach nur dummen Berichten über Politik wie magisch angezogen – und sei es nur aus dem Grund, dass Politik uns eben nicht anders präsentiert wird. Natürlich gibt es unter uns auch jene, die gar nicht zuhören, Politiker*innen als Wesen vom anderen Stern betrachten und damit beschäftigt sind, den neuesten Tratsch über Stars und Sternchen zu lesen.

Wo auch immer auf diesem Spektrum wir uns bewegen: Der Wahl-Unterhaltungs-Komplex macht uns alle unpolitisch – wenn schon nicht in der tatsächlichen Einstellung, so doch in der äußeren Haltung. Verzweifelt oder zynisch fluktuieren wir zwischen verschiedenen Meinungen über Politik, die ich in diesem Kapitel

Politik auf dem Silbertablett

untersuchen werde: Politik als Geschäft, Politik als Spiel mit Gewinnern und Verlierern und Politik als Krieg mit anderen Mitteln. Manche von uns beharren unbeirrt darauf, dass die Politik idealerweise aus rationalen Debatten und Konsensbildung bestehen sollte. Und das Fehlen einer solchen Herangehensweise an Politik macht uns depressiv oder lähmt uns.

Wir benötigen natürlich keine politische Theoretikerin wie Hannah Arendt, um zu erkennen, dass die Politik im Zeitalter des Wahl-Unterhaltungs-Komplexes verzerrt ist. Doch Arendt kann uns helfen, diese Verzerrungen klarer zu erkennen. Deshalb untersuche ich in diesem Kapitel Gegensätze: In der ersten Hälfte konzentriere ich mich auf die verzerrten Perspektiven auf Politik, die uns mit süchtig machender, manchmal tödlicher Intensität bestimmen. In der zweiten Hälfte beschäftige ich mich mit Arendts Vision von Politik als der Kunst, frei mit anderen, unvermeidlich verschiedenen Menschen zu leben. Der Vergleich des Wahl-Unterhaltungs-Komplexes mit Arendts Vision von Politik soll uns vor allem zum Nachdenken über unsere *Haltung* gegenüber der Politik bringen. Dabei geht es nicht nur um eine geistige Übung. Unsere Einstellungen werden durch unsere Erfahrungen geformt, und unsere Erfahrungen gehorchen einer Ökonomie: Einige bewerten wir höher als andere, abhängig davon, *wie und in welchem Maße* wir ihnen Aufmerksamkeit schenken. Offen gesagt möchte ich im Hinblick auf Politik zu einer Umstrukturierung der Aufmerksamkeitsökonomie einladen: Man sollte ihr nicht weniger, sondern mehr Aufmerksamkeit schenken, aber es sollte eine andere *Art* von Aufmerksamkeit sein.

Politik als (Show-)Business

Vor einigen Jahrzehnten warnte Neil Postman, damals ein bekannter Professor für Medienwissenschaften an der New York University, das Fernsehen würde Amerika aus der geerdeten, rationalen Realität in eine Fantasiewelt der Unterhaltung katapultieren. Die Präsidenten John F. Kennedy und Ronald Reagan, die Politik und Showgeschäft fusionierten, sah er als Risiken für die Trivialisierung der Politik und für ihre Reduktion auf Inszenierung, Spektakel und zitierfähige Aussagen. Laut Postman liefen die Amerikaner im Zeitalter des Fernsehens Gefahr, ihre Politiker zu Stars und ihre Stars zu Politikern zu machen. Entsprechend mahnte auch der Titel eines seiner Bücher: *Wir amüsieren uns zu Tode.*

In seiner lebendigen Prosa beharrte Postman darauf, dass es in der Politik eben nicht um Showbusiness gehe. Für ihn war authentische Politik durch die Aufklärung des 18. Jahrhunderts inspiriert. Diese geistige Strömung plädierte für vernünftige Gespräche über wichtige Angelegenheiten des Lebens. Echte Politik hat Postman zufolge wenig mit Show und vor allem nichts mit Beliebtheit und Berühmtheit zu tun. Sie drehe sich nur um eine philosophische

Denkschule: ernste Themen für ernste Menschen. Er plädierte für eine Nation gebildeter Bürgerinnen und Bürger, die ihre Differenzen durch vernünftige, aufgeklärte Gespräche und disziplinierte öffentliche Diskurse regeln sollten.[38]

Das Argument, echte Politik habe mit Vernunft und Wirklichkeit zu tun, während falsche Politik sich um Beliebtheit und Show drehe, stammt schon aus Platons Zeiten (ca. 424-347 v. Chr.). Doch dieses Argument führt Arendt nicht an, und auch ich will es in diesem Buch nicht verfolgen. Arendt argumentierte vielmehr, die Philosophie – vor allem jene mit dem Anspruch der »Aufgeklärtheit« – könne ebenso antipolitisch sein wie das Showgeschäft, eben dann, wenn sie der sich ständig verändernden politischen Welt durch unveränderbare, ewige Wahrheiten zu entfliehen sucht. Philosophie kann zu einer Art Eskapismus werden – doch Arendt war keine Eskapistin.[39]

Vielmehr hielt sie die Politik für eine dem Alltag entstammende und auf den Alltag gerichtete Kunst. Sie gehört in die Welt, in der wir täglich leben und uns häufig auf unsere fünf Sinne und den gesunden Menschenverstand verlassen müssen, um durchzukommen. Philosophen und andere gebildete Experten verlangten laut Arendt viel zu oft von uns, den Alltag zugunsten strenger Prinzipien oder transzendenter Ideen aufzugeben, statt sich dem gesunden Menschenverstand zu verpflichten, mit dem wir unser Leben gestalten und unsere Differenzen überwinden können. Philosophie riskiert deshalb, die Praxis »wahrer« Politik auf eine gebildete, aufgeklärte und abgehobene Elite zu beschränken. Davon war Arendt so stark überzeugt, dass sie sich weigerte, als politische »Philosophin« bezeichnet zu werden, obgleich viele Menschen sie genau dafür halten. Sie ließ sich lieber eine politische Denkerin oder Theoretikerin nennen.

Zwar teilte Arendt Postmans Bedenken über Politik als Showbusiness in der zeitgenössischen kapitalistischen Kultur. Sie tat dies aber aus anderen Gründen und hätte seine philosophische Alternative sicherlich abgelehnt. Es stimmt, dass die Politik einiges mit Reden, Unterhaltungen und Argumenten zu tun hat, aber sie hat sich dennoch nie gemäß dem aufklärerischen Modellverhalten, in dem rationale Bürger ausschließlich gemäß den Regeln der Vernunft und des überprüfbaren Wissens diskutieren. Selbst aufgeklärte Hochgebildete, die etwa unserem Idealbild der Gründer bei der Verfassungsgebenden Versammlung der USA entsprechen und über die Details der Gründung einer neuen Nation debattieren, können gegenüber der eigenen Unvernunft blind sein. Am deutlichsten wird dies in der Gründungserklärung, alle Menschen seien »gleich« in einem Atemzug mit der Institutionalisierung der Massensklaverei. Nein, Politik ist kein Zweig der Philosophie und wird es auch nie sein. Die Aufklärung hat sicherlich dazu beigetragen, dass Vernunft, Freiheit und Gleichheit im politischen Leben bedeutendere Rollen spielen. Das Beharren darauf, dass in der politischen Diskussion nur die Stimmen der »Rationalen« zählen, schloss jedoch alle aus, die nicht wie hochgebildete, weiße, europäische Männer reden, handeln oder denken.

Was war nun Arendts Meinung zur Politik als Showbusiness? Anders als Postman hielt sie die Show-Elemente nicht für das eigentliche Problem der Politik.[40] Die Politik kann sich dem Showcharakter nicht entziehen, weil sie sich notwendigerweise in dem Bereich ereignet, den Arendt »Raum der Erscheinungen« nennt. Wenn wir Politiker*innen zusehen, Expert*innen lauschen, über Referenden nachdenken, für den Besuch eine*r Redner*in an der Universität abstimmen oder Unterstützung für (oder Opposition gegen) streikende Arbeiter*innen ausdrücken, müssen wir uns auf den Schein verlassen. Selbst wenn wir versuchen, unter die Oberfläche zu blicken und zu verstehen, was wirklich vor sich geht – eine entscheidende politische Fähigkeit –, ist es immer noch das Beste, wenn wir uns auf unsere Sinne und unseren gesunden Menschenverstand verlassen statt auf irgendeine großartige »Theorie«, die uns aus den Weiten des Internet erreicht.

Das Problem der Politik als Show ist also nicht ihr »Erscheinungsbild«. Schwierig wird es erst, wenn sie sich *ausschließlich* um die Show dreht – was nicht zufällig dem Punkt entspricht, an dem es häufig nur noch ums Geschäft geht und die Politik sich in den Dienst von Geld und Macht stellt. Postman hatte mit der Beobachtung Recht, dass die Welt des kommerziellen Showbusiness, die uns über immer kleiner werdende Bildschirme erreicht, unser Verständnis von Politik tiefgreifend verzerrt hat. Das konnte sie, indem sie Politik fast ausschließlich als Show darstellt. In Europa übernahm die Wirtschaft in den Jahrzehnten vor dem Aufstieg der Nazis im großen Stil die Macht im Staat. Arendt analysierte diesbezüglich, die politische Welt sei so theatralisch geworden, dass das Theater als Wirklichkeit erscheinen konnte.[41] Vieles von dem, was wir heute über Politik zu wissen glauben, entstammt den kommerziellen Produktionen der Medienunternehmen. Mehr noch: Vieles, was wir *für Politik halten*, geschieht auf den Bildschirmen und wird vermittelt über Medienkanäle und passt sich damit der Logik der Unterhaltungsindustrie an. In dieser Logik zählen wir letztlich nur als Konsumenten.

Wenn Politik zum Geschäft oder einer bloßen Ausformung des Geschäfts wird, ist sie nicht nur finanziell abhängig, sondern wird auch von der unendlichen, grenzenlosen Jagd nach Geld und Reichtum vereinnahmt, die im kapitalistischen Expansionsdenken regiert. Sie schätzt uns Bürger*innen dann nur, insofern wir nützlich sind und uns »positiv« an der Gesellschaft beteiligen, indem wir zum durch den Aktienmarkt oder andere Instrumente gemessenen Wirtschaftswachstum beitragen. Ansonsten gelten wir als Bürde der Gesellschaft. Betrachten wir die Politik aus »geschäftlicher Perspektive«, so sehen wir alles, auch *uns selbst*, durch den Filter der Kosten-Nutzen-Rechnung. Arendt zufolge macht ein derart utilitaristisches Denken, insbesondere im Zeitalter zunehmender Automatisierung, die meisten von uns überflüssig.[42]

Hinzu kommt, dass in der Geschäftswelt Verknappung die Regel ist. Ein Leserbrief in meiner Lokalzeitung formulierte das so: »In der Politik geht es darum, wer was bekommt.«[43] Es ist nicht genug für alle da, sodass jeder um ein Stück vom Kuchen, um Marktanteile kämpft. Schließlich verwandelt uns die Geschäftswelt von Mitbürger*innen in Käufer*innen und Verkäufer*innen, Konsument*innen und Kapitalist*innen.[44] Werden Bürger*innen auf ihre Funktion als Steuerzahler*innen reduziert, werden laut der Schriftstellerin Marilynne Robinson öffentliche Güter wie Schulen, Straßen und sauberes Trinkwasser zu öffentlichen Belastungen. »Während der Bürger Hoffnungen für die Gesellschaft als Ganzes hat und auf ihre Erfolge stolz ist, will der Steuerzahler, wie wir ihn uns heute vorstellen, einfach keine Steuern zahlen.«[45] In der Summe macht Politik als Geschäft uns entweder zu Geizkragen oder zu Bettler*innen.

Im Gegensatz dazu *ist das einzelne Leben wichtig*. Für Arendt ist die Politik eine lebensbejahende Kunst. Laut Julia Kristeva, einer ihrer eloquentesten Biografinnen, »stimmt Arendt eine Hymne auf die Singularität einer jeden beliebigen Geburt an, die fähig ist, das zu eröffnen, was sie ohne Zögern das ›Wunder des Lebens‹ nennt«.[46] Solange wir leben, sind wir für die gemeinsam bewohnte Welt von Bedeutung. Politik ist die Kunst, durch die wir ausdrücken, dass wir, die anderen und die Welt selbst von Bedeutung sind. Sie ist eine Möglichkeit, uns anderen zu zeigen, ihnen zu erscheinen, mit ihnen zu sprechen und zu handeln, um etwas in Bewegung zu halten oder etwas Neues zu beginnen. Niemand kann unseren Anteil am Sprechen und Handeln für sich beanspruchen (obgleich die Mächtigen durch Drohungen und Gewalt versuchen können, uns am Sprechen oder Handeln zu hindern, und Schreihälse versuchen können, uns zu übertönen). Politik ist für *alle*. Stellt sie sich in den Dienst wirtschaftlicher Interessen, wird sie zur Waffe in der Hand der Wenigen, die sich der endlosen Jagd nach immer mehr Geld verschrieben haben. Arendt zufolge wird sie nachgerade imperialistisch und gewalttätig. Und wenn Politik gewaltsam wird, verwandelt sie sich in etwas völlig anderes, denn sie verlässt die Welt des freien Sprechens und Handelns und wird zu einem Markt, einer Maschine, einer Armee oder einer Faust.[47]

Politik für Gewinner

Angesichts einer Politik als Show*geschäft* haben viele von uns das – bewusste oder unbewusste – Gefühl, Politik sei letztlich das Ausüben von Zwang seitens der »Gewinner*innen«. Das nämlich ist die Lektion des Reality TV. Das beste Beispiel hierfür ist die Abenteuershow *Survivor*, mit der dieses Genre erstmals hocherfolgreich wurde. In der ursprünglichen Version wurden zwanzig Kandidatinnen und Kandidaten in einem abgelegenen Dschungelgebiet oder auf einer Insel ausgesetzt. Dort bildeten sie Gruppen, versuchten gemeinsam, zu überleben, wobei sie sowohl miteinander als auch mit den anderen Gruppen konkurrierten. Am Ende jeder Folge wählten sie eine oder einen aus ihrer Mitte aus der Sendung, bis schließlich eine oder einer von ihnen als Siegerin oder Sieger, als »Survivor« übrigblieb.

Survivor war zunächst ein britisches TV-Format der frühen 1990er-Jahre. Die britischen Ursprünge sind insofern deutlich, als ihre Herangehensweise an Politik eine Zusammenführung der drei größten britischen Denker der vergangenen 500 Jahre ist: Thomas Hobbes (1588-1679), John Locke (1632-1704) und Charles Darwin (1809-1882). Wie Hobbes behandelt *Survivor* die Politik als Kunst der Machtausübung und des Überlebens; wie Locke verlässt sie sich auf das egalitäre Instrument der Wahl zur Bestimmung der Überlebenden sowie zur Verteilung der knappen Ressourcen; und mit Darwin dreht sie sich um das Überleben des »Stärksten«, während die »schwächeren« Vertreter der Spezies zuerst eliminiert werden.

Survivor betrachtet das Leben nach dem Prinzip »the winner takes it all«. Die Serie vertritt die weithin geteilte Interpretation von Politik als Methode zur Identifikation der Siegerseite und der Verliererseite. Natürlich kleidet sie diesen Prozess in ein demokratisches Gewand – immerhin dürfen die Kandidatinnen und Kandidaten wählen. Sendungen wie *Deutschland sucht den Superstar* oder *The Voice of Germany* lassen denselben Prozess aristokratisch wirken (die etymologische Bedeutung von *Aristokratie* lautet »die Macht der Besten«), weil bekannte Unterhaltungskünstler*innen, eben die »Besten«, entscheiden, wer in ihre noblen Sphären aufsteigen darf. Die Serie *The Apprentice*, die dank Trump nun für immer Teil der Weltgeschichte ist, verleiht dem Verfahren einen autoritären Anstrich: Der Magnat allein entscheidet, wer einen mit 250.000 Dollar dotierten Ein-Jahres-Vertrag in Trumps Unternehmensgruppe erhält. Mehr als jede andere Form der zeitgenössischen Unterhaltung hat Reality-TV uns gelehrt, die Politik als Auswahlverfahren zu betrachten, in dem Gewinner*innen und Verlierer*innen bis zum bitteren Ende um knappe Ressourcen, Privilegien, Rechte etc. kämpfen. Doch all dies sind letztlich geschäftliche und nicht politische Angelegenheiten. Thomas Hobbes wusste allzu genau, was auch Hannah Arendt klar war: Ein Volk von Gewinnern und Verlierern wird schnell zu einem Volk von Feinden, und ein Volk von Feinden führt unausweichlich zu enormer Zurschaustellung politischer Macht.

Wenn wir die Politik heilen und rehabilitieren wollen, müssen wir uns von der Vorstellung verabschieden, sie drehe sich hauptsächlich darum, dass eine Seite gewinnt und eine Seite verliert. (Die verbreitete Wendung »Wahlen haben Folgen!« kann eine äußerst undemokratische Aussage sein.) Arendt zufolge kann eine Politik, die als Spiel um das Überleben des Stärksten begriffen wird, in Tyrannei oder gar in Totalitarismus münden. Ein solches Politikverständnis setzt voraus, dass jeder Mensch vor allem als potentieller Feind und höchstens als provisorischer Freund betrachtet wird. Doch das Zusammensein mit Feinden oder potentiellen Feinden ist letztlich nicht Teil der Politik, sondern des Kriegs.

Politik als Krieg mit anderen Mitteln

Carl von Clausewitz, Generalmajor, Heeresreformer und Militärwissenschaftler, prägte im 19. Jahrhundert den Ausspruch: »Der Krieg ist eine bloße Fortsetzung der Politik mit anderen Mitteln.« Er meinte damit – durchaus überzeugend, dass ein Krieg, der nicht endlos sein soll, irgendein politisches oder diplomatisches Ziel benötigt. Doch Clausewitz' Maxime wurde im Lauf der Zeit zu der Vorstellung verkehrt, Politik sei eine Form der Kriegsführung mit dem Ziel, den »Feind« zu besiegen oder gar zu zerstören, selbst wenn dieser nur ein paar Häuser weiter lebt. Der bekannte US-Politikberater Steve Bannon prahlte einmal damit, während der Leitung von Trumps Wahlkampf nie im Fernsehen aufgetreten zu sein. Warum? »Weil Politik Krieg ist«, so Bannon gegenüber dem *Wall Street Journal*. »General Sherman wäre nie im Fernsehen aufgetreten, um allen von seinen Plänen zu berichten.« Dieses Verständnis von Politik ist das logische Ergebnis des weitverbreiteten (vielleicht auch von einigen meiner Leser*innen geteilten?) Glaubens, in der Politik ginge es letztlich darum, wer gewinnt. Nach dem Prinzip *the winner takes it all* wollen alle natürlich um jeden Preis gewinnen, da jede*r sonst zurecht fürchten muss, im wörtlichen oder metaphorischen Sinne im Regen zu stehen. Folglich betrachten sie die Politik als Krieg.[48]

Die mildere Form dieser Herangehensweise besteht in der Vorstellung, Politik sei letztlich eine Frage von parlamentarischen Taktiken, Palastintrigen oder Wahlmanövern. Diese Sichtweise gesteht den anderen »Kandidat*innen« das Überleben zu, betrachtet sie jedoch vorrangig als Konkurrenz um Macht und Einfluss. Diese Konkurrent*innen müssen ausgebremst, ausgetrickst oder auf andere Weise ausgegrenzt werden. Viele Mainstream-Politiker*innen, Politikberater*innen und politische Insider stellen Politik auf diese Weise dar. Ihre Herangehensweise ist sehr alt. Sie wurzelt in den Palastintrigen vergangener Monarchien und setzt sich in der Vetternwirtschaft angeblich demokratischer wie explizit autoritärer Regierungen bis heute fort. Dieses Politikverständnis erfasst korrekt, dass Politik stets der Flexibilität und Voraussicht bedarf und häufig schwierige Verhandlungen, unbequeme Kompromisse und taktische Manöver umfasst. Doch mit der Einstellung, der siegreichen Partei gehöre alles, wird Politik zum Kalten Krieg, zum bipolaren Konflikt, in dem jeder, der nicht für mich ist, automatisch als mein Gegner wahrgenommen wird.

Diese verzerrten Politikbilder teilen letztlich die Annahme, dass wir Feinde sind, ehe wir provisorisch zu Freunden werden können. Sie unterstellen auch eine Ressourcenknappheit und nehmen an, dass nur einige die zur Verfügung stehenden Güter bekommen werden, viele dagegen nicht. Das führt wie selbstverständlich zur Ausübung von Macht und Manipulation mit dem Ziel, sich selbst oder der eigenen Gruppe die knappen Güter zu sichern. Somit enden wir alle als Sieger oder Opfer des Kriegs.

In den Vereinigten Staaten sind wir heute, im Zeitalter der »Kulturkriege«, an genau diesem Punkt angekommen. In unserem sogenannten »bürgerlichen« Leben sind wir zuallererst Feinde und nur in zweiter Linie, misstrauisch und provisorisch, Freunde. Es muss gesagt werden, dass diese Perspektive explizit die des Nazi-Kronjuristen Carl Schmitt (1888-1985) war, für den Politik auf der Grundunterscheidung zwischen Freunden und Feinden beruhte. Politik sei die Konfrontation mit Feinden und könne, wenn es »notwendig« sei und die gegnerische Partei nicht durch andere Mittel besiegt werden könne, stets in Gewalt enden.[49]

Politik als Herrschaft

Es gibt eine weitere problematische, oft als selbstverständlich betrachtete Interpretation von Politik, nämlich dass sie sich um die Frage der Herrschaft drehe. Und wie könnte es anders sein? Noëlle McAfee beobachtet: »Es herrscht die Vorstellung, Politik sei das, was *Regierungen* tun.«[50] Und was tun Regierungen? Sie beherrschen uns, sagen uns, was zu tun sei, kommandieren uns herum, drohen uns und belohnen uns manchmal auch. Politik wird häufig als Herrschaft betrachtet, weil sie uns durch den Wahl-Unterhaltungs-Komplex, wo es um Politiker*innen geht, als solche präsentiert wird. Es ist zugegebenermaßen schwierig, sich Politik als etwas vorzustellen, das nichts mit Herrschen und Regieren zu tun hat. Herrschaft zum Kern der Politik zu erklären ist jedoch laut Arendt zutiefst unwahr.[51] Wenn wir verstehen, warum das so ist, gelingt uns der Übergang zu Arendts positivem Plädoyer für Politik.

Die Vorstellung, Politik bedeute hauptsächlich Herrschaft, trifft somit zwar die Zielscheibe, nicht aber ins Schwarze. Arendt erinnerte häufig daran, dass in der griechischen Antike das menschliche Leben in drei Bereiche eingeteilt wurde: die der Notwendigkeit, der Kontemplation und der Freiheit. Als tierische Wesen sind wir körperlichen Notwendigkeiten unterworfen, etwa Nahrung, Wasser und Unterkunft. Als verstandesbegabte Tiere versuchen wir oft, unsere Welt zu reflektieren, zu verstehen oder anderweitig einzuschätzen. Doch als politische Tiere kümmern wir uns nicht nur um Körper und Geist, sondern reden und handeln in Freiheit mit anderen. Strenggenommen beschreibt Herrschaft eher unseren Umgang mit den Notwendigkeiten des Lebens als mit unseren Überlegungen, geschweige denn unseren freien Beziehungen.[52] Im antiken Griechenland wurde nur ein Begriff für den Haushaltsvorstand, den Gott eines Tempels und den autoritären Herrscher verwendet: *kýrios*. Ob im Haus, im Tempel oder im Königreich: Der *kýrios* unterschied sich von anderen durch seine Führungsmacht oder -autorität. Die Athener betrachteten Monarchien und Herrschaftsgebiete deshalb als Äquivalente riesiger Haushalte, in denen der König oder Stammesführer alle anderen herumkommandierte, um das Überleben des Reichs zu sichern.

Doch in einer Demokratie gab es keinen *kýrios* – außer in Gestalt der Bürgerversammlung selbst.[53] Im demokratischen Athen entsprach der Unterschied zwischen den an der Regierung beteiligten und den restlichen Bürgern (*politês*) nicht dem von Regierenden und Regierten. Alle waren vielmehr zunächst Bürger und als solche verpflichtet, nicht durch Befehle, sondern durch Überzeugungskraft zu führen. Der Historiker Josiah Ober weist darauf hin, dass das Suffix *-archie* in Monarchie »Herrschaft« bedeutet, *-kratie* (*kratos*) in Demokratie jedoch »die Fähigkeit, Dinge zu tun« bezeichnet.[54] Um in einer Demokratie zu herrschen, müssen sich die Bürger auf ihre individuelle und kollektive Fähigkeit verlassen, Dinge zu tun – vor allem auf die Fähigkeit zur Debatte und Argumentation, zum Dialog und Urteilen – und, wie Arendt hinzufügen würde, zur Vergebung.[55] Gelangt ein Bürger zu irgendeinem Zeitpunkt in die Position, einem anderen Bürger Befehle zu erteilen, ist beider Beziehung nicht mehr demokratisch. Arendt würde sagen, sie sei nicht einmal politisch, sondern gleiche eher einer Eltern-Kind-Beziehung oder sei wirtschaftlicher, militärischer oder polizeilicher Natur. In anderen Worten: Für die griechische Antike – wie auch für die Bürger der Römischen Republik und uns heutige – ist Politik die Kunst, Dinge gemeinsam zu tun, ohne dass eine Person andere herumkommandiert oder zwingt. Sie ist die Kunst der freien Kooperation und Koordination und des Kompromisses.

Das Herrschen ist eine notwendige, aber begrenzte menschliche Aktivität. Wer Politik im Kern als »Herrschaft« begreift, riskiert, sie zu einer Form von Führung und Kontrolle zu machen. Arendt zufolge ist diese Art der Politik elitär, weil sie die authentische politische Erfahrung einer herrschenden Elite vorbehält, die der Mehrheit Vorschriften machen darf. Anders gesagt handelt es sich dabei um ein monarchistisches oder oligarchistisches Politikverständnis, das Politik für »einen« (*mon-*) oder »wenige« (*oligo-*) versus die »vielen« fasst. Mit der Vorstellung von Politik als Herrschaft haben Eliten sich auf der ganzen Welt immer wieder »Inseln der Freiheit« geschaffen: Sie leben frei und in politischer Verbindung mit anderen Eliten, während der Rest von uns ihrer Dominanz unterworfen ist.[56] So monopolisieren sie nicht nur die Politik, sondern auch die Freiheit. Die extremste Form dieser Politik ist die autoritäre. Es überrascht nicht, dass viele von uns der Politik lieber den Rücken kehren oder sie zum Einsturz bringen wollen.

Die Kunst des freien Lebens

Arendt argumentierte gegen politischen Elitismus und Autoritarismus jeder Art. Statt Politik auf Herrschaft zu reduzieren, begriff Arendt sie als Form menschlichen Handelns und Interaktion unter der Bedingung relativer Freiheit, Gleichheit und dem, was sie »Pluralität« nannte. Politik ist eine Form der zwischenmenschlichen Beziehung, die in gewissen Situationen unter besonderen Bedingungen entsteht. Dies bezeichne ich im Folgenden als Arendts »phänomenalen« Politikbegriff.

Arendt rief uns auf, die Welt zu betrachten: »Die Welt, in die die Menschen hineingeboren werden, enthält viele Gegenstände, natürliche und künstliche, lebende und unbelebte, vergängliche und dauernde, und alle haben sie dies gemeinsam, dass sie erscheinen, dass sie also gesehen, gehört, gefühlt, geschmeckt, gerochen werden sollen«.[57]

Wer die Welt betrachtet, sieht alle möglichen Dinge, darunter auch *Politik*. Die Politik kann vor uns erscheinen wie ein Blitz, und wie ein Blitz bedarf auch sie zu ihrer Entstehung vieler kleiner Partikel, die zusammenstoßen und eine elektrische Ladung erzeugen.

Der politische Körper im 21. Jahrhundert

Wo immer Politik aufscheint, begegnen mehrere Menschen einander als relativ Gleiche und in relativer Freiheit. Sowohl der Blitz als auch die Politik sind »phänomenal«, sowohl im Wortsinn, insofern sie uns »erscheinen«, als auch im übertragenen Sinn, insofern sie wundervoll sind.

Politik ist laut Arendt ein Bereich des Phänomenalen, in dem Schein und Wirklichkeit unterscheidbar sind und dennoch stets interagieren. Dies ließe sich als Arendts »heisenbergsches Prinzip« der Politik bezeichnen: Weil Politik, wie auch die Wissenschaft, eine menschliche Aktivität ist, kann die politische Wirklichkeit nicht streng von der Beobachtung und Beteiligung der Menschen getrennt werden. Gleiches gilt für politisches Wissen. Politische »Realisten« der Vergangenheit und Gegenwart behaupten, die *Wirklichkeit* sei die Basis politischen Handelns. Dem stimmte Arendt uneingeschränkt zu und beharrte dennoch darauf, dass der »Schein« Teil unserer politischen Realität ist – dass also die politische Welt eine Welt der Phänomene ist, mit der wir sinnlich in Beziehung treten, und die zugleich nicht auf das reduziert werden kann, was wir sehen, hören, fühlen, schmecken oder riechen. In der Politik können wir weder der Wirklichkeit noch dem Schein entkommen.

Sie »erscheint« deshalb in unserem Leben, wenn wir anderen begegnen. Sie erscheint, wann immer wir mit anderen über gemeinsame Themen unserer gemeinsamen Welt verhandeln. Somit stellt sie eine spezifische Form menschlicher Macht dar: Laut Arendt bedeutet »authentische Politik«, dass verschiedene Menschen im Vollbesitz ihrer Macht miteinander auskommen.[58] Die Form des »miteinander Auskommens«, auf die Politik abzielt, ist zugegebenermaßen recht seltsam. Sie benötigt keine Intimität, Kameradschaft oder gar Zuneigung. Sie kann über große Entfernung zustande kommen. Und sie muss kein freundschaftliches Verhältnis zu einer bestimmten Person umfassen. Das »miteinander Auskommen« in der Politik kann zwischen völlig Fremden entstehen – was meist auch der Fall ist.[59] Damit das geschieht, müssen wir nur willens (und fähig) sein, kooperativ mit anderen, die wir nicht gut kennen, zu sprechen und zu handeln. Wir streben solche Allianzen an, weil wir durch sie von den »Gemeingütern« profitieren können. Gemeint sind damit keine Annehmlichkeiten oder Konsumgüter, sondern solche Güter, die unsere öffentliche Zufriedenheit betreffen oder das, was Soziologen als »Lebensqualität« bezeichnen.[60]

Ich möchte mich direkt einem solchen Gemeingut zuwenden, das die Lebensqualität beeinflusst: Was ist nötig, um lange Abendspaziergänge durch die Stadt zu genießen? Die meisten von uns würden hier als erstes die Sicherheit nennen. Wir wollen uns nicht aktiv um unsere Sicherheit bemühen oder Wachpersonal anheuern. Wir wollen einfach, dass die Straßen sicher sind und wir uns frei auf ihnen bewegen können. Öffentliche Sicherheit ist ein gutes Beispiel für ein Gemeingut, weil sie durch Kooperation verwirklicht werden kann und für alle da ist. Natürlich basieren sie auf einer Infrastruktur anderer Gemeingüter: gute Gehwege, ausreichende Straßenbeleuchtung, Ampeln, saubere Luft, nicht zu viel Lärm, freundliche Menschen, angemessene, aber nicht übertriebene Polizeipräsenz und die Freiheit von Rassismus oder anderen Formen der Belästigung. In Städten mit diesen Eigenschaften kann Politik die Kunst sein, durch die Bündnisse zum Erreichen dieser Ziele geformt wurden. In Städten, die diese Eigenschaften nicht haben, ist Politik die Kunst, durch die sie erreicht werden könnten.

Natürlich gibt es auch antipolitische Mittel zum Erreichen öffentlicher Sicherheit. Erstens ist sie käuflich. In den Vereinigten Staaten haben sich viele Menschen damit abgefunden, Sicherheit – oder wenigstens das entsprechende Gefühl – zu kaufen. Umzäunte Wohnanlagen, abgelegene Vororte, Golfclubs und Resorts für Rentnerinnen und Rentner verkaufen Sicherheit. Viele Stadträte in den USA fungieren de facto wie Vorstände von Golfclubs: Mit baurechtlichen und anderen Regularien versuchen sie, »unerwünschte« Leute fernzuhalten und den wohlhabenden Bewohnerinnen und Bewohnern ein gutes Gefühl zu geben. Der zweite Weg zu öffentlicher Sicherheit führt über die Polizei. In Überwachungsstaaten wie Singapur sind die Straßen sicher. Wenn Sicherheit das oberste Gebot und gutnachbarliches Verhalten nachrangig ist, lebt man vielleicht gern unter einer Regierung, die ihre Bürger*innen mit maximaler Autorität überwacht. Der Unterschied zwischen einer umzäunten Wohnanlage in den USA und den sicheren Straßen Singapurs ist nur graduell: Beide erlangen ihre Sicherheit durch die Priorisierung von Überwachung und Polizeipräsenz, und beide stellen gutnachbarliches Verhalten, Gemeinschaft und aktive Bürger*innenbeteiligung hinten an.

Manche Menschen stört es nicht, wenn Sicherheit mit derart autoritären Methoden erlangt wird. Der Zweck heiligt die Mittel. Aus der Sicht von Menschen, die sich für Politik einsetzen, ist das Problem dieser Methoden jedoch allzu deutlich: Die Mittel, mit denen wir Zwecke erreichen, sind für unsere Lebensqualität oft genauso entscheidend wie die Zwecke selbst. Der Einkauf im Supermarkt nebenan unterscheidet sich von der Online-Bestellung mit Lieferung bis an die Tür. Die zweite Option bietet vielleicht größere Auswahl, bessere Preise und spart Zeit. Doch bei der Entscheidung für die eine oder andere Form des Einkaufs geht es nicht nur um Effizienz, sondern auch um Gemeinschaft. Der Gang zum Supermarkt hilft, Arbeitsplätze zu erhalten. Vielleicht begegnet man einem alten Freund (oder muss sich vor der einstigen Chefin verstecken). Man kann mit dem Kassierer plaudern, der Ladeninhaberin ein neues Produkt vorschlagen, einen Apfel in die Hand nehmen und den Duft der Melonen riechen.

Politik ist sowohl Mittel als auch Zweck. Sie ist Pfeil und Ziel zugleich. Diese Annahme ist für Arendts Werk zentral. Sie begreift Politik als Weg zum Erreichen von Zielen und zugleich als Ziel per se. Politisch leben heißt, frei und kooperativ mit anderen zusammenzuleben, wobei weder Zwang noch Notwendigkeit die Grundprinzipien der gemeinsamen Existenz sein sollen. Frei zu leben bedeutet für Arendt, politisch zu leben. Letztlich stellte sie die Frage, wer frei mit anderen leben darf. Auch in einer autoritären Gesellschaft gibt es Politik: Dort können die Herrschenden politisch und somit frei leben, das Volk jedoch nicht. Arendt plädierte für eine antiautoritäre Politik für *alle*.[61]

Eine Politik für alle stellt sich nur ein, wenn jeder sich aktiv am Umgang mit gemeinsamen Problemen beteiligt und mit anderen in relativer Freiheit in Beziehung tritt. Viele Amerikaner*innen sprechen ständig von Freiheit, schwenken die Nationalflagge, singen die Hymne, ehren die Armee und tragen die Nationalfarben. Doch viele in dieser angeblichen »Republik« müssen sich in gute Wohnviertel, gute Schulen, gute Parks und gute Jobs einkaufen. Manche verteidigen eine solche Gesellschaft vielleicht, weil sie den Prinzipien der freien Marktwirtschaft entspricht. Das ist in Ordnung, solange wir die freie Marktwirtschaft nicht mit politischer Freiheit oder einer demokratischen Republik verwechseln (letztere begann in den USA offen gesagt erst in den 1970er Jahren!). Ein eingezäuntes Wohnviertel hat nichts mit der Nationalflagge zu tun – außer, dass beides Waren sind, die gekauft und verkauft werden können. Gemeingüter und die Bündnisse, von denen sie abhängig sind, können nicht gekauft und verkauft werden. Sie können nur gemeinschaftlich in Freiheit geschaffen werden. Politik ist die Kunst, solche Güter frei herzustellen.

Politik als dreidimensionale Kunst

Wie alle große Kunst hat auch die Politik viele Facetten. Aristoteles, dem Arendt viel verdankt, betrachtete Politik als dreidimensionale Kunst oder eine übergeordnete Kunst, die drei nachgeordnete Künste umfasst.[62] Zunächst ist da die Kunst, Verfassungen zu schreiben und Dörfer, Städte, Bundesstaaten und Nationen zu gründen. Die grundlegenden Gesetze, die Rechte und Pflichten von Bürgern und Regierenden müssen erarbeitet und das Funktionieren des Systems gesichert werden. Die zweite Kunst besteht im täglichen Regierungsgeschäft. Es gibt alle möglichen Angelegenheiten, die nicht per Verfassung geregelt oder auf Gesetzestexte reduziert werden können. Zweck der Regierung ist, sich dieser Punkte anzunehmen. Drittens gibt es die Kunst des Bürgerseins. Für Aristoteles ist Bürgerschaft mehr als ein bloßer rechtlicher Status. Sie ist sowohl Status als auch gelebte Praxis. Wir werden sehen, dass diese drei Dimensionen der Politik miteinander verbunden und voneinander abhängig sind, dass aber das Bürgersein die einzige Kunst ist, die für sich alleine stehen kann und die Grundlage der Politik bildet.

Wenden wir uns vor diesem Hintergrund der Politik als dreidimensionaler Kunst wieder dem Reality-TV zu. In gewisser Hinsicht gleicht das Schaffen einer politischen Gesellschaft der Produktion einer Reality-TV-Sendung. Solche Sendungen sind im Wesentlichen inszenierte Spiele. Es mag erstaunen, aber für politische Gesellschaften gilt das Gleiche – obwohl die Politik natürlich ein todernstes »Spiel« ist, bei dem es um weit mehr geht als um Quoten und Profite. Dennoch ist die Analogie hilfreich. Bei der Produktion einer Reality-TV-Sendung müssen die Macher*innen zunächst ein Grundgerüst mit Strukturen und Regeln entwerfen. Dann brauchen sie Menschen – im Fall von Realityformaten normalerweise Regisseur*innen und Autor*innen –, die die Tagesproduktion regieren, überwachen und filtern. Zu guter Letzt wird ein Drehort benötigt sowie Teilnehmer*innen, die um die Spielregeln wissen und sie nicht zu sabotieren versuchen.

Wie eine erfolgreiche Reality-Show bedarf auch eine gelingende politische Gesellschaft aller drei Dimensionen. Ich möchte das gerne weiter ausführen. Den alten Griechen galt die Gesetzgebung oder Ausarbeitung der Verfassung als höchste der politischen Künste. Aristoteles konzentrierte sich in seiner *Politik* fast ausschließlich auf Verfassungen und Gesetze. Die griechischen Denker betrachteten Verfassungen nicht nur als Vorlagen für Politik, sondern als fundamentale Dokumente, die Gründungsbauwerken glichen. Wie Architekten Bauvorhaben vorantreiben, so setzen Verfassungen die politischen Projekte in Gang und verlangen deshalb viel Voraussicht, Expertise und praktisches Verständnis. Verfassungen schaffen die Gestalt einer Polis. Darüber hinaus setzen sie die Bedingungen von Struktur und Reichweite der Bündnisse zwischen den an einem politischen Gemeinwesen Beteiligten: Sie schaffen ein »Machtsystem« und Institutionen der Autorität, indem sie die allgemeinen »Spielregeln« politischer Aktionen und Interaktionen festlegen.[63]

Arendt zufolge können Verfassungen, wie beinahe alle politischen Phänomene, als Sprachformen begriffen werden. Verfassungen verstand sie konkret als Versprechen, mit denen eine Gruppe von Menschen ihrer gemeinsamen politischen Welt eine gewisse Beständigkeit verleiht. Politische Verfassungen sind Versprechen gegenüber anderen und künftigen Generationen: »Just as promises and agreements deal with the future and provide stability in the ocean of future uncertainty where the unpredictable may break in from all sides, so the constituting, founding, and world-building capacities of man concern always not so much ourselves and our own time on earth as our ›successor‹ and ›posterities‹.«[64] Auf seltsame Weise sind Verfassungen deshalb die Art, in der wir mit Fremden sprechen und uns zu ihnen verhalten – mit Menschen, die uns nicht geografisch oder kulturell fern stehen, sondern kraft der Tatsache, dass sie noch nicht geboren sind. Die Empfänger*innen dieser besonderen Form politischer Rede sind mithin fähig, mit den Toten zu kommunizieren und zu interagieren. Insgesamt verleihen Verfassungen unserer politischen, weltlichen Existenz eine Dauer, indem sie die Grenzen unserer Sterblichkeit überwinden.

Doch Verfassungen können sich nicht selbst umsetzen. Sie brauchen sozusagen »Regisseur*innen«. Diese Regisseur*innen oder Regierenden interpretieren Bedeutung und Zielsetzung der Verfassung und wenden sie auf die je gegenwärtigen Bedingungen an. Sie verleihen der Verfassung Bedeutung für die Gegenwart und setzen formell die politische Tugend um, Versprechen einzuhalten. Die Exekutive, Legislative und Judikative treffen Urteile darüber, was gesetzlich, erlaubt und innerhalb der Verfassungsgrenzen für das Volk am besten ist. Zudem verfassen sie weitere Gesetze, um die politische Gesellschaft zu lenken. Und sie »exekutieren« Gesetze, Versprechen und Urteile.

In der griechischen Antike wurden die Regierungsdimension der Politik mit der Navigation eines Schiffs auf See verglichen. Dörfer, Städte, Bundesstaaten und Nationen versuchen immer, ein Ziel zu erreichen (oder, in manchen Fällen, nicht zu erreichen). Das Meer ist dabei mal ruhig und friedlich, mal stürmisch. Wie die Verfassungsbildung benötigt auch das Regieren viele Fähigkeiten, Expertise und praktischen Verstand. Es ist kein Geschäft für Feige oder Faule. Und es hängt stets von Bündnissen ab. Nicht einmal in Monarchien regiert eine Person allein, denn das Regieren ist ein sozialer Akt: Einer regiert immer den anderen, und meistens regieren mehrere Menschen gemeinsam. Regieren fußt auf der Fähigkeit der Kooperation zum Erreichen eines Ziels. Deshalb verlangt Regieren auch mehr als bloßes »Bestimmen« oder Autorität. Es verlangt Kunst.

Anders als die Regisseur*innen im Reality-TV wollen demokratische Gesellschaften – insbesondere Republiken –, dass ihre Regierungen für alle sichtbar sind, weil sie als republikanische Bürger*innen gegenüber allem skeptisch sind, was sich hinter den Kulissen abspielt. (Um Missverständnisse zu vermeiden: Auch hier verwende ich »republikanisch«, wie demokratisch, zur Bezeichnung politischer Herangehensweisen, nicht Parteien.) Republikanische Gesellschaften versuchen mit allen Mitteln, der Verlockung einer »Politik aus dem Hinterzimmer«, des heimlichen Fädenziehens und der Manipulation zu widerstehen. Im Gegensatz beinhalten andere Verfassungsformen – Monarchien, Oligarchien und Diktaturen – strukturell die Möglichkeit der Politik aus dem Hinterzimmer. Sie gehört zu deren Grundausstattung und ist gewissermaßen Teil des Drehbuchs. Wie Arendt mehrfach anmerkte, verhalten sich Bürokratien allzu oft ähnlich. Sie regieren allerdings nicht aus dem Hinterzimmer, sondern durch einen namenlosen »Niemand« – im Gegensatz zu einem ganz bestimmten »Jemand« mit Namen, Gesicht und Persönlichkeit. Natürlich sind nicht alle Bürokratien anonym und unpersönlich. Viele sehr gewissenhafte Menschen arbeiten in bürokratischen Institutionen. Doch selbst diese guten Bürger erkennen den bürokratischen Drang zu Anonymität, Unpersönlichkeit und Unsichtbarkeit – und widerstehen ihm.

Diese ersten beiden Dimensionen der politischen Kunst – das Schreiben der Verfassung und das Regieren – sind formell und offiziell. Wer in einer relativ stabilen politischen Gesellschaft aufgewachsen ist, hat den Luxus erfahren, beides als selbstverständlich anzusehen. Die meisten Menschen auf der Welt konnten diesen Luxus im vergangenen Jahrhundert jedoch nicht genießen. Seit 1914 wurden weltweit Hunderte von Verfassungen geschrieben und noch viel mehr Regierungen gebildet. Verfassungsbildung und tägliches Regierungsgeschäft gehören also nicht der Vergangenheit an, sondern werden permanent aktiv gebraucht. Selbst in den USA wurde die Verfassung im letzten Jahrhundert immer wieder neu interpretiert; mehrfach wurden offizielle Zusätze verfasst.

Die dritte Dimension der politischen Kunst ist das Bürgersein. Es ist die inoffiziellste und allgemeinste, zugleich jedoch die wichtigste politische Kunst. Wir halten Bürgerschaft gerne für einen Rechtsstatus. Menschen werden als Bürgerinnen und Bürger geboren oder müssen diesen Status erlangen. Idealerweise ist Bürgerschaft als Rechtsstatus eine Garantie, mit der man am »Spiel« teilnehmen kann. Tatsächlich werden viele legale Staatsbürger*innen durch andere Bürger*innen daran gehindert, im vollen Umfang am politischen Leben teilzunehmen. Zugleich gibt es Menschen ohne Bürgerstatus im rechtlichen Sinne, die viel zu unserem Gemeinwesen beitragen. Bürgerschaft ist eben doch mehr als ein

Rechtsstatus: Sie ist die Kunst, miteinander auszukommen und gemeinsam etwas zu schaffen.

Die Kunst, Bürger*in zu sein, formt das politische Spiel. Würde sich eine Gruppe von Kandidat*innen einer Reality-TV-Show weigern, mitzuspielen, wäre die Sendung ruiniert. Kandidat*innen, die sich so verhalten, würden natürlich aus der Show geworfen. Die meisten demokratischen Verfassungen gestatten es jedoch nicht, unkooperative Bürger*innen aus dem Land zu werfen. Ganz im Gegenteil: Demokratische Verfassungen räumen Bürger*innen außergewöhnliche Vorrechte ein, beispielsweise die straffreie Verweigerung aktiver Bürgerschaft (Ausnahmen in den USA waren der Militär- und Schöffendienst). Dennoch hängt die Qualität einer demokratischen Gesellschaft von der Qualität der Bürgerschaft ab. Das Bürgersein bringt eine Reihe von Praktiken und Gewohnheiten mit sich. Sie reichen von der Art, wie wir miteinander sprechen, über unsere Bildung, die Kontrolle der Regierenden, das Austragen unserer Differenzen und die Bereitschaft, Opfer für andere zu bringen, bis zu der Art, wie wir uns regieren lassen (vor allem in einer Demokratie ist das Regiertwerden ebenso eine Kunst wie das Regieren).

Das Bürgersein ist aus zwei Gründen die wichtigste politische Kunst. Erstens ist es eine Form der Freundschaft. In der Politik geht es darum, trotz aller Differenzen miteinander auszukommen und Gemeinsames zu schaffen. Das Bürgersein ist nach Aristoteles und Arendt eine Art Freundschaft, wenn auch eine Freundschaft, die auf einer gegenseitigen Verpflichtung zu gemeinsamen Gütern der Lebensqualität und nicht auf Vertrautheit beruht. Mitbürger müssen hauptsächlich Freundinnen und Freunde und höchstens vorübergehend Feindinnen und Feinde sein, wenn sie in einer politischen Gemeinschaft zusammenleben wollen. Zweitens sind die Praktiken des Bürgerseins nicht nur Folgen der Verfassungsbildung und des Regierens, sondern gehen diesen auch voraus. Keine Verfassung entsteht, ohne dass sich Menschen zusammenfinden, die zur Bildung der Verfassung die gleichen Fähigkeiten und Praktiken anwenden müssen, die sich in ihrem Alltag als Bürger*in einer bereits bestehenden politischen Gesellschaft benötigen. (Im Musical *Hamilton* wird Alexander Hamilton als großartiger *Bürger* dargestellt, obwohl die Verfassung der USA zu diesem Zeitpunkt noch nicht geschrieben war!) Nicht die Verfassungsbildung ist also die grundlegende politische Kunst, sondern das Bürgersein.

Bürger*innen machen Verfassungen, entscheiden über Alltagsfragen und stehen miteinander in Beziehung. Mit den engsten Verwandten kann man möglicherweise an einem abgelegenen Ort ohne Verfassung oder Regierung leben, aber sobald man einem Fremden begegnet, muss man die Kunst des Bürgerseins anwenden. (Übrigens können einem durchaus auch die nächsten Verwandten politische Fähigkeiten abverlangen!) Die Prüfung dieser Kunst fällt noch intensiver aus, wenn der Fremde bleiben und sich in meiner Nähe niederlassen will. Kommen andere Fremde hinzu, werden vielleicht Gesetze und eine Regierung nötig. Doch die Natur und Qualität dieser Gesetze und Regierung hängt von der Natur und Qualität unseres Bürgerseins ab.

Aristoteles bezeichnete den Menschen als politisches Tier. Arendt schloss sich seinem »politischen Naturalismus« zwar nicht an, glaubte aber an ein spontanes Element innerhalb der Politik.[65] Wir »machen« ständig Politik, auch an Orten und in Situationen, in denen wir sie nicht als Politik begreifen. Im Gegensatz dazu können die Orte und Räume des Politischen, die wir als solche erkennen – Nachrichtensender, Wahlkämpfe, bestimmte Feeds in den Sozialen Medien, Kommentare von Politikbeobachtern – gänzlich apolitisch sein. Was wir für Politik halten, ist oft eine Waffe gegen Menschen, die »handelnd und sprechend miteinander umgehen«, um gemeinsame Anliegen ihrer gemeinsamen Welt zu bearbeiten.[66]

Wir mögen die Politik für leicht zu erkennen halten. (Sie ist im Fernsehen! Oder auf Wahlplakaten, Aufklebern, in YouTube-Videos und in den Pop-Up-Meldungen auf unseren Smartphones.) Aber im Zeitalter des Wahl-Unterhaltungskomplexes wird es immer schwerer, Politik zu erkennen. In der Einleitung habe ich die These aufgestellt, dass wir an einer Art Autoimmunerkrankung leiden, weil wir das, was uns helfen kann – die Politik – angreifen oder für unwichtig halten. Zugleich leiden wir an Kurzsichtigkeit: Wir erkennen Politik, wenn wir sie direkt vor Augen haben und sie uns aus Macht-, Profit- oder Protestgründen förmlich ins Gesicht schreit, aber die Politik nebenan oder hinter den Kulissen, in Vorstandsräumen oder den Algorithmen der Chatrooms sehen wir nicht.

Ein Grund dafür ist, dass wir ein bestimmtes politisches System – die Wahlpolitik – mit der Politik als Gesamtheit verwechseln. Als ließe Politik sich auf Wählerverteilung und Wahlkampfslogans reduzieren. Wenn wir alle Politik für wählerbezogen halten, werden wir sie nur schwer erkennen, eben weil wir sie für leicht erkennbar halten. Wir könnten sogar glauben, unsere größte Herausforderung sei gar nicht das Erkennen von Politik, sondern das Ausblenden des politischen Systems.

Wie im nächsten Kapitel ausgeführt, wird das Erkennen der Politik zusätzlich erschwert, weil sie zuerst ein *Phänomen* und nur in zweiter Linie ein System ist. Dies ist eine zentrale Erkenntnis Arendts. Mächtige Zentralregierungen, große bürokratische Apparate, nationale Sicherheitsregimes, den globalen Kapitalismus und die parteidominierten politischen Systeme drohen jeweils, die Politik zu verdrängen oder sie vor uns zu verstecken. Zusammen mit den gängigen Vorurteilen gegen Politik entsteht laut Arendt so die »Gefahr [...], dass das Politische überhaupt aus der Welt verschwindet.«[67] Ihr Argument war nicht nostalgisch motiviert: Auch vor dem 20. Jahrhundert hatte es kein goldenes Zeitalter der Politik gegeben.[68]

2

Politik als Phänomen

Ohtani. Als ich den Namen niederschreibe weiß ich nicht, ob er in die Geschichte des Baseballs eingehen wird oder nicht. Aber ich weiß, dass Shohei Ohtani ein Baseball-Wunderkind ist. Sein Debüt in der Profiliga gab der japanische Ausnahmesportler als Spitzenwerfer *und* Spitzenschlagmann. So etwas dürfte es im modernen Profibaseball eigentlich nicht geben. Seit Babe Ruth – ein ganzes Jahrhundert vor Ohtani – hatte die Baseballwelt kein solches Doppelphänomen mehr erlebt. Doch Ohtanis Leistung war in gewisser Hinsicht sogar noch größer als Babe Ruths, weil er erst auf der Bildfläche erschien, als die Führungsriege des professionellen Baseballs alle wichtigen Entscheidungen längst den MBAs und Systemingenieuren übertragen hatte. Das Spiel hieß jetzt »Moneyball«. Jeder Schlag, jeder Wurf, jedes Auffangen und jeder Sprint eines jungen Hoffnungsträgers wurden zu »Daten« komprimiert und mit Algorithmen traktiert, um die künftige Gesamtleistung des aufstrebenden Spielers vorherzusagen: Wie viele Spiele würde er für seinen Verein gewinnen, ehe er ersetzt werden musste? Ohtanis Problem war, dass keine Daten und Vergleichswerte über ihn vorlagen und ein derartiger »Doppelspieler« in den Computersystemen nicht vorgesehen war. Seine bloße Existenz machte die Analysen wirkungs- und sinnlos. Was für ein Ausnahmespieler![69]

Im Grunde sprengt jeder von uns das System; wir alle verhalten uns unabsehbar. Die Programmiererinnen und Programmierer der Computermodelle, die von Social-Media-Firmen, Personalagenturen und Aufnahmekomitees von Universitäten bezahlt werden, mögen behaupten, sie hätten Vergleichsdaten, an denen sie uns messen könnten. In Wahrheit jedoch ist jede und jeder einzelne von uns unvergleichlich.[70] Du bist einer von 7,5 Milliarden. Jedes Modell, das dich simulieren soll, ist nur ein Stellvertreter, der zu technischen Zwecken eingesetzt wird. Jede Filmregisseurin, jeder Filmregisseur weiß, dass Stellvertreter keine Originale sind. Und er weiß auch, dass nach dem Eintreffen der echten Schauspieler*innen am Set niemand genau vorhersagen kann, was passieren wird – unabhängig vom Drehbuch. Es handelt sich eben um Schauspieler*innen, nicht um Roboter. Wie schön wäre es, wenn sich die »Regisseur*innen« der Datenbanken auch so verhielten, als wüssten sie das!

Hannah Arendt wusste um die Faszination, die Computersysteme auf uns ausüben würden. Ihr Werk entstand in der Hochphase der frühen Computerisierung und sie wurde Zeugin des Paradigmenwechsels von der turbinengetriebenen Industriegesellschaft zur computerbasierten, »postindustriellen« Gesellschaft. Wie vielen anderen war auch ihr klar, dass innerhalb der neuen Wirtschaftsmaschinerie nicht mehr die Produktion, sondern die Berechnung entscheidend sein würde und die Automatisierung von der Fabrik- bis zur Nachrichtenproduktion alle Bereiche verändern würde. Arendt hielt die postindustrielle Hinwendung zur Automatisierung (zum Automatismus, wie sie es manchmal nannte) für eine Art *Rückkehr* zur Natur. Die Menschen waren schon immer von Automatisierungsprozessen umgeben.

Die Rotation der Planeten, Sonnenaufgang und Sonnenuntergang, der Gezeitenwechsel, die Zersetzung organischer Materie und der körperliche Tod sind die vorhersehbarsten Systeme, die wir uns vorstellen können. In ihrer Kontinuität sind sie verlässlich. Und in vielen Punkten ist auch das Tier namens Mensch ein automatisches System: Wir atmen automatisch, verdauen automatisch und können unsere Träume nicht kontrollieren. Die Automatisierung macht uns zu Tieren in einer tierischen Welt, sie macht uns zu Naturwesen.

Dennoch sind wir wohl die Tiere, deren Verhalten sich am wenigsten absehen lässt. Die Improvisation liegt im Wesen menschlicher Schauspieler*innen – wie auch der Hollywood-Darsteller*innen. Unsere Mägen agieren zwar vorhersagbar, unsere Handlungen jedoch nie ganz. Laut Arendt ist jede Handlung ein Wunder, etwas Unerwartetes; die gesamte menschliche Existenz sowohl auf individueller als auch auf kulturell-zivilisatorischer Ebene ist eine Art unendliche Unwahrscheinlichkeit. Die Geschichte der Menschheit sieht Arendt als eine Kette von Wundern, weil sie nie gänzlich vorhersagbar verlaufen sei.[71] Jeder freudige Moment, jede durch Liebe motivierte Handlung, jedes Opfer, jedes gehaltene Versprechen ist eine Art Wunder – allein schon deshalb, weil es aus freien Stücken geschieht. Es stimmt natürlich, dass wir mit dieser Freiheit auch großen Schaden angerichtet haben. Wir haben einander ausgenützt und zerstört, die Erde ausgebeutet und die Atombombe gebaut. Im 21. Jahrhundert sind wir stärker als zu jedem anderen Zeitpunkt in der Geschichte mit den Folgen unserer freien Handlungen konfrontiert, während die Veränderungen des Klimas, der Ökosysteme und der Migrationsbewegungen zunehmend ungewisser und schwerer absehbar werden.

Wie aber soll es weitergehen? Eine Warnung: Manche glauben, die Lösung unserer systemischen Probleme läge in der Veränderung dieser Systeme. Sie glauben, große Probleme verlangten nach großen Lösungen und wir müssten dabei nur kontrolliert, objektiv und systemorientiert vorgehen. Andere argumentieren mit Lösungen über die Märkte, strenge staatliche Maßnahmen oder ambitionierte technologische Lösungen. Zwar sind einige unserer Hauptprobleme tatsächlich systemischer Art, doch sie lassen sich letztlich nicht systemisch lösen – wenigstens nicht durch technologische oder ökologische Systeme. Eine systemorientierte Herangehensweise an systemische Probleme kann in Wahrheit eine Strategie zur Vermeidung der echten Probleme sein, indem wir ein System gegen das andere ausspielen – etwa Märkte gegen Regierungen. Damit adressieren wir aber nicht die zentralen – *politischen* – Herausforderungen, die den Krisen des 21. Jahrhunderts zugrunde liegen. Wenn unsere Handlungen für diese Herausforderungen verantwortlich sind, sind auch unsere Taten für deren Überwindung von zentraler Bedeutung.

Der zunehmende weltweite Populismus der jüngsten Zeit – in Gestalt Großer Versprechungen Großer Männer – ist Ausdruck des unter den Benachteiligten weit verbreiteten Gefühls, die Systeme der Moderne ließen uns im Stich und die Menschen müssten etwas tun. Der Behauptung von Wirtschafts- und IT-Expertinnen und -Experten, die Systeme würden die Probleme lösen, setzen die Demagoginnen und Demagogen entgegen, nur sie allein brächten die Lösung.[72] Der bipolare Wechsel von großen Systemen zu autoritären Führungsfiguren ist ein entschieden modernes Dilemma. Die Moderne – die mit dem Aufstieg der Industriegesellschaft im 19. Jahrhundert begann und im 20. Jahrhundert zu radikal ehrgeizigen Projekten in Wissenschaft, Technik und am Weltmarkt führte – ist grundlegend systemorientiert. Alles, was geschieht, soll *im großen Stil* und *systematisch* geschehen. Darin liegen »Absehbarkeit«, »Effizienz« und die moderne Bedeutung von »Vernunft«. Es ist die Magie der Moderne.

Ungeachtet ihrer großen Systeme war die Moderne jedoch keineswegs vorhersagbar, effizient und vernünftig. Deshalb traten mehr als einmal Große Männer auf den Plan, um uns vor den Systemen zu retten. An den äußersten Enden dieser bipolaren Bewegung stehen totalitäre Konstruktionen – entweder in Gestalt totalitärer Systeme oder totalitärer Führer. In den Ursprüngen des Totalitarismus beschrieb Arendt den Totalitarismus nicht als Abweichung von der Moderne, sondern gerade als ihr eingeschriebenes Phänomen. Angesichts der Macht der Technologie, der Ausmaße der Wirtschaftsmärkte, der Bürokratisierung der

Staatsmacht, des entschieden modernen Verständnisses der »Geschichte« selbst als einer Art systemischer Kraft und angesichts des großen gesellschaftlichen Drucks hin zu Einheit und Konformität wenden wir Modernen uns von den Großen Systemen ab und den Großen Anführern zu, verpflichten uns statt unpersönlichen hochgradig persönlichen Mächten. All dies geschieht in der tragischen Hoffnung, Macht über Vorgänge zu gewinnen, die sich unserer Kontrolle zu entziehen scheinen.

Was können wir Sterblichen tun, um diesen scheinbar automatischen Kreislauf zu durchbrechen? Die Antwort lautet: Politik. Für Arendt ist sie in Anfang und Ende dieses Problems. Tatsächlich gibt es trotz aller Schrecken des 20. Jahrhunderts auch bemerkenswerte Beispiele machtvoller und wahrhaftiger politischer Bewegungen, die solche Zyklen durchbrochen und Systemen der Unterdrückung widerstanden haben. Der Kampf gegen die Apartheid in Südafrika, die Sitzstreiks für Bürgerrechte in den USA, die Bemühungen, von Krieg oder wirtschaftlicher Ausbeutung zerstörte Gesellschaften wiederaufzubauen, heldenhafter Widerstand gegen totalitäre Mächte, der Einsatz für Gesetze gegen Kinderarbeit oder für saubere Luft und sauberes Wasser – all diese und viele weitere Bemühungen waren weder abhängig von den unterstellten Kräften automatischer Systeme noch von machthungrigen Anführern. Vielmehr waren sie abhängig davon, dass verschiedene Menschen im Vollbesitz ihrer Macht miteinander auskommen – so begreift Arendt authentische Politik.[73] In einer modernen Welt der Großmächte – seien es Große Systeme oder Große Männer – erscheint Politik im Kleinen und im Großen als Gestaltungsform unerwarteter und unwahrscheinlicher Neuanfänge.

Dieses Kapitel untersucht die wundersame Kunst der Politik im Vergleich zur magisch scheinenden Macht Großer Systeme und Großer Männer. Auf ihr Wesentliches reduziert ist Magie eine Form von Kraft. In Harry Potters Kampf gegen seinen Erzfeind Lord Voldemort dienen Hexerei und Zauberei zum Aufrufen von

Formeln (Zaubersprüchen), mit denen die Elemente im Kampf um eine Zukunft kontrolliert werden, die letztlich durch Kraft – und nicht durch politische Macht – gewonnen wird. Wenn wir versuchen, die Elemente – ob Radiowellen, elektromagnetische Ströme, fossile Brennstoffe oder Atomenergie – durch Wissenschaft oder Technologie zu kontrollieren, benutzen wir eine Art moderne Magie, um die Zukunft zu beherrschen. Wir befinden uns im Bann dieser modernen Zauberkräfte – bis wir merken, dass sie uns nicht nur Macht *verleihen*, sondern auch Macht *über uns ausüben*. Dieses Phänomen ist faszinierend und angsteinflößend zugleich.

Ein *Wunder* ist jedoch eine ganz andere Art von Phänomen als Magie.[74] Für ein Wunder braucht man keinen Hokuspokus, keine Formel, kein Programm und keinen Code, sondern nur einmalige Handlungen. Jedes Wunder ist laut Arendt eine Unterbrechung von Kausalketten und automatischen Prozessen, eine Störung dessen, was sein »muss« oder »immer« so ist. Wunder sind unerwartet, weil sie sich frei ereignen: Ein Mitglied des Ku-Klux-Klans wird durch Gespräche mit einem Schwarzen von seinem Irrweg abgebracht, eine kleine ländliche Gemeinde nimmt illegale Migrantinnen und Migranten freundlich auf, arme Landarbeiterinnen und Landarbeiter kämpfen erfolgreich für Rechtsschutz.[75]

Das Wunder bildet deshalb den Kern von Arendts »phänomenalem« Politikverständnis. Auch wenn ihr dafür von politischen Zyniker*innen und Politikwissenschaftler*innen gleichermaßen nur Unverständnis entgegenschlug, hielt sie Politik für im Kern unabsehbar. Zwar *können* wir politischen Tiere uns auch absehbar verhalten, doch wir müssen es nicht – und dieses Nicht-Müssen verleiht uns unsere politischen Wunderkräfte, unsere stets erneuerbare Freiheit, erneut zu handeln.

Im Bann der Systeme

Technologie, Geschichte, die *Wirtschaft,* der *Staat* und die *Gesellschaft*: Arendt hielt sie für moderne Götter, die scheinbar unser Schicksal kontrollieren und über unsere Zukunft bestimmen. Oder sie sind gar moderne Zauberkräfte, die – wie im Film *Der Zauberer von Oz* aus der Zeit der Weltwirtschaftskrise – uns die Erfüllung unserer Wünsche versprechen, solange wir die richtigen Opfergaben darbringen. Arendt diskutierte immer wieder den Reiz, den diese seismischen Systeme auf uns ausüben. Sie suggerieren, »that no one is a free agent, and hence the doubt that anyone is responsible or could be expected to answer for what he has done.«[76] Tatsächlich haben diese weltweiten Kräfte einen entschieden abstrakten und unpersönlichen Charakter. Dennoch hat jede von ihnen unbestreitbar einen menschlichen Ursprung und eine ebensolche Wirkung. Sie sind größer als das Individuum, aber nicht autonom oder gar automatisch. Sie mögen sich anfühlen wie unkontrollierbare Kräfte, sind aber nur die Artefakte unseres modernen, allzu menschlichen Strebens.

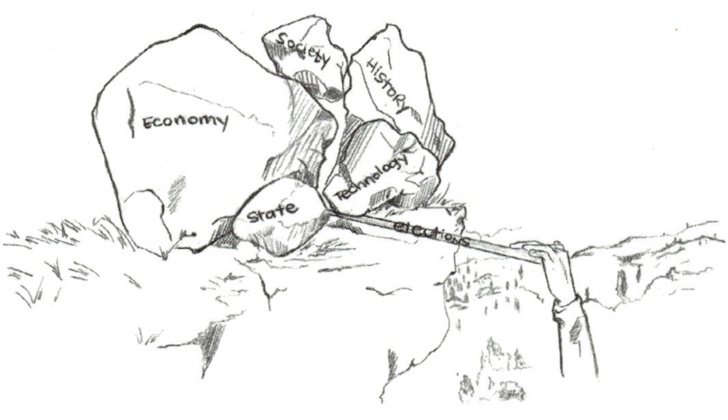

Platz für Politik?

In seinem Film *Moderne Zeiten* (1936) spielt Charlie Chaplin einen Fabrikarbeiter, der versucht, mit dem Tempo des Fließbands mitzuhalten. Die Fabrikchefs, die immer höhere Produktionsraten erzielen wollen, drehen in einem Kontrollraum ein Rad, um die Geschwindigkeit des Fließbands weiter zu erhöhen. Chaplins Figur muss immer hektischer arbeiten, bis sie es nicht mehr schafft. Überwältigt von der höllischen Geschwindigkeit der modernen Maschine bricht der Arbeiter zusammen, kommt ins Krankenhaus und erlebt eine Reihe weiterer Missgeschicke.

Moderne Zeiten war die lustige Darstellung einer Situation in der Weltwirtschaftskrise, die überhaupt nicht lustig war. Die Geschwindigkeit des technischen Wandels und die Beschleunigung der von den Industriebossen genutzten Systeme im frühen 20. Jahrhundert stürzte Millionen Menschen in eine wirtschaftliche, emotionale und existentielle Krise. Doch wenigstens wurde in *Moderne Zeiten* – einem ebenso lustigen wie kritischen Film – deutlich, dass die Maschinen von Menschen bedient wurden. Der Film gibt eindeutig den gierigen Fabrikbesitzern die Schuld. Im 21. Jahrhundert vollzieht sich der technologische Wandel genauso schnell wie in den 1920er- und 30er-Jahren, doch wir neigen dazu, die Ursache bei der »Technologie« selbst zu suchen, als sei sie ein sich selbst antreibendes System.

Technologie ist ein offensichtliches Beispiel für eine moderne Macht, die wir vergöttern und der wir damit erlauben, uns zu beherrschen.[77] Wir Modernen beten die Maschinen an und halten es für selbstverständlich, dass technologische Entwicklungen unvermeidbar seien und wir sie nicht wirklich aufhalten könnten; dass alle Probleme (auch die von der Technik selbst verursachten) als Probleme der Konstruktion oder des »Designs« betrachtet werden müssten und dass letztlich jede Innovation oder wissenschaftliche Entdeckung ein Zeichen des »Fortschritts« sei. Technologie ist nicht nur der Kontrollraum der Moderne, sondern ihr *sanctum sanctorum*, ihr Allerheiligstes.[78]

Arendt sah die Dominanz der Technologie in drei Entwicklungen des 20. Jahrhunderts, die noch heute schwerwiegende Probleme darstellen: die Massenmedien, die industrielle Automatisierung und Atomwaffen. In allen drei Fällen »rebelliere« eine bestimmte Technologie gegen die *conditio humana* – die Massenmedien, indem sie uns zu Zielen von Propaganda und anderen Formen böswilliger Massenbeeinflussung machten; die industrielle Automatisierung, indem sie es den Menschen immer schwerer mache, ihren Lebensunterhalt zu verdienen, und Atomwaffen, indem sie das menschliche Leben selbst bedrohten.[79] Arendt zufolge war keine dieser Innovationen das Ergebnis eines breiten Konsenses von Menschen, die dies wollten. Sie wurden vielmehr von wenigen mächtigen Männern gerechtfertigt – von einer oligarchischen Elite, die diese Entwicklungen für unvermeidbar und notwendig erklärte und dem Rest von uns das Gefühl gab, sie nicht aufhalten zu können. (Kürzlich hörte ich in einem Café eine Gruppe von Veteranen darüber sprechen, dass ein Veterans Administrations Hospital die Verteilung von Materialien Robotern übertragen habe – und das zu einer Zeit, da die Arbeitslosenrate unter Veteranen ein großes Problem ist.)

Die Technologie nimmt also eine vergleichbare Kraft an wie die Geschichte. Im Hinblick auf diese befinden wir uns heute in einer interessanten Lage.[80] Vielleicht würden die meisten von uns gerne in irgendeiner Form »Geschichte schreiben«, aber wir leben fast alle so, als seien wir bestenfalls Teilnehmer*innen an der Geschichte – oder schlicht ihre Zuschauer*innen. Die Wahl Barack Obamas zum Präsidenten 2008 etwa wurde als »historisch« gefeiert, und das war sie auch – aber nicht aus dem Grund, den viele Menschen anführten. Nach seiner Wahl äußerten sich viele seiner Unterstützer*innen, als habe die Wahl bewiesen, dass die Geschichte bezüglich des Rassismus auf Seiten des Fortschritts steht. Die Dinge würden besser, sagten sie, es sei nur eine Frage der Zeit. Expert*innen schrieben über eine »postracial« amerikanische Gesellschaft, andere über das »Browning« Amerikas. Angesicht der Folgejahre müssen sich diese fortschrittsorientierten Zeitzeug*innen gefühlt haben wie die Menschen in den Jahrzehnten nach dem Scheitern der Französischen Revolution – die sich von der Geschichte »zum Narren halten« ließen.[81] Offensichtlich müssen wir immer wieder aufs Neue lernen, dass Geschichte das ist, was wir aus ihr machen, und über keine – progressive oder anderweitige – Eigengesetzlichkeit verfügt.

Die intellektuelle Genealogie des politischen Progressivismus – einer seltsamen Verbindung von Geschichte, Evolutionstheorie, Utilitarismus und revolutionärem Denken – macht ihn besonders anfällig dafür, Geschichte als Motor des politischen Wandels zu begreifen. Oft geschieht dies in der naiven Annahme, politisch Fortschrittliche befänden sich auf der »richtigen Seite« der Geschichte.[82] Doch politisch Konservative können gleichermaßen mit der Geschichte verbunden sein und sich nostalgisch an ein vergangenes Ideal klammern, das einer Restauration bedarf.[83] Die Geschichte ist eine Kraft, die wir alle »auf unserer Seite« wissen wollen. Über das gesamte politische Spektrum hinweg wird sie aufgerufen, um alle möglichen Handlungen zu rechtfertigen – vom Flug zum Mond über den Abschuss von Missiles, der Verabschiedung von Antidiskriminierungsgesetzen und rechter Gewalt bis zum Bau neuer Einkaufszentren.

Natürlich ist Geschichte auch etwas, wovor wir uns fürchten. Wir haben Angst, dass sie sich so schnell bewegt wie die Maschinen in Charlie Chaplins Fabrik und wir nicht mithalten können. Unsere Beziehung zur Geschichte ist deshalb mindestens ambivalent, wenn nicht gar widersprüchlich. Sie ist eine Kraft, die wir beherrschen wollen, und doch betrachten wir sie oft als merkwürdig und fremd. Selbst mächtige Politikerinnen und Politiker verhalten sich laut Arendt oft wie bloße Schauspieler im bereits geschriebenen Drama vom »historischen Schicksal«, als bestünde ihre Verantwortung nur darin, »jede Rolle zu spielen, welche das große geschichtliche Drama ihnen anweisen würde.«[84] Wir Übrigen sehen ihnen dabei so zu wie das Kinopublikum in den 1990er-Jahren *Forrest Gump* zusah. In dem Film wird Forrest von der Geschichte vorangetrieben, wird vom typisch amerikanischen College-Sportler in Alabama zum Soldaten in Vietnam und später zu einem Gründungsinvestor von Apple. Währenddessen verhält er sich stets, als werde er – wie wir – nur zufällig Zeuge der historischen Ereignisse, die seine Generation so sehr bestimmten.

Auch mit der Wirtschaft verhält es sich in dieser Hinsicht nicht anders. Wirtschaftswissenschaftler*innen, von denen viele den Begriff des »historischen Schicksals« ablehnen würden, erzählen uns dennoch, die Wirtschaft sei ein aus sich selbst heraus angetriebenes, fortschrittliches System, das zwar unser gesamtes Leben von der Nahrungsaufnahme bis zur Berufsausübung beeinflusse, sich aber letztlich unserer Kontrolle entziehe und »effizient« sei. Viele Ökonom*innen behaupten, jeder Versuch, die Wirtschaft zu kontrollieren oder zu steuern, führe zu mehr Problemen als Lösungen. Sie sagen, wir müssten der wirtschaftlichen Eigenbewegung soviel Raum wie möglich geben und bürokratische Eingriffe minimieren, weil »freie Märkte« für die Wirtschaft das Beste seien – und letztlich (es heißt immer »letztlich«) auch für die meisten Menschen (es heißt immer »die meisten«, weil irgendjemand den Preis für die wirtschaftliche Entwicklung zahlen muss). Für die meisten von uns ist die Wirtschaft tatsächlich ein riesiges System, das wir als großen, aber unsteten Zauberer wahrnehmen, der uns nach Belieben segnet und verflucht und dessen Motive uns verborgen bleiben.

Natürlich wollen manch andere die Wirtschaft nicht sich selbst überlassen. Sie sagen, die Regierung müsse sie lenken. So wird der Staat zu einem großen Kontrollinstrument. Arendt kritisierte die moderne, ausschließlich mechanistische Vorstellung vom »Staat«, den wir als eine Art Technik betrachten, als riesiges Schlachtschiff, das auf dem Meer menschlicher – vor allem wirtschaftlicher und sicherheitsbezogener – Sorgen kreuzt. In unserem Verhältnis zum Staat sind wir folglich entweder Passagier*innen auf einem freundlich gesinnten Schiff oder Gefangene auf einem feindlichen Schiff – je nachdem, wie wir die Regierung und ihre Handlungen bewerten. Wir könnten einfach versuchen, diejenigen, die das Schiff steuern, zu bewegen, unsere Interessen besser zu vertreten, oder wir könnten in harter Opposition zu ihnen stehen oder sie gar zu eliminieren versuchen. Wie auch immer: Betrachten wir unsere Regierung als rein technischen Apparat, werden wir Politik nur als Mittel zur Kontrolle des Staats im Interesse Einzelner oder bestimmter Gruppen begreifen.[85]

Das Terrain, auf dem wir uns häufig im Wettstreit mit Technologie, Geschichte und Wirtschaft sehen, ist die »Gesellschaft«. Sie ist das größte, am schwersten zu fassende und scheinbar auch universellste der großen Systeme, mit denen wir Modernen konfrontiert sind.[86] Wir sind daran gewöhnt, Formulierungen wie »in der heutigen Gesellschaft…« zu hören, zu lesen oder vielleicht selbst zu verwenden, als sei alles, was unser Zeitalter charakterisiert – technologische Veränderungen, historische Entwicklungen, wirtschaftliche Realitäten oder Regierungshandeln – in irgendeiner Form ein Produkt der Gesellschaft. Besorgniserregend war für Arendt vor allem unsere Ehrfurcht vor der »Gesellschaft«, weil sie einem Ersatz der politischen Gemeinschaft am nächsten kommt, insofern sie uns – anders als Technik, Geschichte oder Wirtschaft – das Gefühl gibt, einer *menschlichen* Gemeinschaft anzugehören. Es ist, als gehöre man zu einer »Über-Familie«, so Arendt.[87] Dieser Familie gehören wir nicht durch unsere Individualität oder Gleichheit an, sondern durch ein gemeinsames genetisches Merkmal, das uns alle »eint«. Wir suchen uns unsere Familie nicht aus, sondern werden in sie hineingeboren. Genauso verhält es sich mit unserer Gesellschaft.

Die Gesellschaft übersteigt deshalb unser Gefühl, Einfluss auszuüben oder Wandel herbeiführen zu können. Wir sagen eher nicht, dass wir *einer* Gesellschaft angehören, sondern *der* Gesellschaft als solcher. Wir schreiben nicht »in meiner Gesellschaft«, sondern »in der heutigen Gesellschaft«. Tatsächlich liegt darin ein Teil der Macht der *sozialen* Medien. Keiner von uns hat das Gefühl, die sozialen Medien kontrollieren zu können. Sie machen uns alle zu Mitgliedern einer singulären, transzendenten, »sozialen Netzwerks«. Arendt zufolge sind die »Gesellschaft« und der Begriff des »Sozialen« zu Instrumenten geworden, mit denen viele verschiedene Menschen dazu gebracht werden, sich als Teil einer undifferenzierten Masse von Menschen zu sehen. Wir mögen das Gefühl haben, technischen Fortschritten, historischen Ereignissen, wirtschaftlichen Auf- und Abschwüngen oder Regierungsmaßnahmen »zuzuschauen«, und fühlen uns dennoch als Teile – vielleicht sogar als Gefangene – der Gesellschaft und ihrer Mechanismen.

Das populistische Dilemma

Diese großen Systeme können jeweils als Rivalen der Politik und der politischen Gemeinschaft fungieren. Die freie Ausübung der menschlichen Fähigkeit zu denken, zu sprechen und zu handeln, kann nicht einfach durch eine Maschine, den Lauf der Geschichte, freie Märkte, Staatsmacht oder die Zugehörigkeit zur Über-Familie namens »Gesellschaft« realisiert werden. Technologie, Geschichte, Wirtschaft, Staat und Gesellschaft können deshalb das Gefühl der Machtlosigkeit auslösen – als sei uns das Gespür für Freiheit und menschliche Gemeinschaft sanft entzogen oder grob entrissen worden. Also bekommen wir Angst.

Angst ist nach Arendt mehr als das Gefühl einer bevorstehenden Gefahr. Sie wurzelt in dem tieferen Gefühl der Hilflosigkeit angesichts einer solchen Gefahr. Wir fürchten uns, wenn wir das Gefühl haben, eine Situation nicht mehr durch unser *Handeln* ändern zu können:

> Fear as a principle of public-political action has a close connection with the fundamental experience of powerlessness that we all know from situations in which, for whatever reasons, we are unable to act. [...] Politically speaking, fear (and I am not talking about anxiety) is despair over my impotence when I have reached the limits within which action is possible. [...] Therefore fear, properly speaking, is not a principle of action, but an anti-political principle within the common world.[88]

Wir verspüren Angst, wenn wir eine Bedrohung nicht abwenden können. Deshalb ist Angst ein antipolitisches Gefühl, das machtlos macht. Ironischerweise kann gerade Angst als antipolitisches Gefühl im Bereich des Politischen große Wirkmacht entfalten. Sie ist der emotionale Thronsaal autoritärer Macht und wird von Autokraten geschürt, um uns auszubeuten.[89] Die Appelle der Mächtigen an Ängste sollen in uns das Gefühl der Machtlosigkeit auslösen, damit die einzige Lösung aus emotionaler Sicht eine autoritäre ist. Angesichts der Verschwörung großer Systeme, die scheinbar unsere Kontrollmöglichkeiten übersteigen, suchen wir Rettung bei Großen Männern.

Hierin ist unschwer die emotionale und politische Logik der Demagogie im 21. Jahrhundert zu erkennen. Demagogisch Agierende verkünden die Gefahren! Sie nutzen sie, um Angst in uns zu erzeugen. Sie betonen, wie hilflos wir ohne ihre »Führung« seien. Sie verlangen von uns Loyalität: wir sollen eins mit ihnen werden und ihnen virtuell huldigen. Sie verleihen uns das Gefühl der Schwäche und lassen uns ihre ganze Macht nur spüren, wenn wir uns an sie binden. Sie kämpfen mit uns, aber nicht, um uns zu stärken, sondern nur zur Stärkung ihrer selbst.

Die politischen Verbrechen von Demagoginnen und Demagogen reichen noch weiter. Sie politisieren alles, von der Presse bis zum Justizsystem und der Polizei. Sie machen eine Art »Politik« wieder sichtbar. In ihnen sehen die Menschen eine Form (wenn auch bösartiger) politischer Macht und fühlen sich daran erinnert

Bürgerschaft?

– und vielleicht dadurch bestärkt –, dass die Welt politisch ist. Doch auch wenn Demagoginnen und Demagogen Politik wieder sichtbar machen, entwerten sie deren demokratischen Ausdruck, indem sie das autoritäre Modell als einzig wirksame und authentische Form von Politik darstellen. Somit vergrößern sie scheinbar den Einfluss von Politik, nehmen diese jedoch zugleich als ihr alleiniges Recht in Anspruch.

Genau das haben autoritäre Führungsfiguren seit jeher versucht. Sie wollen die Welt nicht von der Politik befreien, sondern sich die Politik geradezu einverleiben. Ein Grund, warum wir uns den großen Systemen wie Technologie, Wirtschaft oder bestimmten Formen der staatlichen Verwaltung gegenüber so unterwürfig verhalten, ist, dass sie als Alternativen zu den autoritären Persönlichkeiten erscheinen. Gerade die Entscheidung, uns lieber von Systemen statt Menschen regieren zu lassen, hat uns wohl erst »modern« gemacht. Technologien, Märkte und machen Formen der Bürokratie wirken nicht autoritär, weil sie *unpersönlich* scheinen. Eine autoritäre Führungsperson hat ein Gesicht, eine Maschine oder ein Markt haben keines. Doch diese Systeme sind nicht gesichtslos – sie sind vielgesichtig. Nur sind diese Gesichter normalerweise verborgen.

Wenn wir uns entsetzt von autoritären Führerfiguren ab- und unpersönlichen Systemen wie Verwaltungen, Märkten oder Technologien zuwenden, bleibt das Grundproblem ungelöst – nämlich unsere politische Machtlosigkeit als Volk. Wir ersetzen damit nur einen Anführer durch einen anderen. Ahnen wir, dass diese »unpersönlichen« Systeme, die uns beherrschen, in Wahrheit durch und zugunsten der Interessen bestimmter Leute gesteuert werden, neigen wir dem »Großen Anführer« oder der »Großen Anführerin« zu, der oder die uns glauben macht, für unsere Interessen zu kämpfen. Damit wird die Bewegung von einem Pol zum anderen zu einer Art unendlichem Förderband, einer unaufhörlichen Kreisbewegung. Auf autoritäre Systeme und böse Taten folgen neue Ingenieur*innen, Ökonom*innen oder liberale Politiker*innen, die uns dazu bewegen, unser kollektives Schicksal unpersönlichen, objektiven Systemen anzuvertrauen, die angeblich frei von autoritärem Potential seien.[90] Doch haben wir uns einmal diesen Systemen verschrieben, verhalten auch sie sich tyrannisch und beanspruchen unsere Jobs, unsere Bildung, unsere Wohnviertel und unsere Gesundheit. So suchen wir nach einem neuen Großen Mann, der uns retten soll. Und wieder dreht sich die Maschine.

Falls das verwirrend oder gar chaplinesk wirkt – gut so. Hinter Arendts nüchternen Schriften über den Bann der Systeme und die Zaubersprüche »großer Führer« liegt ein Gespür für die Absurdität unseres modernen Zustands. Arendt betrachtet uns Moderne als ehrfürchtig und tragikomisch – übertragen wir doch die Verantwortung für die Erde, füreinander und uns selbst bereitwilliger »höheren Mächten«, als religiöse Naturvölker dies früher je zu tun bereit waren (und dies ungeachtet unserer modernen Vorurteile gegenüber eben dieser Vergangenheit). Natürlich machten die alten Naturvölker manchmal die Götter, die Wolken, die Sonne und den Mond für ihr Schicksal verantwortlich, doch wir übertragen Dingen Verantwortung, die wir nicht einmal sehen können: technologischen Kräften, historischem Fortschritt, Wirtschaftsmärkten, Regierungsdaten oder der »Gesellschaft«. Lassen uns diese modernen magischen Kräfte im Stich, suchen wir nach einem neuen großen Zauberer, der uns weismacht, das Problem seien *diese (schwarzen, jüdischen, schwulen, migrantischen, religiösen etc.) Leute.*[91]

Hier müssen wir uns wieder dem zuwenden, was Arendt die »conditio humana« nannte. Wir Menschen leben gemeinsam auf der Erde. Das genügt. Es ist unser menschlicher Grundzustand. Doch wenn es um unser Zusammenleben auf der Erde geht, ordnen wir uns Großen Männern oder den Zauberern der Technik, Geschichte, Wirtschaft, des Staats oder der Gesellschaft unter, die – solange wir sie auf ein Podest stellen – versprechen, über uns zu herrschen, unsere individuellen und kollektiven Schicksale zu bestimmen und unsere Wünsche zu erfüllen. Blicken wir aber hinter den Vorhang, ergeht es uns wie Dorothy und ihren Freunden im *Zauberer von Oz*: Wir sehen nur Männer mittleren Alters, die alles mit Maschinen steuern.

Deshalb müssen wir aufhören, hoffnungsvoll den großen Systemen der Moderne zu folgen, so wie Dorothy nicht vom gelben Ziegelsteinweg abwich. Wir müssen den Weg zurück zur *Politik* finden. Menschliche Macht ist vielgestaltig: Sie erscheint in Form von Technologie, Arbeit, Wissenschaft, erotischer Liebe oder Wissen. Doch politische Macht geht von Individuen aus, die inmitten anderer frei handeln und die gemeinsame Nutzung von Gütern anstreben. Die notwendige Bedingung und der einzig wahre *modus operandi* politischer Macht ist Freiheit – nämlich die Fähigkeit, zu handeln und Verantwortung für die eigenen Handlungen zu übernehmen.[92] Wir leiden an einer zu geringen Bindung an die Freiheit und einer zu starken Bindung an die Angst.[93] Wenn wir uns als Volk frei und verantwortungsvoll verhalten wollen, müssen wir Politik nicht nur in neuem Licht betrachten, sondern auch politische Macht als eine wunderbare Form menschlicher Macht ausüben und erleben.

Das phänomenale Leben der Politik

Seit die Griechen vor zweieinhalbtausend Jahren begannen, über Politik zu schreiben, verstehen wir Demokratie als eine von mehreren Regierungsformen. Während Monarchie die Herrschaft des »Einen« ist, Aristokratie die Herrschaft der (wenigstens dem Namen nach) »Besten« und Oligarchie die der »Wenigen«, gründet die Demokratie in den Fähigkeiten des Volks (griech. *demos*). In jeder dieser Regierungsformen sind die Herrschenden identisch mit jenen, die frei handeln dürfen. Aus diesem Grund ist Demokratie aus Arendts Sicht mehr als nur eine Regierungsform von vielen. Für sie besteht eine besondere Verwandtschaft zwischen Politik und Demokratie, weil Demokratie die Reichweite der Politik potentiell auf alle ausdehnt, sodass wir alle frei am politischen Leben teilhaben können, wenn wir »handelnd und sprechend miteinander umgehen«, um den Herausforderungen der modernen, gemeinsam bewohnten Welt zu begegnen.[94]

Die zentrale Fähigkeit der Politik und das Mittel zu ihrer Aktualisierung und Erkennbarkeit ist laut Arendt die Sprache: »Wo immer es um die Relevanz der Sprache geht, kommt Politik notwendigerweise ins Spiel; denn Menschen sind nur darum zur Politik begabte Wesen, weil sie mit Sprache begabte Wesen sind.«[95] Was macht die Sprache so zentral für die Politik? Zunächst ist Sprechen etwas, das wir *mit anderen* tun. Es ist eine soziale Aktivität. Noch bei Selbstgesprächen reden wir mit uns als einem »anderen«. Man mag nun einwenden, auch zusammen trinken, einen Spiele- oder Grillabend veranstalten seien auch soziale Aktivitäten. Sind sie deshalb auch politisch? Sprache unterscheidet sich von diesen anderen Aktivitäten, weil sie sich *an andere richtet* und nach irgendeiner Form von Antwort verlangt. Darüber hinaus handelt Sprache *von* etwas – normalerweise von Dingen oder Ereignissen der Welt und Vorstellungen darüber. Und schließlich ist Sprache eine Form von Handlung, die auch andere zum Handeln auffordert – typischerweise in kooperativer Absicht. Der Austausch mit anderen über gemeinsame Vorstellungen, Gegenstände oder Ereignisse bildet die Grundlagen gesellschaftlichen Lebens, und die Beschäftigung mit diesen Vorstellungen, Gegenständen oder Ereignissen aus unterschiedlichen Perspektiven bildet eine Grundbedingung von Politik.

Dass Politik eine grundlegende menschliche Fähigkeit ist und nicht das, »was Regierungen tun«, bedeutet, dass wir alle möglichen Themen politisch adressieren können – von Löhnen und Gehältern über menschliche Reproduktion und Rassismus bis zu Verkehrsinfrastruktur. Der Professorin für Politikwissenschaft Linda Zerilli zufolge werden Themen politisch, wenn sie »in Beziehung zu einem Streitgegenstand gebracht werden, also mit einem Anlass für das Sprechen und Handeln, aus dem die Menschen die gemeinsame Welt erschaffen, in der Dinge öffentlich werden, und diese neu erschaffen.«[96] Alles kann politisch werden, wenn es von Menschen in einem gemeinsamen Raum diskutiert werden kann.

Dennoch besteht ein großer Unterschied zwischen der politischen Auseinandersetzung mit einem Thema und der »Politisierung« dieses Themas. Ein Thema zu »politisieren« bedeutet, es in einen Keil zu verwandeln und zwischen »uns« und »die« zu treiben. Wer alles politisiert, macht das ganze Leben zu einem Werkzeug der Teilung und Zerstörung. In seinem Klassiker *Defense of Politics* schreibt Bernard Crick: »Der Versuch, alles zu politisieren, ist die Zerstörung der Politik. Wenn alles als politikrelevant betrachtet wird, ist Politik wahrhaft totalitär geworden.«[97] Ein Thema politisch zu betrachten bedeutet dagegen die Annahme, dass es sowohl uns als auch die anderen berechtigterweise angeht und, wie Arendt schrieb, den Versuch, handelnd und verändernd eine gemeinsame Welt aufzubauen.[98]

Politik ist deshalb eine Art kooperativer menschlicher Gemeinschaft. Kooperation kann strukturiert oder sogar institutionalisiert, aber nie erzwungen sein. Sie geschieht nur, wenn Menschen freiwillig mit anderen zusammenarbeiten. Die alten Römer nannten ihre politische Gemeinschaft »Republik«, weil sie als »die Sache der Leute« (lat. *res publica*) betrachtet wurde. Selbst das lateinische Wort *civitas*, von dem der Begriff *zivil* abgeleitet ist, beschrieb aus Sicht der Römer eher ein Phänomen als einen bestimmten geografischen Ort. Das zeigt sich unter anderem in Augustinus' Wendungen von der »Stadt Gottes« (*civitas dei*) und der »irdischen Stadt« (*civitas terrena*). Keine von ihnen war ein bestimmter Ort; es handelte sich vielmehr um Phänomene, die entstehen, wenn Menschen sich gemeinsam für bestimmte Ziele und Hoffnungen einsetzen. Politik war vor allem eine Lebensform, die entstand, als die Menschen miteinander sprechend und handelnd über Themen von gemeinsamem Interesse in Austausch traten.

Somit ist Politik in einem bestimmten Sinn auch »anarchisch« oder regellos (*an-archê*).[99] Politische Gemeinschaften können zwar auf der Frage nach der Herrschaft gründen oder sich gar darauf konzentrieren, doch Politik lässt sich nicht auf Verfassungen und Regierungen reduzieren. Sie ist schlicht etwas, das zwischen Menschen geschieht. »Politics arises between men, and so quite outside of man«, so Arendt. »Politics arises in what lies between men, and is established as relationships.«[100] Der Eintritt in das politische Leben bedeutet die Teilnahme an einer Form der Regellosigkeit mit Menschen, die einander als Gleiche respektieren.[101]

Im Gegensatz zu vielen unserer Vorstellungen über das Wesen der Politik bedeutet dies, dass Politik notwendigerweise gewaltfrei ist.[102] Gewaltfreiheit ist keine bloße politische Strategie oder Taktik, sie ist eine Voraussetzung von Politik, weil die Freiheit von

Zwang eben eine Voraussetzung von Politik ist. Dabei handelt es sich jedoch nicht um »negative Freiheit« (verstanden als das Recht eines Individuums, ohne die Einmischung anderer zu leben).[103] Niemand ist politisch frei durch die bloße Freiheit von »Einmischung«. Frei ist auch niemand, der unpersönlichen Mächten unterworfen ist. Im Gegenteil: Politische Freiheit wird nur zwischenmenschlich verwirklicht, nur gemeinsam *mit* anderen, und ist in diesem Sinn immer »positiv«. Politisch frei sein heißt, ohne Macht und Gewalt gemeinsam mit anderen zu agieren. Aus diesem Grund ist Gewaltfreiheit als politische Taktik auch politisch wirksam. Um eine häufig in Bezug auf den modernen Staat benutzte Formel zu variieren: Politik hat das Monopol legitimer Gewaltfreiheit. Die Behauptung, der Staat habe »das Monopol legitimer physischer Gewaltsamkeit«[104] sowie der häufige Rückgriff auf eben diese Gewaltsamkeit ist zwar nicht per se ungerecht oder falsch, aber notwendigerweise antipolitisch. Insofern der Staat seine Berechtigung auf eine *politische* Grundlage stellen will, riskiert er diese Legitimität mit jedem Gebrauch von Gewalt.[105]

Vor diesem Hintergrund befinden sich nicht nur der Staat, sondern auch Märkte und Maschinen in Opposition zur Politik, da sie jeweils von Formen der Gewalt abhängig sind. Arendt bemerkte, der Begriff Ökonomie stamme aus einem Herrschaftsraum: Das griechische *oikos* bedeutet »Haushalt«, und im antiken Griechenland war der Haushalt ein Bereich, in dem Männer Frauen, Kindern und Sklaven Befehle erteilten. Tatsächlich überzieht die globale Wirtschaft des 21. Jahrhunderts die Erde mit einer Art Herrschaft, ringt der Erde und ihren Bewohner*innen die Lebensgrundlage ab und führt dazu, dass mit den belebten und unbelebten Dingen der Lebensunterhalt bestritten werden muss und manche gar monetären Reichtum erzielen können. Die Wirtschaft hängt davon ab, Elemente und Menschen einer Logik zu unterwerfen, die nicht von den Menschen selbst stammt, und häufig wird diese Macht von Maschinen ausgeübt. Wirtschaft und Technologie sind zusammengenommen wirklich Zauberkünste, unsere modernen Wege der Geisterbeschwörung.

Die wundersame Kunst der Politik

Politik ist nicht magisch und tut auch nicht so, als sei sie es. Sie ist phänomenal. Politik hatte immer ein enges Verhältnis zur Religion – aber nicht etwa, weil sie – wie die Magie – eine Beschwörungskunst ist oder wie eine solche erscheint. Vielmehr hat Politik Arendt zufolge die Gestalt eines Wunders, weil sie voll Unerwartetem ist: »Whenever something new occurs, it bursts into the context of predictable processes as something unexpected, unpredictable, and ultimately causally inexplicable – just like a miracle.«[106] Die Politik bringt neue Dinge, Ereignisse und Ideen hervor, indem Menschen zum Sprechen und Handeln zusammenkommen: »The miracle of freedom is inherent in this ability to make a [new] beginning.«[107] Die griechische Praxis, das Orakel von Delphi zu befragen, war die stumme Anerkennung der Tatsache, dass politische Weisheit nicht einfach heraufbeschworen oder wie ein Rohstoff abgebaut werden kann. Sie muss konsultiert, oft auch bedient werden, wie in Erwartung eines Wunders.

Deshalb hat Politik auch die Gestalt eines Geschenks. Die in der politischen Transaktion ausgetauschten Gedanken, Worte, Versprechen, Erklärungen und Gefühle funktionieren nicht nach den Mechanismen industrieller Produktion, sondern durch die Herstellung von Vertrauen.[108] Gegeben und empfangen wird im politischen Akt nichts, dem wir einen »Wert« beimessen und das wir für spätere Geschäfte in einer Marktwirtschaft aufheben könnten. Gegeben und empfangen wird letztlich nur *Vertrauen.* »Vertrauen ermöglicht Einvernehmen«, so Danielle Allen.[109] Vertrauen ermöglicht auch produktive Meinungsverschiedenheiten, Streitgespräche und Differenzen – es ist eine *Beziehungseigenschaft.*[110] Paradoxerweise ist Vertrauen sowohl eine unendlich erneuerbare gesellschaftliche Ressource und gleichzeitig immer Mangelware, weil die Bedingungen, unter denen Vertrauen entsteht, oft schwer aufrechtzuerhalten sind. Sie sind abhängig von Tugenden wie Respekt, Gutwilligkeit, Zurückhaltung und Opferbereitschaft sowie von Strukturen, die Verantwortung und Rechenschaft umfassen.

Mehr als alles andere ist Politik aber eine Kunst. Die griechische Antike teilte die Künste danach ein, wie sie verwirklicht, vervollständigt oder vollendet wurden. Manche Künste realisieren sich in Gegenständen, die man berühren und bewahren kann. Man denke an die Malerei: Es ist schwer vorstellbar, dass jemand die Kunst der Malerei praktiziert, ohne ein Gemälde hervorzubringen, und sei es ein schlechtes. Ziel oder Zweck der Malerei ist ein Gegenstand – das Gemälde –, nicht die Vorstellung vom Gemälde oder vom Maler. In der Antike nannte man solche Künste »produktiv« im Gegensatz zu den »theoretischen« Künsten, deren Zweck nicht in der Herstellung von Dingen, sondern der Produktion von Wissen über die Dinge besteht. Ein klassisches Beispiel für eine theoretische Kunst ist die Astronomie: Natürlich produziert sie keine Sterne, sondern Wissen über Sterne. Das Gleiche könnte man von der Psychologie sagen – sie produziert keine menschlichen Psychen, sondern Wissen über diese.

Der dritte Typus wurde als »aktive« Künste bezeichnet. Sie sind insofern besonders, weil sie weder Dinge noch Theorien über Dinge generieren. Vielmehr erfüllen sie ihren Zweck durch den Akt selbst. Man denke hier etwa an das Tanzen. Die Tanzkunst wird im Tanz verwirklicht. Wer nicht tanzt, kann kein*e Tänzer*in sein, und nur das Tanzen erfüllt den Zweck des Tanzens. Natürlich kann man gut oder weniger gut tanzen, unterschiedlich leidenschaftlich, künstlerisch oder agil, doch die Qualität dieser Kunst zeigt sich nur in der Aktivität des Tanzens selbst. Natürlich ist es möglich, Theorien über das Tanzen aufzustellen, doch könnten diese die Kunst des Tanzens nie umsetzen oder perfektionieren.

Das geht nur durch das Tanzen. Es wäre für eine Tänzerin oder einen Tänzer auch möglich, etwas für andere zu produzieren: einen Auftritt, die Aufzeichnung eines Auftritts, eine schriftliche Choreografie, eine Erfahrung. Aber nichts davon repräsentiert für eine Tänzerin oder einen Tänzer die Perfektion des Tanzens (obgleich sie zur Erkenntnis dieser Perfektion führen können).[111]

Politische Handlungen haben die verschiedensten Folgen und produzieren ganz bestimmte Dinge (beispielsweise Gesetze). Es ist zwar möglich, über Politik unendlich zu theoretisieren, doch gleicht sie eher dem Tanz als einem Gemälde oder der Astronomie. Sie ist größtenteils eine aktive Kunst, eine Form kontinuierlicher Aktion und Interaktion. In der Politik genügt es nicht, ein Gesetz einfach zu generieren – man muss es in einer Folge laufender Handlungen begründen, durchsetzen, anpassen und manchmal zurücknehmen. Idealerweise wäre die Politik eine kontinuierliche kollektive Aufführung, die nie endet, eine sich stets entwickelnde musikalische Vorstellung. Tatsächlich ähnelt sie oft eher dem Versuch, eine Schiffsflotte durch stürmische See zu navigieren: Wir müssen nicht nur agieren, sondern auch reagieren, wir müssen uns der Umgebungsbedingungen bewusst sein und diese berücksichtigen, wir müssen mit den Schiffen in unserer Nähe kommunizieren und benötigen für die Navigation nicht nur jemanden, der das Schiff steuert, sondern auch Mannschaften.

Die Betonung der aktiven und reaktiven Eigenschaften der politischen Künste stellt die Politik zugegebenermaßen von den Füßen auf den Kopf. Wie wir gesehen haben, wurde die politische Theorie seit Langem von zwei eng miteinander zusammenhängenden Sorgen beherrscht: Verfassungen und Herrschaft. Seit Platon beschäftigt sich die politische Philosophie hauptsächlich mit der Frage, welche grundlegenden Gesetze eine Gesellschaft und deren Verfassung haben sollte. Deshalb hat sie so ausführlich zwischen Demokratien, Monarchien, Aristokratien etc. unterschieden – also sei das Wichtigste in der Politik die Verfassung. Gewiss,

Verfassungen sind von essentieller Bedeutung, denn sie beschreiben das Wesen, das Ausmaß und die Eigenschaften politischer Autorität und Macht. Genauso bedeutsam ist aber die Qualität des politischen Lebens innerhalb der jeweiligen nominellen oder tatsächlichen Verfassungsherrschaft. Was geschrieben steht, ist egal, wenn das Volk stirbt. Zudem kann eine konstitutionelle Demokratie repressiv sein oder eine Monarchie liberal.[112] Die Konzentration manch politischer Philosophen auf die Verfassung macht Politik zu einem Uhrwerk – als genüge es, die Uhr zu bauen, aufzuziehen und laufen zu lassen. Arendt lehrte uns, dass wir uns stattdessen in der Nachbarschaft der Politik umsehen müssen: Wir müssen Fragen über Handlung, Freiheit, Kommunikation, Gemeinschaft, Macht und Möglichkeit stellen. Wir müssen über Politik so nachdenken wie über das Tanzen: als eine Kunst koordinierten Handelns.

Ein politisches Wunder

Betrachten wir ein Ereignis im Keller einer Kirche im armen, schon historisch marginalisierten Wohnviertel Roseland auf Chicagos South Side.[113] Eines Abends im Frühjahr 2003 kamen Vertreterinnen und Vertreter der Chicago Area Transportation Study (CATS) zu einer von vielen Sitzungen zusammen, auf denen eher pro forma über den lange vernachlässigten öffentlichen Nahverkehr der Gegend geredet wurde. Das mehrheitlich schwarze Viertel war gewissermaßen eine ÖPNV-Wüste und hatte nicht die Infrastruktur, die dem Rest der Stadt zur Verfügung stand. Das machte es den dort Ansässigen schwer, ihre Arbeits-, Ausbildungs- und Bildungsstätten zu erreichen, sodass die hohe Arbeitslosenquote weiter anstieg und Investitionen in das Gebiet noch eher ausblieben.

Anfang der 2000er-Jahre planten die Stadtoberen neue ÖPNV-Projekte im Stadtgebiet. Fast alle konzentrierten sich auf eine bessere Anbindung der wohlhabenden Vororte, während die Bewohnerinnen und Bewohner der South Side weiterhin sich selbst überlassen blieben. Angesichts der dortigen Armut hatten die Stadtoberen kein unmittelbares Interesse daran, den Stadtteil besser anzubinden. Doch die Menschen in Roseland waren anderer Meinung. Sie wollten unbedingt, dass die Verkehrsbehörde die »Red Line«, die nördlich und südlich der Chicagoer Innenstadt verläuft, um dreißig Blocks nach Süden in ihr Viertel hinein erweiterte. Die Kosten für dieses Vorhaben wurden auf astronomische 2,3 Milliarden Dollar geschätzt – es wäre damit eines der größten Infrastrukturprojekte in der Geschichte des Staates Illinois. Die Fertigstellung würde Jahrzehnte dauern. Dass arme Leute so etwas forderten, wirkte wie ein Hirngespinst.

Dennoch baten mehrere Gemeindevertreterinnen und -vertreter aus Roseland Verantwortliche des CATS um ein Treffen in einer Kirche vor Ort. Zur Überraschung der Abgesandten des CATS erschienen 200 Gemeindemitglieder. Die Gemeindeorganisation Developing Communities Project bat um eine Verlängerung der Frist für die öffentliche Beteiligung, um eine bessere Einschätzung des Bedarfs der Gemeinde liefern zu können. CATS stimmte zu. In den folgenden zwei Wochen sammelte das Developing Communities Project ca. 1500 Unterschriften für die Erweiterung der Red Line und brachte Beweise und Argumente, mit denen sich alle, die mit der Planung zu tun hatten, beschäftigen sollten. CATS erklärte sich bereit, die Angelegenheit genauer zu untersuchen.

In den nächsten eineinhalb Jahren versuchten die Einwohnerinnen und Einwohner Roselands, die Stadt-, Staats- und Bundesregierungen von der Bewilligung und Finanzierung des Projekts zu überzeugen. Immer wieder wurden sie daran erinnert, wie unwahrscheinlich dieses Vorhaben war. Doch sie blieben beharrlich, trafen sich mit Gesetzgeber*innen und Stadträten. Sie nahmen Kontakt mit Journalist*innen auf, die über die Initiative berichteten. Und sie arbeiteten zusammen mit der örtlichen Universität an

Studien über die wirtschaftlichen Auswirkungen des Projekts für Chicago und Illinois.

Im November 2004 wurde eine nicht bindende Abstimmung über die Erweiterung der Red Line abgehalten. Es kam zu einer Rekordbeteiligung von fast 39 000 Wähler*innen der South Side. Bald darauf bewilligten der Stadtrat von Chicago, die Regierung von Illinois und die Bundesregierung das Vorhaben. Im Mai 2005, zwei Jahre nach dem Treffen im Keller der Kirche, kam der damalige Präsident George W. Bush nach Aurora, dem Regierungssitz von Illinois, um den Federal Public Transportation Act zu unterzeichnen. Zu dessen Prioritäten gehörte unter anderem die Erweiterung der Red Line. Während ich diese Zeilen schreibe, laufen die Arbeiten an dem Projekt.

Den Einwohner*innen von Roseland bot die Politik Möglichkeiten, die ihnen jahrzehntelang weder die Märkte noch die technischen Entwicklungen, die Regierung oder der »Fortschritt« geboten hatten. Indem sie den öffentlichen Nahverkehr zum politischen Thema machten und sich der politischen Mittel des Sprechens und Handelns bedienten, schufen sie für sich selbst einen neuen Platz in der Zukunft Chicagos. Das wunderbare Ergebnis war nicht nur eines der größten ÖPNV-Projekte in der Geschichte ihres Bundesstaats, sondern auch ein neuer Anfang für Roseland.

Die Geschichte ist voll von Berichten über politische Wunder wie dieses und zahlreicher weiterer, nicht ganz so plakativer, aber immer noch phänomenaler Geschichten. Was wir »Geschichte« nennen ist letztlich nichts anderes als das Produkt verschiedenster politischer Geschichten. Viele der großen technologischen Entwicklungen, wirtschaftlichen Veränderungen, Regierungsrevolutionen und gesellschaftlichen Veränderungen, die Historiker*innen untersuchen, haben essentiell politische Dimensionen: Alles, was in der Geschichte der Menschheit wirklich *neu* ist, ist ein Ergebnis menschlichen Handelns. Und die meisten – manchmal mehr, manchmal weniger bedeutenden – neuen Dinge in der Geschichte der Menschheit entstanden, indem Menschen sprechend und handelnd im Vollbesitz ihrer Freiheit und Macht zusammenkamen. Die entscheidende Frage war und ist: Wer darf so handeln und zu welchem Zweck?

* * *

Eine Gallup-Umfrage während des US-Wahlkampfs 2016 ergab, dass volle 90 Prozent der Bürger*innen der Aussage zustimmten: »Die meisten Politiker interessieren sich eher für Wahlgewinne als dafür, das richtige zu tun«. 73 Prozent sagten: »Den meisten Volksvertretern ist es egal, was Leute wie ich denken.« 63 Prozent stimmten der Aussage zu: »Menschen wie ich haben keinen Einfluss auf das, was die Regierung tut.«[114]

Viele dieser Bürger*innen wählten Trump, was auch Sinn ergibt: Sie hatten bereits das Gefühl, ein apolitisches Leben zu führen und keinen Einfluss ausüben zu können – außer durch einen Wahlakt, der bestenfalls den Status quo zugunsten einer radikal unsicheren Zukunft zerstören würde. Anders als die Gegenkandidatin Hillary Clinton ermöglichte Trump ihnen wenigstens indirekt, eine neue Art politischer Existenz zu erfahren.

Diese Krise hat eine lange Entstehungsgeschichte. In den 1970er-Jahren beschrieb der Philosoph Jürgen Habermas, der viel von Arendt gelernt hatte, sie als eine dreiköpfige Hydra.[115] Der erste Kopf ist die kapitalistische Ökonomie. Der Kapitalismus ist so mächtig, dass er uns reich machen oder in tiefe Armut stürzen kann, er kann uns viel Zeug geben und uns mit Nahrung aus der Massenproduktion vollstopfen, er kann uns zusammen mit anderen Migranten massenweise vom Land in die Städte treiben und aus den Stadtzentren in die Slums, er kann uns ein schönes Haus im Vorort geben oder uns unfähig machen, den Hauskredit abzustottern. Der Kapitalismus kann sogar Berge versetzen (in Form von Rohstoffabbau oder Maßnahmen der Landschaftsgestaltung) und mit neuen Technologien sogar fast übers Wasser gehen.

Eines aber kann der Kapitalismus nicht: eine stabile Gesellschaft schaffen. Das Wesen der Märkte ist volatil, disruptiv und sogar destruktiv. Es ist voller Hochs und Tiefs, Booms und Flauten, Phasen der Depression, Inflationsdruck und Schuldenkrisen. In solchen Fällen schreitet der Staat ein. Eigentlich schreitet der Staat ständig ein, um seinen flatterhaften Partner zu bändigen. Der Staat ist der zweite Kopf der Hydra. Er verwaltet die Geldmenge, misst das Bruttoinlandsprodukt, ändert die Steuersätze, erstellt Konjunkturprogramme und soziale Sicherungsnetze und rettet Banken oder Bauern, damit sie nicht pleitegehen.

Eines aber kann der Staat nicht: Alldem einen Sinn verleihen. Der Staat kann keine *Bedeutung* erzeugen. Das müssen wir als Volk selbst erledigen. Echte Bedeutung kann nicht künstlich fabriziert oder diktiert werden. Sie entsteht aus Kultur, Gemeinschaft und Kommunikation. Wir haben es hier also mit einer *Sinnkrise* zu tun – dem dritten Kopf der Hydra. Wir leben in einer großen, globalisierten Gesellschaft des Geldes, der Märkte, der Produktion und allgegenwärtigen Information. Die Regierungen versuchen, das Chaos wahlweise zu verwalten oder zu manipulieren und alles wirkt illegitim, weil so wenig davon Sinn ergibt, unseren Erwartungen davon entspricht, wie die Dinge sein sollten oder wir sie gerne hätten. Wir können diesem Chaos nicht zustimmen – und zwar nicht, weil wir es nicht verstünden, sondern weil wir nur zu gut begreifen, dass es für die meisten Menschen nicht gut funktioniert. Das meinte Habermas mit der »Legitimationskrise«.

Dies ist die Stunde der Politik – der armen, schwachen, vielfach schlechtgeredeten Politik. (In einem Staat im Mittleren Westen der USA hingen Plakate, die zur Teilnahme an einem Marsch für die Einführung einer Zigarettensteuer aufriefen. Die durch einen entsprechenden Zusatz zur Verfassung erzielten Einnahmen sollten für frühkindliche Bildung verwendet werden. Die Plakate kritisierten aber nicht etwa die Zigarettenindustrie oder Lobbyisten, sondern *Politiker*. Zu lesen war: »Überlasst unsere Steuern nicht den Politikern. Die Steuern und deren Verteilung sollen von nun an per Verfassung geregelt werden. Befreit uns von den Politikern!«) Die Politik ist in einem bemitleidenswerten Zustand – nicht zuletzt, weil die Politiker*innen wenig getan haben, um ihr zu helfen. Viele Politiker*innen betrachten Politik genauso zynisch wie die Öffentlichkeit, würden sie gern abschaffen und alles den Märkten überlassen. Und viele Politiker*innen sind tatsächlich machthungrige Scheusale.

Das Problem dabei ist: Die Politik ist der einzige Ausweg, der uns nicht die Freiheit kostet. Der Sieg über die dreiköpfige Hydra unserer Legitimationskrise kann nur politisch gelingen. Wenn das Problem darin besteht, dass wir gemeinsam keinen Sinn finden – schlimmer noch, wenn das Problem ist, dass das System einfach keinen Sinn ergibt und ergeben kann –, besteht die Lösung darin, Sinn zu stiften oder etwas Sinnstiftendes zu erzeugen. Andernfalls verharren wir im Status quo oder gleiten ab in einen noch schlimmeren Zustand.

Das soll nicht heißen, dass wir uns einfach »zusammenfinden« und diese Probleme lösen sollen, wie oft gesagt wird. Es heißt auch nicht, dass wir alle zu politischen Aktivist*innen werden müssen. Vielmehr bedeutet es: Wenn wir gemeinsam in Freiheit leben wollen, müssen wir die phänomenale Kraft der Politik erkennen und ihre Ausübung neu erlernen.

3

Politik beurteilen

Im Sommer 2017 nutzte eine kleine Gruppe von Paddelsurfern das beneidenswert schöne Wetter Südkaliforniens. Die Surfer befanden sich natürlich auf dem Pazifik, dessen zahlreiche Bewohner – genau wie die Kalifornier – in einer eigenen Welt mit eigenen Bedürfnissen, Freuden und Begierden existieren. Bekanntermaßen gehört zu den im Pazifik heimischen Lebewesen auch der Weiße Hai – jenes schöne, aber furchteinflößende Tier, das in Filmen wie *Jaws, Unbroken* oder *The Shallows – Gefahr aus der Tiefe* zu sehen ist. Biolog*innen zufolge fressen Weiße Haie bevorzugt Seehunde, Otter und Fische. Unter bestimmten Umständen greifen sie jedoch auch Menschen an, was tödlich enden kann. An jenem Tag im sonnigen Kalifornien jedenfalls entdeckte eine Gruppe von fünfzehn Weißen Haien die Paddelsurfer – oder wenigstens den Bereich, in dem diese sich bewegten. Die Haie waren aber nicht das einzige Problem der Paddelsurfer – genauso schlimm war, dass diese ihre gefährlichen Begleiter nicht bemerkten. Hunderte Meter vom Strand entfernt lachten und scherzten sie ahnungslos und rissen vielleicht sogar Witze über gefährliche Haie.

Zum Glück befand sich gerade ein Polizist auf einem Patrouillenflug. Beim Überfliegen des Strands entdeckte er die Paddelsurfer und die Gruppe sie umkreisender Weißer Haie. Da ihm die Gefahr bewusst war, machte er sich an die Arbeit – allerdings nicht so, wie man vielleicht vermuten würde. Er wies nicht etwa die Surfer per Lautsprecher an, ruhig ans Ufer zu paddeln, sondern war der Meinung, für eine solche Warnung eine offizielle Erlaubnis zu benötigen. Die öffentlichen Strände Südkaliforniens unterliegen der Aufsicht der Strandwache, nicht der Polizei. Der Polizist im Hubschrauber meinte also, die Erlaubnis zur Warnung der Paddelsurfer vor der akut lebensbedrohlichen Lage von der Strandwache einholen zu müssen. Doch diese war nicht leicht zu erreichen. Zunächst musste der Polizist den Notruf wählen. Dort versuchte man herauszufinden, welches Büro der Strandwache zu kontaktieren sei. Das Ganze dauerte vier lange Minuten, in denen die Paddelsurfer sich ahnungslos amüsierten und die Haie sie umkreisten. Nach beinahe fünf Minuten erhielt der Polizist die angefragte Erlaubnis und wies endlich die Paddelsurfer an, das Wasser unverzüglich und ruhig zu verlassen. Sie taten es.[116]

Die Videoaufzeichnungen aus dem Hubschrauber erregten im Internet weltweite Aufmerksamkeit. Sie waren genauso spannend wie *Jaws* – vielleicht sogar noch spannender angesichts der Tatsache, dass sie echt waren: Man sieht die Haie kreisen und hört, wie der Polizist mehrfach versucht, die Genehmigung zur Warnung der Paddelsurfer zu erhalten. Das Video wurde weithin als spannende und dramatische Geschichte aus der Rubrik »Vermischtes« präsentiert. Ich möchte meine Leser*innen in diesem Kapitel jedoch davon überzeugen, dass das Video in die Rubrik »Politik« gehört hätte und genauso politisch ist wie eine Abgeordnetenrede im US-Repräsentantenhaus. Wie bereits in den vorangegangenen Kapiteln will ich vermitteln, dass Politik mehr ist als Parteipolitik, Wahlverhalten oder Straßenproteste. Laut Arendt ist sie ein zutiefst menschliches Phänomen und besteht im Austausch mit anderen durch Sprechen und Handeln über gemeinsame Anliegen. Haie, die Paddelsurfer umkreisen, sind gewiss ein »gemeinsames Anliegen«, das durch Sprechen und Handeln adressiert werden kann.

Ich möchte im Folgenden drei Aspekte aufzeigen, die die Begegnung des Polizisten mit den Paddelsurfern politisch machen.

Ich werde mit einem erweiterten Politikverständnis beginnen und dann zum zentralen Politikbegriff kommen, der meiner Apologie der Politik zugrunde liegt. Erstens ist der Versuch des Polizisten, zunächst die Genehmigung der Strandwache einzuholen, mindestens teilweise das Produkt behördenübergreifender Politik. Bestimmt gab es in der Vergangenheit Konflikte zwischen der Strandwache und der lokalen Polizei über die Frage, wer in welchen Situationen die Entscheidungsgewalt hat. In dieser Hinsicht war die langwierige Genehmigungsprozedur eine Art »Amtspolitik«: Der Polizist im Hubschrauber wollte sicherstellen, niemandem auf die Füße zu treten – wenngleich die Füße der Paddelsurfer in ungleich größerer Gefahr waren! Das ist die generischste Bedeutung von Politik: sich innerhalb der Machtstrukturen so zu verhalten, dass man entweder keine Probleme bekommt oder die Oberhand gewinnt.

Ein solches Politikverständnis ist akzeptabel, solange es nicht unsere einzige Vorstellung von Politik ausmacht. Denn die Geschichte von den Haien ist in einem weiteren Sinn politisch: Sie erzählt vom Handeln und Nichthandeln durch Regierungsvertreter und -behörden. Die Episode steckt voll Bürokratie, behördlichen Prozeduren und Protokollen – also Dingen, die wir mit der »Regierung« in Verbindung bringen. Statt sofort zu handeln, agierte der Polizist nach einem festgelegten, von wem auch immer geschriebenen Skript, dem er wahrscheinlich unabhängig davon gefolgt wäre, ob es sich um gefährliche Haie oder eine gegen die Regeln verstoßende Surfer gehandelt hätte. Das »Politische« solcher Protokolle besteht weniger darin, dass sie ein Produkt der Regierung sind, sondern eher in der Tatsache, dass sie hin und wieder Gegenstand öffentlicher Debatten werden. Moderne Demokratien haben das Regieren durch Bürokratie standardisiert und versuchen es damit bestenfalls fairer, in jedem Fall effizienter und mindestens vorhersehbar zu machen. Bürokratie kann anstrengend und umstritten sein. Zieht sie durch Frustration oder Streit öffentliches Interesse auf sich, wird sie politisch. In diesem Fall reagierten viele Leute heftig auf das Verhalten des Polizisten, wodurch die Geschichte im Sinne der zweiten Bedeutung politisch wurde.

Das Politische reicht hier aber noch tiefer. Und eben weil es sich um den Kern des Problems handelt, widme ich ihm dieses Kapitel. Ich möchte es so deutlich wie möglich sagen: Die Geschichte dieser Haie ist eine politische Geschichte, weil sie Urteile darüber enthält, wie Dinge zwischen Menschen geregelt werden sollten – vor allem Menschen, die einander nicht kennen (den Paddelsurfern war der Polizist gänzlich unbekannt und vice versa).[117] Für Arendt sind Sprechen und Handeln die politischsten unserer menschlichen Fähigkeiten, weil sie unsere wichtigsten Mittel der freien Interaktion mit anderen sind. Die Urteilskraft, so würde Arendt sagen, ist die politischste unserer geistigen Fähigkeiten, weil wir mit ihr abwägen und entscheiden, wann und wie wir mit anderen sprechen und handeln.[118] Geschichten, von Menschen, die Urteile darüber fällen, wie Mitmenschen – auch Fremde – miteinander umgehen sollten, gehören ins Politikressort. Das trifft gerade auf kleine und große *Krisen* zu, auf Momente, in denen die Zukunft ungewiss ist.[119] Das altgriechische Wort für Urteil ist *krisis*.[120] Das ergibt allein deshalb Sinn, weil Krisen Urteile erfordern. In Krisensituationen treffen wir folgenreiche Entscheidungen, und die Qualität unserer Urteile wird den Verlauf der Krise beeinflussen.

Die Kunst des politischen Urteilens

Als Beispiel dafür, wie wir urteilen, soll ein alltägliches Szenario dienen. Im Auto gelangt man an einen Übergang, an dem eine Fußgängerin die Straße überqueren will. Wie verhält man sich? Fährt man weiter? Bremst man und fährt langsam vorbei? Zögert man, hält an und fährt dann weiter, ohne die Fußgängerin die Straße überqueren zu lassen? Hält man an und wartet einfach?

Hält man an und winkt die Fußgängerin durch? Hält man an und hupt? Fährt man weiter, hupt und macht eine Geste? Es gibt mindestens ein Dutzend Möglichkeiten, sich in dieser Situation zu verhalten.

Wie gelangt man zu dem Verhalten, das man schließlich an den Tag legt? Die Urteilsfindung könnte auf schnellem, logischem

Verschiedene Arten des Bremsens…

Denken basieren. Beispielsweise könnte man überlegen, man käme durch das Anhalten und Durchlassen des Fußgängers zu spät zur Arbeit. Oder man entscheidet nach dem momentanen Gefühl. Vielleicht ist man schon wütend, weil man früh aufstehen musste, und hat deshalb keine Lust auf Nettigkeiten. Es könnte auch sein, dass man sich an einem Gesetz orientiert, das Fußgängern Vorrecht gewährt. Als gesetzestreuer Bürger will man sich entsprechend verhalten. Oder es ist eine moralische Frage – man lebt nach der Goldenen Regel, sich anderen gegenüber so zu verhalten, wie man es sich umgekehrt selbst wünschen würde. Man kann sich also nicht nur auf ein Dutzend verschiedene Arten der Kreuzung nähern, sondern auch aus einem Dutzend verschiedener Gründe zu seinem jeweiligen Urteil kommen.

Ist es von Bedeutung, wie man sich hier entscheidet? Auf jeden Fall dann, wenn man die Fußgängerin anfährt – vor Gericht jedoch weniger, als man sich wünschen würde. Das Motiv oder der Grund für das schnelle Durchfahren mag bei der Bestimmung der Straftat helfen, nicht aber die Tatsache selbst verändern. Ist es von Bedeutung, wie man zu der Entscheidung gekommen ist? Arendt würde das wahrscheinlich bejahen, denn *wie* man urteilt, hängt eher damit zusammen, *welche* Entscheidung man trifft, als mit der Frage, *warum* man sie trifft.

Das Motiv – das Warum der Urteilsfindung – ist moralisch bedeutsam und politisch aussagekräftig.[121] Motive verraten uns zum Teil, was für Menschen wir sind. Doch sie sind oft versteckt und schwer zu erkennen.[122] Manchmal wissen wir selbst nicht um unsere Motive. Oft wissen wir nicht, warum wir etwas tun, und wenn wir es wissen, erweisen sich die Beweggründe nur selten als geradlinig.[123] Doch *wie* wir zu einem bestimmten Urteil gelangen, können wir uns selbst und anderen erklären – und die Erklärung dieses *Wie* beleuchtet laut Arendt die Qualität eines Urteils deutlicher als jede Kundgabe der Beweggründe. »Darüber habe ich nicht nachgedacht« ist eine erhellendere Erklärung als »Ich war wütend«. Aus Ärger kann man die verschiedensten Dinge tun, während Gedankenlosigkeit nur eines bedeutet: dass man gedankenlos war. Wer sagt »Ich habe darüber nachgedacht, wie ich in der gleichen Situation behandelt werden möchte«, offenbart mehr über Wesen und Qualität der Entscheidung, anzuhalten und die Fußgängerin die Straße überqueren zu lassen, als die schlichte Bekundung, ein guter Mensch sein zu wollen.

In unserem politischen Leben fällen wir viele verschiedene Urteile. Dazu gehört nicht nur, wen wir wählen, welche Haltung wir zu einem Thema einnehmen oder welche*n Kandidat*in wir unterstützen, sondern auch, was wir mit dem Müll auf dem Gehweg machen, ob wir die Polizei rufen, wenn wir Schüsse hören, oder ob wir an einem Fußgängerüberweg anhalten. Die Menschen treffen ihre Handlungsentscheidungen aus den unterschiedlichsten Gründen. Vielfach ist es aus praktischer Sicht gar nicht entscheidend, warum jemand etwas Bestimmtes tut. Ob ich anhalte und jemanden über die Straße winke, weil er oder sie nett aussieht, oder weil ich Angst vor einem Strafzettel habe, ist in praktischer Hinsicht nicht bedeutsam: Die Handlung ist in beiden Fällen die gleiche, und die Fußgängerin wird den Unterschied wahrscheinlich nicht erkennen. Doch ob ich mein Handeln reflektiere oder nicht – und sei es nur, weil ich über die Situation nachdenke –, wird das, was ich tue, wahrscheinlich beeinflussen. Deshalb korreliert das Warum meiner Urteile enger mit den Entscheidungen, die ich treffe. Wie ein Baseballwurf ist auch das Urteil der Kulminationspunkt eines Prozesses, und die Qualität des Ergebnisses wird durch die Qualität dieses Prozesses beeinflusst.

Deshalb verwendete Arendt viel Zeit auf die Frage, »wie« unsere Urteile zustande kommen. Sie war der Meinung, Moralphilosophen müssten nicht nur darüber nachdenken, welche Entscheidungen die Menschen treffen, sondern auch warum, denn die Moral betrifft sowohl die Beweggründe als auch die Folgen. Politische Denker*innen wie sie selbst sollten sich auf die Frage konzentrieren, wie Menschen urteilen, denn das Wie ist – mehr als das Warum oder sogar das Was – die politisch bedeutsamste Frage.

Meine Leser*innen und ich könnten beispielsweise unterschiedlicher Ansicht über die Legalisierung von Marihuana sein. Ungeachtet unserer Differenzen ist dabei die politisch bedeutsamste Frage, wie wir zu diesen verschiedenen Urteilen gekommen sind. Sich der Legalisierung zu widersetzen, weil Marihuana schlicht und ergreifend eine Droge ist, führt zu einer anderen politischen Urteilsbildung als der Widerstand gegen die Legalisierung, weil man befürchtet, dass diese mehr kriminelle Taten nach sich zieht. Der eine Ansatz basiert auf einer Haltung gegenüber einer Kategorie, der andere auf utilitaristischen Überlegungen. Politisch gesprochen hat eine Person, die utilitaristisch kalkuliert, mehr mit Menschen gemeinsam, die aus den gleichen Kalkulationen heraus für eine Legalisierung sind, als mit jenen, die alle Drogen verbieten oder streng regulieren wollen, eben weil es Drogen sind. (Das ist nur eine Form merkwürdiger politischer Koalitionen.)

Gibt es Wege der politischen Urteilsfindung, die anderen überlegen sind? Die Frage ist zwar riskant, aber wichtig – weil die Antwort ein politisches Urteil erster Ordnung darstellt. Arendt tat sich mit der Frage schwer, beantwortete sie aber mit einem eindeutigen Ja. Sie argumentierte, »Urteile« niedriger Qualität – wenn sie denn diesen Namen verdienten – basierten auf blinden Vorurteilen, Gedankenlosigkeit oder Ideologie. Ideologie bedeutet für Arendt den Versuch, alles, was uns begegnet, mit einer Annahme, einem Prinzip oder einer Idee zu erklären. Die Ideologie nimmt uns deshalb die Möglichkeit neuer Erfahrungen, neuer Beweise oder Gedanken.[124]

»Gedankenlosigkeit« beschrieb Arendt als »the heedless recklessness or hopeless confusion or complacent repetition of ›truths‹ which have become trivial and empty.«[125] Auch Vorurteile geben sich mit tradierten »Wahrheiten« zufrieden.[126] Natürlich haben wir alle Vorurteile. Sie spielen in unserem Alltag eine wichtige Rolle, weil wir nicht jedes Problem, das uns begegnet, ganz durchdenken können. Manchmal müssen wir einfach den tradierten Wahrheiten folgen. Doch Vorurteile sollten nicht mit Urteilen verwechselt werden: Sie sind, wie der Begriff selbst sagt, Vor-Urteile, also jene Vorstellungen und Annahmen, auf die wir uns eben dann verlassen, wenn wir selbst nicht aktiv urteilen. Sobald wir ein echtes Urteil anstreben, müssen wir auch unsere eigenen Vorurteile mittels unserer Urteilskraft prüfen. Andernfalls betrügen wir uns, indem wir Vorurteile als Urteile behandeln.[127] Arendt zufolge kann das desaströse Folgen haben.[128]

Echte Urteile sind reflexiv: Sie entstehen durch eine Art »Selbstgespräch«, in dem wir uns eine – vielleicht nur temporäre – Haltung zu einem Thema erarbeiten.[129] Die Reflexion ist ein Prozess, der nicht wie ein Kochrezept auf einzelne Arbeitsschritte heruntergebrochen werden kann. Man denke daran, wie man rückblickend über einen selbst verursachten Fehler nachdenkt. Wahrscheinlich betrachtet man ihn aus unterschiedlichen Blickwinkeln und überlegt, was man hätte anders machen können. Schließlich gelangt man zu dem Gefühl, den Fehler zu verstehen, selbst wenn man ihn immer noch bedauert. In einem Moment des Zögerns mag man vielleicht über den eigenen Reflexionsprozess nachdenken (Habe ich alle Aspekte berücksichtigt?). Die Reflexion kann leicht oder schwer, bewusst oder unbewusst, hilfreich oder kontraproduktiv sein. In jedem Fall ist sie etwas, dessen wir alle uns ständig bedienen, um unsere Handlungen zu beurteilen.

Arendt war der Ansicht, politische Urteile bedürften der Reflexion. Sie war sogar der Meinung, unsere politische Urteilsfindung verbessere sich durch entsprechende Übung, Erfahrung und durch Wissen. Weil die Politik selbst eine Form der Kunst ist, glaubte Arendt letztlich, dass gute politische Urteile auf den gleichen geistigen Prozessen basieren wie Geschmacksurteile über Filme, Kunstwerke oder gutes Essen.[130] Die politische Urteilsbildung ist in ihrer besten Form eine Art Kennerschaft, die unabhängige und strenge Beurteilung der *Eigenschaften* von Dingen und Ereignissen.[131]

Woher weiß man, ob jemand eine Kennerin/ein Kenner ist? Mit dessen endgültigem Urteil hat es nichts zu tun. Verschiedene Kenner*innen können über die relativen Qualitäten eines Films, Gemäldes oder handwerklich hergestellten Biers uneins sein. Und Kennerschaft ist auch keine Frage von Gesetzen oder Regeln – es gibt keine Gesetze, anhand derer sich die Qualität eines Films beurteilen ließe, sondern nur Beispiele großartiger Filme.[132] Kennerschaft ist auch keine Frage der Beweggründe für bestimmte Urteile. Wenn eine Bierexpertin ein bestimmtes Urteil trifft, weil sie dafür heimlich Geld bekommt, ist das natürlich von Bedeutung. Aber in diesem Fall handelt sie nicht als Kennerin, sondern erfüllt einen bezahlten Auftrag. Bei der Kennerschaft oder Expertise geht es vielmehr darum, *wie* jemand zu einem bestimmten Urteil gelangt. Experten betrachten den Film, das Gemälde oder das Bier aus verschiedenen Perspektiven, vergleichen seinen Gegenstand mit anderen und hören sich sogar an, was andere darüber sagen, um zu einem bestimmten Urteil über ein bestimmtes Objekt zu gelangen.

Laut Arendt entstehen hochqualitative politische Urteile auf die gleiche Weise. Sie verlangen »the ability to see the same thing from various standpoints in the human world.« Der Schlüssel zur Urteilsfindung ist die Betrachtung der Vielseitigkeit eines Themas.[133] Jedes politische Thema, das diese Bezeichnung verdient, hat, genau wie jedes Kunstwerk von hoher Qualität, viele Facetten. Eben diese machen es überhaupt zu einem Thema für politische Diskussionen. Wer sich dem Problem aus nur einer Perspektive nähert, die nur einen Standpunkt reflektiert, nimmt das Thema als solches nicht ernst. Es wäre, als beurteilte man Alex Haleys ikonische Miniserie *Roots* nur danach, ob sie historisch korrekt sei. Jeder, der *Roots* gesehen und wirklich aufgepasst hat, weiß, dass man an diese Serie viele andere gute Fragen richten kann als nur die nach der Geschichtstreue.

Selbst Probleme, die scheinbar moralisch eindeutig und singulär sind – etwa die Sklaverei – erscheinen in der Politik vielschichtig. Die große politische Begabung der Gegner der Sklaverei im 19. Jahrhundert zeigte sich darin, dass sie über Sklaverei nicht nur als moralisches – christlichen Werten oder der Vernunft widersprechendes – Problem sprachen, sondern die öffentliche Aufmerksamkeit auch auf die wirtschaftlichen und kulturellen Dimensionen der Sklaverei richteten. In der Politik genügt ein moralischer Imperativ nicht (was nicht bedeutet, dass er dort nicht geäußert werden dürfe). Die Leibeigenschaft war natürlich ein singuläres moralisches Problem, wurde aber nur zum politischen Thema, weil ihre Gegnerinnen und Gegner und ihre Opfer die Aufmerksamkeit auf die »Vielseitigkeit« lenkten.

Qualitative politische Urteile verlangen zudem, dass wir uns jedem Thema für sich nähern und es nicht je als Beispiel eines bestimmten Problemtyps begreifen (etwa Marihuana als »Droge« oder das Verbrennen von Flaggen als »antiamerikanisch«). Politik dreht sich um je bestimmte Menschen, die an je bestimmten Orten je bestimmte Dinge tun und sagen. Deshalb muss sie auf die jeweiligen Eigenheiten achten. Es stimmt, dass Marihuana eine Droge ist, aber das bringt uns in Bezug auf ein politisches Urteil über Vor- und Nachteile der Legalisierung nicht weiter, da es die verschiedensten legalen und illegalen Drogen gibt. Es kann sein, dass eine bestimmte Flaggenverbrennung antiamerikanisch ist, doch das trifft nicht auf alle zu, beispielsweise dann, wenn eine Flagge zur Verteidigung des First Amendment der US-Verfassung verbrannt wird.

Dieser Herangehensweise an politische Urteilsfindung lässt sich sofort zweierlei entgegenhalten. Die einen halten sie für elitär, die anderen für unrealistisch. Arendt beschäftigt sich mit diesen eng zusammenhängenden Einwänden. Ihre Antworten sind insofern bemerkenswert, als sie keine Antwort »von oben« liefern, sondern »von unten«, aus den Realitäten des politischen Alltags argumentieren.

Wenn qualitative politische Urteile der Kennerschaft ähneln, sind sie dann genauso elitär wie Weinverkostungen oder Kunstkritik? Sind sie einer eigens dazu ausgebildeten Elite vorbehalten? Natürlich gibt es einfachere Wege der Urteilsfindung als über die Reflexion der Vielseitigkeit eines Themas. Wir könnten beispielsweise einfach den bereits existierenden Regeln folgen. Wir könnten danach gehen, was sich »richtig anfühlt«. Wir könnten unseren finanziellen Interessen folgen und alles im Rahmen einer Kosten-Nutzen-Analyse beurteilen. Oder wir könnten einer Doktrin oder einem Weltbild anhängen, in das wir alle Ereignisse der sich stets verändernden Welt einbauen.[134] In der Tat sind dies übliche Wege der Urteilsfindung, die keine Expertise benötigen.

Doch Arendt hielt diese Herangehensweisen nicht für kluge Formen politischer Urteilsfindung, weil jede von ihnen dem Wesen der politischen Realität widerspricht. Politik lässt sich nicht auf eine Regel, ein Gefühl, eine ökonomische Berechnung oder eine Weltsicht reduzieren: Sie beginnt und endet mit der Tatsache, dass die Erde von vielen verschiedenen Menschen bewohnt wird und nicht von nur einer Person oder einer Art von Person. Das Faktum der Pluralität ist die Basis für Arendts These, die Pluralität von Perspektiven sei Teil des Prozesses, mittels dessen man zu einem qualitativen politischen Urteil gelangt.

Dinge von unterschiedlichen Standpunkten aus zu betrachten ist eine entscheidende politische Fähigkeit, weil das politische Leben vielfältig ist. Aus diesem Grund hielten antike Denker von Solomon über die Sophisten bis Sokrates die Menschen an, die Vielseitigkeit der Dinge zu betrachten. Über die antike griechische Tradition, alle Aspekte einer Frage argumentativ zu erörtern, schrieb Arendt:

> The crucial factor is not that one could now turn arguments around and stand propositions on their heads, but rather that one gained the ability to truly see topics from various sides – that is, politically – with the result that people understood how to as-

> sume the many possible perspectives provided by the real world, from which one and the same topic can be regarded and in which each topic, despite its oneness, appears in a great diversity of views.[135]

Wir müssen die politische Urteilsfindung als Kennerschaft begreifen – nicht, weil eine Elite politischer Beurteiler*innen hervorgebracht werden soll, sondern weil die Politik mit unserer politischen Realität umgehen muss. Deren grundlegende Eigenschaft besteht darin, dass viele verschiedene Menschen mit vielen verschiedenen Perspektiven gemeinsam auf der Erde leben und gemeinsame Probleme und Interessen haben. Die Weigerung, Dinge von verschiedenen Standpunkten verschiedener Menschen aus zu betrachten, bedeutet die Ablehnung dieser Realität, die Flucht vor der Welt, wie sie ist, und die Konstruktion einer virtuellen Wirklichkeit, die sich besser anfühlt.

Doch was ist mit dem zweiten Einwand, Arendts Herangehensweise an die politische Urteilsfindung sei zu schwierig und deshalb nicht praktikabel? Arendt betrachtete dieses Argument nicht als echten Einwand, sondern als Symptom eines genuinen Elitismus, der unterstellt, die Menschen seien nicht in der Lage, die Standpunkte der jeweils anderen zu berücksichtigen, oder sie seien zu beschäftigt, um sich darum zu kümmern. Einige Menschen mögen damit zutreffend beschrieben sein, so Arendt, doch dies sei selbst ein politisches *Problem*, nicht aber eine unabänderliche politische Realität. Solche Bedingungen werden tatsächlich häufig von den Machthabern produziert, um die eigene Position zu stärken: Menschen, die »unfähig« oder »zu beschäftigt« sind, politische Urteilskraft zu entwickeln, befinden sich oft unter einer Form von Dominanz. Diese politische Situation sollten wir verurteilen, nicht jedoch die Menschen oder deren Fähigkeiten.

Meinungsbildung und Urteilsfindung

Wie lösen wir eine Situation, in der Menschen unterstellt wird, entweder zu unwissend oder zu beschäftigt zu sein, um politisches Urteilsvermögen zu entwickeln? Natürlich ist Bildung entscheidend. Doch hier geht es nicht um das übliche Wissen in Staatsbürgerkunde. Bildung muss vielmehr über öffentliche Architektur, Möglichkeiten und sogar Anreize vermittelt werden. Wenn wir Räume schaffen, in denen ganz normale Menschen öffentlich sprechen und handeln können, und wenn wir diese Menschen dazu ermutigen und mit den nötigen Mitteln ausstatten, können wir – je nach Situation – politische Auszubildende oder Autodidakt*innen werden, selbst wenn wir bereits als Bürger*innen sprechen und handeln. Deshalb haben republikanische Gesellschaften historisch betrachtet den öffentlichen Bereichen, Foren, Versammlungen und der unabhängigen Presse so viel Bedeutung beigemessen. Die Grundüberzeugung lautet, dass die öffentliche Architektur und die Medien Mittel sind, mit denen wir uns selbst in der Kunst der politischen Urteilsfindung weiterbilden können. Je mehr solcher Räume offen und frei genutzt werden, umso mehr Praxis bekommen wir darin, Themen von allen Seiten zu betrachten. Hier bilden wir uns Meinungen und urteilen, eben *indem* wir uns Meinungen bilden und urteilen.[136]

Wichtig ist dabei, dass »Meinungen« mehr sind als Eindrücke. Eindrücke kann man *haben*, aber Meinungen muss man sich *bilden*. Erneut: Die zentrale politische Frage ist für Arendt nicht die nach der jeweiligen Meinung zu einem Thema, sondern danach, wie diese Meinung gebildet wurde. Meinungen gründen in individueller Verantwortung: Weil wir sie bilden und nicht nur haben, müssen wir für sie Rechenschaft ablegen. Wir können die Verantwortung für unsere Meinungen nicht auf eine höhere Autorität – etwa Lehrerinnen und Lehrer, Geistliche oder Propheten – abwälzen. Damit unsere Position echt ist, müssen wir sie aktiv erarbeiten, selbst wenn wir das zum Teil durch die Aussagen anderer, durch Vertrauen oder aus Angst tun. Auch wenn unsere Meinungen die Lehren anderer widerspiegeln, sind sie dennoch unsere, insofern wir sie gebildet haben und für sie verantwortlich sind. Andernfalls wären sie bloße Meme, Reaktionen oder Ideologien, für deren Verbreitung eine höhere Autorität uns als Sprachrohr nutzt.

Wenn unsere Meinungen zu Entscheidungen führen, die andere in unserer politischen Gemeinschaft beeinflussen, fällen wir politische Urteile. Für diese sind wir in noch stärkerem Maße verantwortlich als für unsere Meinungen. Der Verantwortungsgrad für politische Urteile liegt nach Arendt über dem von Meinungen, weil wir mit ihnen auch für andere, uns womöglich fremde Menschen verantwortlich sind. Meinungen bilden wir für uns selbst, wie ein Gemälde oder Gedicht, das wir für uns anfertigen, oder einen Kuchen, den wir zum eigenen Verzehr backen. Politische Urteile bergen jedoch die zusätzliche Verantwortung, dass wir uns in irgendeiner Form vor anderen für unsere Entscheidungen rechtfertigen müssen. Wir backen den Kuchen also nicht für uns allein, sondern um ihn mit anderen zu teilen: Wir tragen die Verantwortung dafür uns selbst und anderen gegenüber.

Wie das Kochen für andere ist auch die politische Urteilsbildung für Arendt stets eine gemeinschaftliche Aktivität. Es gibt keine einsamen oder privaten politischen Urteile, weil sie dem Wesen nach nicht nur uns selbst, sondern auch andere Menschen betreffen und uns ihnen gegenüber in Verantwortung bringen. Wenn die Möglichkeit besteht, werden andere wissen wollen, ob *ihr* Standpunkt, *ihre* Perspektive, *ihre* Sicht auf das Thema berücksichtigt wurde. Sie wollen wissen, inwiefern ihr Leben durch unser Urteil beeinflusst wird. Wer einen Kuchen für andere backt, muss deren Geschmäcker und Ernährungsgewohnheiten berücksichtigen. Genauso verlangt ein politisches Urteil die Berücksichtigung der Positionen, Perspektiven und Existenz anderer, die zu ihrem Vor- oder Nachteil von diesem Urteil betroffen sein könnten.

Die Betrachtung eines Problems aus der Perspektive anderer heißt nicht nur, dass man ihnen Empathie entgegenbringt. Wenn ich einen Kuchen für andere backe, sollte ich es nicht darauf anlegen, meinen eigenen Geschmack zugunsten des ihren aufzugeben. Vielmehr sollte ich versuchen, die eigenen Vorlieben zu behalten und gleichzeitig die Geschmäcker und Bedürfnisse anderer zu berücksichtigen. Empathie kann in der Politik schnell in Mitleid anderen gegenüber umschlagen, sodass man versucht, kurzfristig deren »Geschmack« zu treffen und sich mit ihnen zu identifizieren. Mitgefühl ist zwar eine wichtige politische Fähigkeit, hat aber ihre Grenzen, wie Tom Petty richtig singt: »You don't know how it feels to be me.« Deshalb benötigen politische Urteile nicht nur Empathie, sondern auch die Fähigkeit, trotz der Einnahme anderer Perspektiven eigenständig zu denken.[137]

Nehmen wir ein umstrittenes politisches Thema als Beispiel. »Stop and Frisk« beschreibt ein in den USA übliches Vorgehen, bei dem die Polizei eine verdächtige Person vor der Festnahme (falls eine solche überhaupt erfolgt) anhält und nach Waffen und potentiell gefährlichen oder illegalen Gegenständen abtastet. Als Vorteil dieser Praxis wird häufig genannt, sie sei eine wirksame Form »proaktiver Polizeiarbeit in der Gemeinde« oder habe das Ziel, »Verbrechen zu verhindern.« Nachteile werden typischerweise auf der verfassungsrechtlichen Seite gesehen und lauten etwa, die US-Verfassung verbiete »unbegründetes Durchsuchen und Festhalten« oder »Stop and Frisk« sei ein unberechtigtes Eindringen in die Privatsphäre. Manche argumentieren auch, die Praxis stelle eine Diskriminierung dar und stehe im Widerspruch zum in der Verfassung festgelegten Recht auf gleichen Schutz durch das Gesetz.[138]

Das alles sind relevante Probleme. Beachtenswert ist jedoch, dass die Debatte über die so definierte Praxis des »Stop and Frisk« auf zwei allgemeine Perspektiven beschränkt ist, nämlich ihre Wirksamkeit im Gegensatz zu ihrer Rechtmäßigkeit. Das ist eine sehr beschränkte Beurteilung einer Praxis, bei der es um viel mehr geht als um Effizienz oder das Recht – betrifft sie doch auch intime Themen wie *Angst* und *Gefahr* sowohl für die Polizei als auch für die von ihr festgehaltenen Menschen. Sie betrifft *Vertrauen* und *Misstrauen* zwischen der Polizei und den Menschen; *Systeme*, die regeln, wo die Polizei Streife fährt und mit höherer Wahrscheinlichkeit »Verdächtige« festhält; *Statistiken* über die Ungleichbehandlung schwarzer Männer im US-Justiz- und Gefängnissystem und, ganz konkret, *Berührungen* zwischen zwei Menschen. Die Betrachtung von »Stop and Frisk« einzig als Frage von »Wirksamkeit« versus »Rechtmäßigkeit« verkürzt unsere politische Urteilsbildung deutlich. Sie begrenzt unseren Verstand und unsere Vorstellungskraft auf die Perspektive von Ingenieurinnen und Ingenieuren und Anwältinnen und Anwälten, als zählte nur deren Wissen.

Die Poesie des Urteilens

Der polnische Dichter Adam Zagajewski meint, wir müssten bei der politischen Urteilsfindung das Spiel mit den Adjektiven lernen. In seinem kurzen Essay *In Defense of Adjectives* führt der im autoritären Polen aufgewachsene Zagajewski aus, was Menschen – außer jene in totalitären Ländern – wirklich frei mache, sei die Freiheit, Adjektive zur Beschreibung von Ereignissen, Gegenständen und Probleme zu verwenden. »Für Soldaten und totalitäre Herrscher genügen Nomen und Verben«, so Zagajewski. Hingegen sei »das Adjektiv [...] der unverzichtbare Garant der Individualität von Menschen und Dingen«.[139] In einem totalitären Land wäre den Menschen beispielsweise – bestenfalls – nur die Aussage erlaubt: »Die Polizei hielt den Verdächtigen fest und durchsuchte ihn.« Wir sind in einer viel besseren Lage, da wir sagen können: »Diese Praxis ist verfassungswidrig.« Dennoch ist das Vokabular politischer Urteile auch in unserer freien, liberalen und offenen Gesellschaft bemerkenswert eingeschränkt. Ob wir über politische Praktiken, das Gesundheitssystem, Einwanderung, Abtreibungsrecht oder Waffenrecht streiten – wir scheinen auf die Sprache von Ingenieur*innen, Anwält*innen oder Moralist*innen beschränkt zu sein: Es funktioniert oder funktioniert nicht, es ist oder ist nicht verfassungskonform, es ist gut oder schlecht. Das macht uns verwundbar durch demagogisch, propagandistisch agierende Personen und Prominente, die sich eines an Testpersonen erprobten Vokabulars bedienen: *Hervorragend! Großartig! Böse! Dumm! Schwach! Gefährlich!* Verglichen mit der Sprache von Ingenieur*innen, Anwält*innen und Moralist*innen wirken diese Wörter dennoch direkt und mutig.

»Das Adjektiv ist für die Sprache, was die Farbe für das Gemälde ist«, schreibt Zagajewski. Um unser politisches Urteilsvermögen zu entwickeln, müssen wir lernen, über bestimmte Themen mit Adjektiven nachzudenken, die über *wirksam/wirkungslos, legal/illegal* oder *gut/schlecht* hinausgehen. Politische Urteile verlangen, dass wir die Probleme, Ereignisse und Gegenstände mittels unseres Verstands und unserer Vorstellungskraft betrachten und dabei die verschiedensten Adjektive einsetzen: *abgenutzt, ahnungslos, akrobatisch, altruistisch, angeberisch, angemessen, ärgerlich, attraktiv, babyhaft, beeinflussbar, beweglich, berechnend, beschädigt, bewundert, billig, blöd, chaotisch, deftig, demütig, dick, diskret, dornig, drängend, dreckig, dreist, ehrlich, eifersüchtig, eilig, ekelhaft, elend, eng, erfunden, erniedrigend, erschöpft, erschwerend, ethisch, fähig, fantasievoll, farblos, flach, forsch, fragend, furchteinflößend, gähnend, gastfreundlich, gebildet, gepflegt, gerade, geschickt, gezackt, gewunden, glänzend, grandios, grotesk, grundlegend, gültig, gutherzig, heimtückisch, heiß, hell, herrisch, irre, jovial, jugendlich, jung, klein, knotig, kolossal, länglich, lebendig, lebhaft, lecker, legitim, leichtgläubig, leidenschaftlich, liebend, matschig, melodiös, mittelmäßig, mürrisch, naiv, nutzbar, nutzlos, öde, offen, ordentlich, origi-*

nell, peinlich, pessimistisch, pikant, punktuell, renitent, realistisch, robust, roh, saftig, salzig, samtig, schädlich, schlapp, schreckhaft, schrullig, schwach, sentimental, spürbar, stabil, stechend, strahlend, streng, strotzend, süß, taub, tollkühn, tugendhaft, übel, übersehen, ulkig, unbedeutend, ungekämmt, ungeschickt, verächtlich, verdunkelt, vergammelt, verhext, vernarrt, verrückt, vertraut, verzaubert, wackelig, warm, weinerlich, weltfremd, wütend. Anders gesagt: Ein politisches Urteil verlangt von uns, eine Vielzahl von Wörtern zu erproben, um zu denken, und zwar mit anderen zu denken und soweit möglich alle Einzelheiten zu durchdenken.

Immanuel Kant, auf den Arendt wiederholt Bezug nimmt, definiert die Urteilskraft als »das Vermögen, das Besondere als enthalten unter dem Allgemeinen zu denken.«[140] Im Allgemeinen ist das Denken, wenn es gut ausgeführt wird, ein außergewöhnlicher Vorgang, der sowohl auf Gelerntem als auch auf Erfahrung, auf den Meinungen anderer, auf der Vorstellungskraft und auf Gefühlen basiert und Probleme perspektiviert, Fragen stellt, Folgen erörtert und unrealistische, fehlgeleitete Ideen zurückweist. Im Besonderen jedoch ist das Denken Arendt zufolge noch weitaus bemerkenswerter, was heute auch Mathematiker*innen und Teilchenphysiker*innen erkannt haben. Angesichts einer Vielzahl beweglicher Teilchen in einem ungeordneten System lassen sich die Bewegungen der meisten Teilchen die meiste Zeit mathematisch vorhersagen – eben darin besteht der Zweck von Statistik. Viel schwieriger zu berechnen jedoch ist, wie sich ein bestimmtes Teilchen zu einem bestimmten Zeitpunkt verhalten wird. Vielleicht ist es sogar unmöglich. Doch das Urteilen fordert eben permanent von uns, *das Besondere zu denken.* Wann immer wir bestimmten Problemen oder Möglichkeiten zu bestimmten Zeitpunkten begegnen, müssen wir urteilen – etwa angesichts eines schwierigen Teammitglieds, eines Budgetdefizits, eines Terrorangriffs, eines Heiratsantrags, mehrerer Stellenangebote oder Bewerber*innen.

Um das Besondere zu denken, nutzen wir laut Kant oft Adjektive oder Nomen in ihrer »allgemeinen« Kapazität. *Schönheit, Güte, Fairness, Gerechtigkeit, das Böse, Gleichheit, Mut, richtig, falsch*: Die Liste der Universalien ist beinahe so lang wie die der oben aufgeführten Adjektive. Das bedeutet jedoch nicht, dass die Verwendung von Universalien in unseren Urteilen problemlos wäre. Die meisten Universalien, die wir benutzen, sind schwer zu definieren. »Schönheit liegt im Auge des Betrachters«: So bekennen wir unsere Schwierigkeiten, im Alltag den universellen Begriff der Schönheit anzuwenden.

Manche zweifeln angesichts dieser Definitionsschwierigkeiten generell an der Gültigkeit von Universalien und schlussfolgern, Schönheit liege *nur* im Auge des Betrachters. Oder sie erklären gar, Schönheit sei ein leerer Begriff, eine von vielen metaphysischen Fantasien. Dennoch beurteilen wir ständig Dinge als schön oder nicht schön. Mit Schönheit geht es uns eindeutig besser als ohne. Und fast alle anderen Begriffe, die uns im Leben wichtig sind – Glück, Frieden, Ruhe, Erfüllung, Sieg, Ruhm, Ehre – halten philosophischen Analysen auch nicht unbedingt stand. Wir wissen mehr über unser Leben, unsere Welt und die Dinge, die uns etwas bedeuten, als wir mit mathematisch-logischer Präzision je beweisen könnten. Universalien müssen sich nicht auf präzise Formeln reduzieren lassen, um nützlich, bedeutsam oder wirkungsmächtig zu sein.

Universalien mögen zwar in unserem täglichen Denken unvermeidbar sein, doch sie sind zugleich meist nicht geeignet, unsere Gedanken über je bestimmte Dinge zusammenzufassen. Wenn eine bestimmte Sache oder Person, ein bestimmtes Ereignis oder Problem auch nur im Mindesten interessant ist, genügt ein einzelner Universalbegriff nicht. Wir benötigen dann mehrere Kategorien, um uns vom jeweiligen Gegenstand ein Bild zu machen, und oft führt das zu Beurteilungen mit vielen Facetten: »Der Film war zu gewalttätig, aber die Darstellung der Schrecken des Kriegs war sehr realistisch«; »Er ist ein guter Junge, auch wenn seine überschüssige Energie ihn oft in Schwierigkeiten bringt«; »Die Gouverneurin behauptet, einen harten Kurs gegen Kriminalität zu fahren, aber ihre Maßnahmen zielen nur auf arme Minderheiten«, und so fort. Im Denken des Einzelfalls und im Urteilen verknüpfen wir Universalien und Besonderheiten mit »aber«, »und wenn«, »falls« und anderen Instrumenten der Qualifizierung Eingrenzung oder Beschränkung; manchmal fallen unsere eigenen Urteile sogar widersprüchlich aus. Solche Verknüpfungen können natürlich dem Vermeiden von Eindeutigkeit oder der Täuschung dienen, müssen es aber nicht. (Zumal die Unterscheidung von Uneindeutigkeit und ehrlichem Urteil selbst eine Frage der Beurteilung ist!) Die Verknüpfung von Universalien und Partikularien ist ein wichtiger Teil der Grammatik des Urteilens in einer komplexen, widersprüchlichen, mit vertrackten Problemen belasteten Welt.

Arendt zufolge führen wir diese Verknüpfungen meistens nicht herbei, indem wir Aussagen wie »Stop and Frisk« als gerecht oder ungerecht bezeichnen, sondern indem wir *Geschichten erzählen.*[141] Die meisten unserer Urteile sind Teil und finden statt innerhalb von Geschichten, die wir anderen über Ereignisse, Menschen oder Probleme erzählen. Die Rentner, die sich jeden Morgen im Café treffen, um über die Nachrichtenlage zu diskutieren und zu tratschen, fällen in Wahrheit tägliche, allmorgendliche Urteile in Form von Geschichten, die sie einander erzählen. Gleiches gilt für Studentinnen und Studenten, die in der Bibliothek über Kurse, Kommiliton*innen und die Ereignisse vom letzten Wochenende plaudern.

Urteile verknüpfen nicht nur das Allgemeine und das Besondere, sondern folgen auch keinen strikten Abläufen oder Anwendungsmethoden. Mehr als jede andere Eigenschaft politischer Urteile unterscheidet sie dies qualitativ von mathematischem oder logischem Denken. Urteile sind deshalb wesenhaft *sozial.*[142] Mathematische und logische Überlegungen sind abhängig von Gesetzen und Regeln, die unabhängig von Menschen operieren können. Das Gesetz der Widerspruchsfreiheit etwa gilt auch für eine Person, die in völliger Isolation lebt, und kann eine Maschine auch in der Vorstellung eines einsamen Philosophen antreiben. Die Gültigkeit politischer Urteile unterscheidet sich davon. Wenn ich eine Maßnahme als »ungerecht« oder eine öffentliche Feier als »wunderschön« beurteile, wird die Gültigkeit meines Urteils von der Zustimmung anderer abhängen – oder wenigstens von deren Einschätzung, dass ich auf legitime Weise zu meinem Urteil gelangt bin. Wenn alle, denen ich begegne, meinem Urteil nicht zustimmen oder meinen, es hätte keine gute Grundlage – weil ich vielleicht zeige, dass ich eine Maßnahme nicht verstehe oder von einem Ereignis nichts weiß –, kann kein Gesetz und keine Formel mein Urteil davor bewahren, als ungültig oder irrelevant betrachtet zu werden. Denn politische Urteile sollen nicht primär logische Prozeduren bestätigen, sondern zusammen mit anderen Menschen Dinge in der Welt bewerten und verständlich machen. Um die Kunst der politischen Urteilsfindung in ihrer Gänze zu erfassen, müssen wir in der Lage sein, Gründe ohne strenge Prozeduren gutzuheißen: Wir müssen daran glauben, dass es gute Gründe geben kann, die dennoch nicht in eine logische Blaupause umgewandelt werden können.[143]

Prozeduren als Problem

Vor ungefähr 400 Jahren, zu Beginn der Epoche, die wir heute als »Moderne« bezeichnen, wurden Kennerschaft, Urteilskraft und sogar Weisheit von einer Gruppe einflussreicher Denker als unverlässlich kritisiert. Die Gruppe vertrat die »neue Wissenschaft« (*nova scientia*), den »Rationalismus«, der manchmal wie Physik, manchmal wie Mathematik, Philosophie oder Logik aussah. Sie basierte auf dem Gedanken, man müsse die zweifelhaften Meinungen, persönlichen Urteile und sogar die Alltagssprache überwinden und strenge Regeln und Prozeduren erstellen, die nur noch »zutreffende« oder »unzutreffende« Schlüsse zulassen. René Descartes, einer der prominenten Vertreter der neuen Wissenschaft, forderte uns in den 1620er-Jahren deshalb auf: »[V]erwerfen wir deshalb alle bloß wahrscheinlichen Erkenntnisse und legen fest, dass allein dem vollkommen Erkannten, das nicht bezweifelt werden kann, vertraut werden darf.«[144] Als erstes Ziel sah Descartes dabei die Reinigung des Geistes: Wahres Wissen beginnt mit dem Löschen aller früheren Eindrücke, Meinungen und Urteile von der mentalen Festplatte und dem Ersetzen durch logisch gültige Regeln und Prozeduren.[145]

Descartes wusste immerhin, dass die »neue Wissenschaft« viele unserer Lebensfragen nicht beantworten konnte: Soll die Errungenschaft dieser Person öffentlich gefeiert werden? Gefällt mir diese Melodie? Ist diese Maßnahme überzeugend? Eignet sich dieser Mensch für ein politisches Amt? Fragen wie diese – und zahllose weitere – verlangen nach Urteilen, nicht nach regelbasierten mathematischen Berechnungen. Doch Descartes wünschte sich eine Welt, in der die Macht »kontingenter« Urteile begrenzt ist, weil diese stets angezweifelt, kritisiert, hinterfragt und sogar bereut werden können. Er meinte, wir sollten so viele Fragen wie möglich so »rational« wie möglich beantworten. Strenge logische Regeln und Methoden hielt er für eine Möglichkeit, unsere unordentliche Welt zu ordnen. Nicht durch die Eliminierung von Partikularien – das könnte keine Kultur oder Zivilisation leisten. Aber durch die Regulierung dessen, was als gültige Aussage über solche Besonderheiten gilt.

Dieser Wunsch blieb kein bloßes Hirngespinst. Die »neue Wissenschaft« setzte sich so stark durch, dass uns heute leise, aber deutlich vermittelt wird, in der Politik zählten nur rationale und quantifizierbare Urteile. Darüber hinaus existiert innerhalb der modernen Philosophie eine ganze Denkschule (ebenso wie außerhalb der Philosophie sehr mächtige moderne Institutionen), die unsere Urteile als »persönliche« Bewertungen oder »bloße Meinungen« für akzeptabel erklärt, aber zugleich findet, diese verdienten die ernsthafte Aufmerksamkeit anderer nur, wenn sie ausreichend methodisch, regelbasiert und streng sind.[146]

Diese Position wird manchmal als »Prozeduralismus« bezeichnet. Prozeduralisten halten unsere Urteile nur dann für öffentlich relevant, wenn das Besondere dem Allgemeinen in absehbarer, ordentlicher Weise untergeordnet ist. Andernfalls wären unsere Urteile bloße Geschmacksurteile, ähnlich der Aussage, lieber Schokoladen- als Erdbeereis zu mögen. Ernsthafter ausgedrückt: Unsere Urteile müssten als tiefe »Überzeugungen« betrachtet werden, die »respektiert« werden, denen aber keine Autorität zugestanden wird – etwa so, als spräche ich mich als Bürger aus religiösen Gründen eindeutig gegen einen Krieg mit einer bestimmten Nation aus.

Wir als Bürger*innen können uns über zahlreiche umstrittene Themen – von Abtreibung über Drogenpolitik und Todesstrafe bis Krieg – nicht einigen. Dem Prozeduralismus zufolge beweist dies, dass ein breiter gesellschaftlicher Konsens nur durch die gemeinsame Festlegung von Regeln für politische Entscheidungsprozesse erreicht werden kann.[147] Der Prozeduralismus soll deshalb unterhalb der Kakophonie von Meinungen, Ansichten, Werten und Urteilen, die es in allen modernen Gesellschaften gibt, eine Ebene des Konsenses einziehen. Er zielt auf Legitimität und verleiht Institutionen wie Gerichten oder Wahlen Glaubwürdigkeit angesichts unserer Unfähigkeit, uns als Gesellschaft auf Grundwerte zu einigen. Der Ansatz ähnelt unserem Verständnis von Regeln im Sport: Das Spiel ist legitim, solange die Regeln befolgt werden – egal, wie die Beteiligten das Spiel spielen.

Tatsächlich sind Regeln für die Politik von zentraler Bedeutung: Sie ermöglichen gemeinsame Standards der Fairness und Gleichheit, die unserem Gerechtigkeitssinn zugrunde liegen.

Doch der Prozeduralismus als politisches Programm – als das er sich im modernen Liberalismus durchaus verstehen will – birgt große Probleme. Zunächst fällen wir alltägliche politische Urteile nicht, indem wir uns an Regeln orientieren. Das politische Spiel ist viel offener und fließender als Football oder Basketball. Der Prozeduralismus unterläuft implizit – und manchmal auch explizit – die alltäglichen politischen Urteile von Menschen, indem er sie für nicht ausreichend »rational« erklärt. Darüber hinaus gibt es zahlreiche Fälle, in denen der Prozeduralismus den Menschen durch rechtliche oder quasi-rechtliche Hürden die Möglichkeit nimmt, Nachbar*innen, Mitbürger*innen und dem nichtmenschlichen Teil der Welt Gutes zu tun.

Der Prozeduralismus ist ein Paradebeispiel für Arendts »Herrschaft des Niemand« – jener unpersönlichen bürokratischen Strukturen, die unter anderem »Handlung« durch »Verhalten« ersetzen.[148] Solange wir innerhalb eines prozeduralistischen Kontexts einem vorgegebenen Verhaltensmuster entsprechen – uns also nicht vordrängeln, das richtige Kästchen ankreuzen, die richtigen Plaketten am Auto haben –, sind wir weder besser noch schlechter oder anders als jede und jeder andere Systemteilnehmer*in. Prozeduralisten könnten nun sagen, genau darum gehe es eben und diese Situation sei demokratisch. Die »Herrschaft des Niemand« ist die »Herrschaft von Irgendjemand«, da jeder sich am politischen Spiel beteiligen darf, der sich den Regeln unterwirft.

»Irgendjemand« zu sein birgt nach Arendt zwei große Risiken, die sich im 21. Jahrhundert erneut rächen. Wer »Irgendjemand« ist, kommt laut Arendt dem »Niemand« gefährlich nahe, und niemand zu sein ist eben die notwendige Voraussetzung für den Verlust unserer besonderen politischen Identität als einzigartige und individuelle Aktanten in einer gemeinsamen Welt. Arendt zufolge ist Politik erstens nicht für »irgendjemanden«, der den Standards oder Gesetzen entspricht, sondern für *alle.* Zweitens glaubt

Arendt, die »Herrschaft des Irgendjemand« sei anfällig für Ethnonationalismus und Rassismus. Weil die Legitimität auf der Regelkonformität basiert, könnten diese Regeln durch Kategorien, Typen oder Identitäten übertrumpft werden.[149] Genau das war im amerikanischen Liberalismus historisch betrachtet der Fall: Über ein Jahrhundert lang verhinderten dort bestimmte rechtliche Kategorien die gleichberechtigte Beteiligung von Minderheiten am politischen Leben auf der Basis der Rassenzugehörigkeit. Dieses Problem zeigt sich heute in neuen Formen von Ethnonationalismus und Rassismus.

Betrachten wir noch einmal den Polizeihubschrauber über dem südkalifornischen Strand. Während die Paddelsurfer das Wasser genossen und nichts von der drohenden Gefahr wussten, kreiste der Pilot über ihnen und wartete auf die offizielle Erlaubnis, das zu tun, was jeder sofort als vordringlich erkennen konnte: die Paddelsurfer unverzüglich zu warnen! Der Polizist betrachtete die Wassersportler implizit als »Irgendjemand« statt als individuelle »Jemande« und verhielt sich selbst zugleich wie ein »Niemand«, weil jeder sich wie er hätte verhalten und dem Protokoll hätte folgen können. Obgleich die Fähigkeit des Polizisten, inmitten der lebensbedrohlichen Krise einer anderen Person streng nach Dienstvorschrift zu agieren, vom Standpunkt des Prozeduralismus und von Gesetzesvertreter*innen als hervorragend bewertet werden mag, vermute ich, dass sie aus der Perspektive vieler anderer Menschen (mich selbst eingeschlossen) eher nach dem systematischen Versuch aussieht, gerade jenen, die mit dem Schutz des Lebens Dritter beauftragt sind, den gesunden Menschenverstand auszutreiben. Zudem stellt sich die beunruhigende Frage, die hinsichtlich der Polizei allzu oft auftaucht: Was wäre, wenn die Paddelsurfer nicht aussähen, als gehörten sie an diesen Strand? Wären sie dann nicht einmal »irgendjemand«?

Der Prozeduralismus läuft nicht nur Gefahr, Menschen auszugrenzen, sondern wird oft benutzt, um sich dahinter zu verstecken und das Urteilen genau dann zu vermeiden, wenn es am wichtigsten wäre. Es stimmt, dass Urteile letztlich immer Wetten sind: Indem wir urteilen, wetten wir, dass unser Urteil nach bestimmten Kriterien wahr oder falsch, gerecht oder ungerecht, passend oder unpassend, populär oder unpopulär, vertretbar oder nicht vertretbar ist. Urteile haben immer ein implizites oder explizites Publikum, eine Art Jury (die einfach nur aus uns selbst bestehen kann), vor der wir sie rechtfertigen müssen. Der Prozeduralismus ist der Versuch, das Risiko zu minimieren, indem er Formeln benutzt, statt den Einzelfall zu denken, und Regeln anstelle von Kooperation, Vertrauen und anderen Formen gesellschaftlicher Solidarität setzt. Problematisch ist dabei, dass die Welt – allen voran die politische – damit nicht gänzlich kooperieren wird. Wir waren nie in der Lage, dem Traum von der »neuen Wissenschaft« zu entsprechen. Rationale Regeln sind ein Kernbestandteil der Legitimität vieler moderner Institutionen wie Wissenschaft, Polizei oder Bildungswesen und bestimmen dennoch nicht, wie die meisten Menschen die meiste Zeit über Filme, Kinder, große Anschaffungen, Gesetze oder politische Maßnahmen urteilen.

Eben darin gründet das entscheidende Problem des Prozeduralismus. Weil er regelbasiert ist, kann er den Menschen nur als »Typen« oder mit vorher festgelegten Kategorien begegnen. Das kann einige von uns von wichtigen Institutionen, Praktiken und Möglichkeiten ausschließen, weil jede vorab bestimmte Kategorie sowohl der Inklusion als auch der Exklusion dient. Ein Prozeduralismus der, wie es im modernen regel- und rechtsbasierten Liberalismus allzu oft der Fall ist, die einzige Grundlage der politischen Gesellschaft ist, fungiert als Instrument zur Durchsetzung einer inklusiven Ordnung, die zugleich inhärent ausgrenzend wirkt. Die große Leistung des politischen Liberalismus war zweifellos, dass er das Feld der Politik für immer mehr Typen geöffnet hat, doch das hatte seinen Preis. Die Öffnung war mit der Bedingung verbunden, dass sich die Politiker*innen, um als legitim wahrgenommen zu werden, den zuvor aufgestellten Regeln gemäß verhalten. Im Rahmen der liberalen Ordnung erschienen sie somit weniger als Individuen denn als Personentypen. Eben gegen diese typologischen und präetablierten Regeln wehrte sich Arendt in ihrem Beharren, Politik sei eben nicht für »irgendwen«, sondern für alle. Die einzige »Regel« ist, dass man sich beteiligt, mit anderen spricht, handelt und urteilt, ohne sich gewaltsam durchzusetzen. Die einzige Regel ist also, dass man sich politisch verhält.

Auch wenn Urteile sich nicht mathematisch ausdrücken lassen, können sie gerechtfertigt werden. Arendt schreibt, dass »Urteile weder durch Deduktion noch durch Induktion zustande kommen; kurz, sie haben nichts mit logischen Operationen gemein«.[150] Das soll jedoch auch nicht das Gegenteil bedeuten: Prozeduren machen Urteile nicht ungültig und »wahre« oder »authentische« Urteile sind nicht nur jene, die nicht mit rationalen Regeln ausgedrückt werden können. Prozeduren, Logik und Regeln haben in gewissen Bereichen der Urteilsfindung ihren Platz – vor allem im Bereich der Justiz, etwa in Gerichten, bei der Polizei und im Parlament. Hierbei handelt es sich jedoch um bestimmte Bereiche des Urteilens, die sich nicht als Blaupausen für alle Formen politischer Urteile eignen – auch wenn manche sich dies wünschen. Der Prozeduralismus ist eher eine institutionelle als eine politische Logik.

Politische Urteile folgen meist Richtlinien oder »Normen«, ohne dabei strengen Prozeduren oder Regeln zu entsprechen. Wir *bilden* uns Meinungen, um Urteile zu *fällen*, und können mit politischen Urteilen dazu beitragen, unsere gemeinsame Welt aufzubauen und besser zu machen. Es war nicht meine »bloße Meinung«, anzuhalten und die Fußgängerin über die Straße zu lassen. Vielmehr hatte ich mir die Meinung gebildet, dass Personen, die zu Fuß unterwegs sind, Vorrang haben sollten, weil sie viel verletzlicher sind als Personen, die mit dem Auto fahren. Ich fällte das Urteil, anzuhalten, und handelte entsprechend. Mein Urteil und mein Handeln schienen isoliert und unbedeutend, hatten jedoch

Folgen für die Gemeinschaft, in der ich lebe und arbeite. (Hätte ich anders geurteilt – vielleicht gehupt und den Mittelfinger gezeigt –, hätte die Passantin mit diesem Überweg wahrscheinlich für längere Zeit andere Erinnerungen verbunden.) In der Politik urteilen wir, und indem wir politische Urteile fällen, beteiligten wir uns daran, Sinn zu stiften und unsere gemeinsame Welt zu gestalten.

* * *

Dieses Kapitel begann mit der Geschichte einer Ermessensentscheidung. Angesichts einer potentiell tödlichen Situation entschied sich ein Polizist, der Dienstvorschrift zu folgen, statt davon abzuweichen und sofort zu handeln. Inzwischen sollte klar geworden sein, dass ich diese Entscheidung nicht für gut halte. Ist doch egal, wer zuständig ist! Hol die Paddelsurfer aus dem Wasser! Im Hinblick auf das übergeordnete Thema dieses Kapitels ist das einzelne Urteil des einzelnen Polizisten für mich von weit geringerer Bedeutung als die Tatsache, dass es sich um eine Ermessensentscheidung handelte, mehr noch: um eine politische Entscheidung, weil sie Abläufe zwischen Menschen betraf und damit die Frage, in welcher »gemeinsame Welt« diese Menschen leben würden.

Politische Urteile haben Folgen für die Gesellschaft, weil jeder von uns Teil eines Beziehungsgeflechts ist, das sich auf die Welt auswirkt.[151] Im Fall des Hubschrauberpiloten und den von Haien umkreisten Surfer ging alles gut aus, weshalb wir das Urteil des Polizisten vielleicht nicht als politische Entscheidung betrachten. Hätten sich die Haie aber anders verhalten oder der Polizist zu lange abgewartet, würden wir sein Urteil und wohl auch die Dienstvorschrift des Sheriffs bestimmt infrage stellen. Hätte der Polizist das Protokoll ignoriert, die Paddelsurfer gewarnt und dafür eine Verwarnung oder Strafe von seinem Dienstherren erhalten, wären er und seine Familie sich bestimmt des politischen Verhältnisses zu den Weisungsgebern bewusst geworden. Genauso wie die Entscheidung eines Fahrers, nicht für eine Fußgängerin anzuhalten, einen Unfall auslösen kann; wie der Urteilsspruch des Obersten Gerichts, Firmen als Individuen und Geld als »freie Meinungsäußerung« einzustufen und wie die Direktive von Starbucks, keine Plastikstrohhalme mehr anzubieten, werden solche großen und kleinen Urteile schnell politisch, insofern sie gemeinsame Probleme betreffen, Abläufe zwischen Menschen mitgestalten und die gemeinsame Welt betreffen, in der wir leben.

Selbst mein Urteil über das Handeln des Hubschrauberpiloten ist politisch, weil ich die beteiligten Personen weder kenne noch mit ihnen verwandt bin. Ich denke nicht als ihr Vertrauter, sondern als Bürger. Ich betrachte die Situation aus der Perspektive eines Zuschauers, der einerseits ein Fremder ist und andererseits mitfiebert. Was, wenn ich einer der Surfer wäre? Was, wenn ich der Sheriff wäre? Politische Urteile bedürfen laut Arendt der Fähigkeit, »to see things not only from one's own point of view but in the perspective of all those who happen to be present«.[152] Sie verlangen die »erweiterte Mentalität«, die jede kluge Beobachtung voraussetzt und mit der die Dinge aus mehreren Perspektiven und auf verschiedene Weise betrachtet werden. Am besten gelangen wir nach Arendt zu dieser Sichtweise, wenn wir uns selbst die Geschichte des jeweiligen Ereignisses, der Situation oder des Problems aus unterschiedlichen Perspektiven erzählen.[153]

Natürlich gelingt es manchen Menschen besser als anderen, politische Ereignisse zu betrachten und deren Geschichten aus verschiedenen Perspektiven zu erzählen – genau wie manche Menschen besser darin sind, alle Feinheiten eines Baseballspiels oder eines Chorkonzerts zu bemerken. Dennoch können wir mit etwas Übung alle lernen, die Dinge besser in ihrer Gänze zu sehen. Das Urteilen, so erinnert uns Arendt, kann nicht deduktiv gelehrt werden. Es gibt kein Buch mit dem Titel »Urteilen für Dummies«, das uns zu besseren Beobachter*innen von politischen Ereignissen, Baseballspielen oder Chorkonzerten macht. Wir können unsere Urteilskraft nur durch das Urteilen entwickeln: Es ist kein Thema, sondern eine Praxis.

Ich lade meine Leser*innen deshalb zum Üben ein. Wie bewerten *Sie* sein Verhalten? Zudem biete ich mein *Urteil* zur Beurteilung an. Ich möchte, dass die Polizei in gewissen Situationen die Menschen über die Dienstvorschrift stellt. Natürlich will ich nicht, dass die Polizei ständig gegen das Protokoll verstößt. Gesetze und Gewaltenteilung – beides Grundprinzipien der republikanischen Demokratie – funktionieren nur, wenn die Polizei sich ans Protokoll hält und verlässlich agiert. Dennoch glaube ich, dass es Ausnahmen von der Regel geben sollte. Die Geschichte von den Haien ist eine dieser Ausnahmen. Wer meine Argumentation überzeugend findet, möge sich meinem Urteil anschließen. Vielleicht können wir eines Tages gemeinsam einen kleinen Teil zur Veränderung der Polizeipraxis beitragen. Unabhängig von solchen Wirkungen praktizieren wir nun gemeinsam – vermittelt durch das Medium der Schrift – politisches Urteilen.

4

Lügen und Politik

Im Jahr 2018 verbreitete sich die Nachricht, dass im Rahmen einer großen Wahlkampagne in den sozialen Medien falsche Profile angelegt worden waren, um die Unterstützer*innen des Gegenkandidaten zu verwirren und zu spalten. Dabei wurden sozialwissenschaftliche Forschungsergebnisse und Taktiken der informationellen und psychologischen Kriegsführung eingesetzt, um Falschinformationen zu verbreiten, Skandale zu erzeugen und unter der Wählerschaft Verwirrung zu stiften. Unterstützung erhielt das Wahlkampfteam von einem großen Social-Media-Konzern. Nein, es geht hier nicht um Trumps Team, und die Unterstützung kam auch nicht von den Russen. Es handelt sich vielmehr um den erfolgreichen Wahlkampf von Doug Jones, einem demokratischen Bewerber für den Senat, der 2017 in Alabama in einem harten Wahlkampf gegen den Republikaner Roy Moore antrat. Jones' Wahlkampfteam erprobte Taktiken des Informationskriegs an den konservativen Bürger*innen Alabamas. Ein an der Kampagne Beteiligter erklärte, einige in der demokratischen Partei hätten das Gefühl gehabt, »Feuer mit Feuer bekämpfen« zu müssen.[154]

Alle Diskussionen über Politik müssen sich mit der Frage der Lüge in der Politik auseinandersetzen. Wahr ist mindestens, dass die Politiker*innen sich seit jeher in einer Zwickmühle befinden: Sie sind oft zwischen privater und öffentlicher Position, zwischen dem Geschehen hinter und auf der Bühne, zwischen ihren Überzeugungen und ihren Taten gefangen. Die Lügen der Politiker*innen sind einer der Hauptgründe für den schlechten Ruf der Politik. Dank der digitalen Medien sind Lügen den Wahlkämpfen heutzutage im wahrsten Sinne des Wortes einprogrammiert. Das Lügen ist in der Politik nicht nur systemisch, sondern wahrhaft automatisch geworden.

Hannah Arendt setzte sich lange mit dem Verhältnis von Wahrheit, Lüge und Politik auseinander. In dem Essay *Wahrheit und Politik* scheint sie die Ansicht zu vertreten, die Wahrheit sei für die Politik bedeutungslos und der Philosophie vorbehalten, während Politik sich um die Meinungen der Leute drehe. Beides solle nicht miteinander vermischt werden. Tatsächlich jedoch ist Arendts Position differenzierter und wird in diesem Kapitel untersucht, um die Rollen von Wahrheit und Lüge in der Politik des 21. Jahrhunderts besser zu verstehen. In den vergangenen Jahren wuchs mit gutem Grund die Sorge über Fake News, Desinformation, Manipulation, Realitätsfälschung etc. Dennoch wurde nur selten die Frage gestellt, wie und warum Lügen in der Politik von Bedeutung sind und welche Rolle die Wahrheit in unserem politischen Leben spielt.

Die Entstehung von Faktencheck-Abteilungen an Universitäten und in der Presse hat die Situation noch komplizierter gemacht: Die Aussagen von Politikern werden durch Faktenchecks auf Lügen und Halbwahrheiten geprüft. Die *Washington Post* beispielsweise zählt und gruppiert die Lügen bekannter Politiker*innen, führt sie tabellarisch auf und veranschaulicht sie durch die entsprechende Menge an »Pinocchios«.[155] Andere Institutionen geben Politikern eine Gesamtnote für Wahrhaftigkeit.

Der Faktencheck ist ein Dienst an der Öffentlichkeit, weil er irreführende Aussagen oder Lügen von Politiker*innen und Regierungsmitgliedern offenlegt. Er birgt jedoch auch zwei große Probleme, die hoffentlich am Ende dieses Kapitels deutlich sein werden. Zunächst tendieren Faktenchecks dazu, alle Lügen gleich zu behandeln. Sie handeln im Geiste der aufklärerischen Philosophie

Immanuel Kants, der darauf beharrte, eine Lüge sei eben eine Lüge und nichts anderes. Er zog in Zweifel, ob wir uns überhaupt Begriffe wie »Notlüge« oder »fromme Lüge« gestatten sollten.[156] Zweitens – und vielleicht noch wichtiger – konzentrieren sich Faktenchecks auf die Aussagen einzelner Politiker und ignorieren die Tatsache, dass die schlimmsten Lügen in der Politik nicht von Einzelpersonen, sondern von Organisationen ausgehen.

Wenn wir von Hannah Arendt etwas über die Lüge in der Politik lernen können, dann das: Nicht alle Lügen sind gleich; manche wirken weitaus zerstörerischer als andere. Wir müssen deshalb lernen, Lügen voneinander zu unterscheiden und in der Politik zwischen normalen, habituellen und außergewöhnlichen, organisierten Lügen zu unterscheiden. Laut Arendt neigen wir eher zum Gegenteil: Wir wollen gleich erscheinende Dinge gleichsetzen, selbst wenn sie verschieden sind. Für Unkundige sehen beispielsweise die meisten Pilze ähnlich aus. Doch erfahrene Pilzsammlerinnen und Pilzsammler wissen, dass das nicht stimmt: Manche sind nahrhaft, andere giftig. Arendt sprach oft über die Bedeutung der Unterscheidung zwischen gleich erscheinenden Dingen. Weil die Politik sich im »Erscheinungsraum« ereigne und nicht in den Untiefen unserer Seele, müssten wir unsere Augen nicht nur darauf trainieren, Politik dort zu entdecken, wo wir sie nicht vermuten. Wir müssten auch lernen, die Unterschiede zwischen verschiedenen politischen Phänomenen zu erkennen, die auf den ersten Blick identisch wirken mögen. Andernfalls liefen wir Gefahr, »nahrhafte« politische Phänomene mit »giftigen« zu verwechseln – oder gar umgekehrt.

Die Herausforderung, in der Politik Entscheidungen zu treffen, wird umso größer durch die Tatsache, dass sich politische Phänomene – anders als Pilze – blitzschnell verwandeln können: Straßenproteste kippen in Gewaltausbrüche, Polizeieinsätze werden zu Schikane. Wie können wir diese wandelbaren politischen Phänomene unterscheiden? Arendt würde sagen, wir müssten hinsehen und nachdenken. Besser noch, wir müssten – wie im vorherigen Kapitel gesehen – die Kunst des politischen Urteilens lernen und nicht nur auf politische Probleme, sondern auch auf politisches Handeln und den politischen Diskurs anwenden.

In diesem Kapitel lade ich zum Nachdenken über die verschiedenen Arten der Lüge in der Politik ein. Wie im gesamten Buch möchte ich auch hier dazu auffordern, qualitativ statt quantitativ oder in strengen Kategorien zu denken. Ich werde darlegen, dass die Lüge in der Politik sich in bestimmter Hinsicht nicht von der Alltagslüge unterscheidet. Die unangenehme Wahrheit lautet, dass wir alle es häufig mit der Wahrheit nicht so genau nehmen und auch alle wissen, dass manche Lügen sich qualitativ von anderen unterscheiden. Dennoch werde ich ausführen, dass Politiker*innen sich in einer Hinsicht von uns anderen Lügner*innen unterscheiden: Kontext und Folgen ihrer Lügen sind anders. Deshalb differenziere ich zwischen drei Grundformen der Lüge in der Politik: »Durchschnittslügen«, »Gewohnheitslügen« und, nach Arendt, »organisierte Lügen«. Alle sind Formen der Täuschung, unterscheiden sich aber *strukturell* voneinander, und es ist wichtig – sogar entscheidend –, dass wir diese Unterschiede sehen. Ansonsten laufen wir Gefahr, Lügen, die uns zerstören sollen, mit jenen zu verwechseln, die uns einfach nur täuschen wollen.[157] Kernaussage dieses Kapitels ist deshalb, dass nicht alle Lügen gleich sind: Eine Lüge ist eben nicht immer eine Lüge.

Es ist wahr, dass wir alle die Unwahrheit sagen

Vor ungefähr 100 Jahren hielt der Soziologe Max Weber, einer der berühmtesten Gelehrten seiner Zeit, in München einen Vortrag mit dem Titel *Politik als Beruf*. Er ging darin auf die Unterschiede zwischen dem Gelegenheitspolitiker, dem Staatsdiener und dem Berufspolitiker ein. Wir alle seien Gelegenheitspolitiker, indem wir wählen, ein Pamphlet oder eine Petition verbreiten oder mit Freunden über Politik diskutieren. Staatsdiener müssten als Regierungsvertreter die Politik der gewählten Volksvertreter umsetzen. Und Berufspolitiker seien jene, an die wir beim Wort »Politiker« sofort denken. Anders als für Gelegenheitspolitiker und Staatsdiener sei Politik für sie eine *Berufung*, mit der Bürden und Verantwortung einhergehen – allen voran die Bürde der Macht und die Verantwortung zur Führung. Diese Bürde und Verantwortung brächten den Berufspolitiker in missliche Lagen, vor allem hinsichtlich der Wahrheit, denn er sei, anders als wir, nicht nur für seine Handlungen verantwortlich, sondern für die »voraussehbaren Folgen seines Handelns«.[158] Er müsse also immer im Hinblick auf die Folgen überlegen, was er sage und tue. Weber folgerte, Menschen mit hohen moralischen Ansprüchen, die sich nur darauf konzentrierten, das »Richtige« zu tun – etwa immer die Wahrheit zu sagen –, seien schlechte Politiker.[159] Weber zufolge sind verantwortungsvolle Politiker also jene, die *nicht* direkt der Wahrheit verpflichtet sind.[160]

Für die Erkenntnis, dass Politiker*innen ein kompliziertes Verhältnis zur Wahrheit haben, braucht es keinen großen Intellektuellen wie Weber. Und letztlich gilt es für uns alle. Ob im Gespräch mit engen Freund*innen oder entfernten Bekannten, selbst die Ehrlichsten von uns sagen nicht immer die Wahrheit. Im Alltag umgehen wir sie häufig: An einem regnerischen Morgen steige ich ins Auto und merke, dass ich fast kein Benzin mehr hatte. Auf halbem Weg zur Tankstelle wird mir klar, dass ich meinen Geldbeutel vergessen habe. Also drehe ich um und hole ihn. Wieder auf dem Weg zur Tankstelle bleibe ich liegen und muss im Regen mit einem Benzinkanister in der Hand zu Fuß zur Tankstelle laufen. Der Kassierer fragt mich, wie mein Morgen so läuft, und ich antworte: »Gut.« Das ist natürlich mindestens die Unwahrheit, vielleicht gar eine glatte Lüge. Sie verursacht mir aber keinerlei Schuldgefühle. Die Frage des Kassierers ist nett, aber eine reine Formalität, weshalb es am besten ist, es bei einem »gut« zu belassen. Es stimmt, dass ich hinsichtlich meines Morgens nicht ehrlich bin. Ich versuche nur, die Situation zu regeln und weiterzumachen.

Manchmal lügen wir oder führen andere in die Irre, weil wir Gemeinschaftswesen sind. Zu unserer sozialen Natur gehört das Praktizieren dessen, was der Soziologe Erving Goffman als »Facework«[161] bezeichnet: Wir sind uns nicht nur unserer selbst bewusst, sondern auch der Tatsache, dass andere uns betrachten und beurteilen. Sie machen sich ein »Bild« von uns. Goffman zufolge tragen wir – abhängig von der Situation – verschiedene Gesichter zur Schau: Mein Gesicht vor dem Kassierer unterscheidet sich von dem Gesicht, das ich trage, wenn ich meiner Tochter bei den Hausaufgaben helfe. Das Gesichts des Kassierers mir gegenüber unterscheidet sich von dem, welches er gegenüber seiner Tochter aufsetzt, und die Gesichter unserer Kinder wechseln je nachdem, ob sie in der Schule, bei Freund*innen, mit ihren Geschwistern zusammen oder bei den Großeltern sind. Trüge jemand die ganze Zeit unabhängig von der Situation das gleiche Gesicht, hielten ihn alle für sozial gestört!

Ein großer Teil der Facework besteht im Ausbalancieren dessen, was wir über uns verraten. Dazu gehören strenggenommen auch Formen der Täuschung. Wenn ich dem Kassierer sage, mein Morgen liefe gut, täusche ich ihn. Und zwar aus verschiedenen Gründen. Ich täusche ihn, um mich selbst vor einer peinlichen Situation zu bewahren, aber auch, um ihm nicht zuzumuten, auf eine ehrliche Antwort wie »schrecklich« reagieren zu müssen. Ein weiterer Grund ist die soziale Effizienz: Hinter mir ist eine Schlange, und wahrscheinlich interessiert sich niemand im Laden für mein morgendliches Drama. Außerdem antworte ich schlicht automatisch: Kassierer*innen fragen rituell, wie es einem geht, worauf ich typischerweise und ohne nachzudenken antworte: »gut«.

In seinem Buch *The Varnished Truth* vertritt David Nyberg die These, falls es eine Grundwahrheit über unser Alltagsleben gebe, sei es die Tatsache, dass wir fast alle »selbst unter normalen Umständen, wenn das Risiko, erwischt zu werden, gering ist«, willens seien, »andere oder uns selbst zu täuschen, ohne ein schlechtes Gewissen zu haben.«[162] Wenn wir vor Gericht zu schwören, »die Wahrheit, die ganze Wahrheit und nichts als die Wahrheit« zu sagen, erkennen wir an, dass dies für uns eher die Ausnahme als die Regel ist. Wer etwas anderes behauptet, erliegt der Selbsttäuschung.

Laut Nyberg wäre eine gesellschaftliche Existenz, in der jemand immer die Wahrheit sagt, nicht auszuhalten. Wir interagieren täglich ständig mit Freund*innen, Familie, Kolleg*innen und Fremden. Würden wir ihnen immer die ungeschminkte Wahrheit sagen, wäre der Sinn der Interaktion verfehlt. Wir könnten uns natürlich für unsere Ehrlichkeit selbst auf die Schulter klopfen, aber alle anderen würden uns tunlichst meiden.

Lügen in geringen Dosen wirken wie eine Impfung: Sie immunisieren gegen bestimmte soziale Stressfaktoren. Mit Lügen schützen wir uns gegen die Anforderungen und Verantwortung der Wahrheitsäußerung. Die Wahrheit zu sagen verlangt Verletzlichkeit, Erinnerungsvermögen, die richtigen Worte und genügend Zeit. Sie ist nicht immer leicht und kann manchmal sogar disruptiv und schwierig sein. Sie lässt sich zwar nicht in einer strikten Kosten-Nutzen-Analyse unterziehen, doch wir müssen den Preis der Wahrheit berücksichtigen und könnten in einigen Situationen zu dem Schluss kommen, sie sei es nicht wert.

Von dieser gesellschaftlichen Regel bildet die Politik keine Ausnahme. Wir behaupten zwar, uns von den Politiker*innen und Regierungsvertreter*innen die Wahrheit zu wünschen, doch die Wirklichkeit sieht – oft mit gutem Grund – anders aus. Die meisten von uns haben kein Interesse an den komplizierten Verhandlungen einer Politikerin mit verschiedenen Personen und Parteien über einen Gesetzesentwurf. Sie wollen nur ihre Meinung dazu wissen und hören, dass sie die Angelegenheit regeln wird. Genauso möchte bei der Sitzung des Schulrats niemand hören, inwiefern die Verdauungsprobleme des Vorsitzenden dessen Workflow beeinträchtigt haben. Er soll nur seine Arbeit tun, und wenn er in Verzug ist, soll er uns mit den Gründen verschonen und nur versichern, dass er den Rückstand aufholen wird. Wir behaupten also, unsere Politiker*innen sollten nichts als die Wahrheit sagen, aber wir wissen, dass Politiker*innen und Regierungsvertreter*innen – genau wie wir – kontinuierlich Facework betreiben und den Umgang mit der Wahrheit für sich regeln müssen. Täten sie das nicht, hielten wir sie wahrscheinlich für sozial gestört und politisch unfähig.

In dieser grundlegenden Hinsicht unterscheiden sich Politiker*innen also nicht von uns. Max Weber täuschte sich, als er Berufspolitikern unterstellte, sie neigten aufgrund der Verantwortung besonders zu Unwahrheiten. Webers These gründet in seiner Annahme, Politik sei letztlich ein Instrument zur Herrschaft der Mächtigen über andere durch Gesetz und Gewalt. Dieser Mischung fügte er noch die Täuschung hinzu.[163] Doch wenn Politik keine Form von Gewalt ist, sondern ein menschliches Phänomen der freien Interaktion zwischen Mitbürger*innen über gemeinsame Anliegen, dann sollten wir weder uns noch den Politiker*innen Ausnahmen auferlegen. Wir sollten uns und ihnen zugestehen, dass alle sozialen Phänomene Facework verlangen.

Wahrhaftig sein

Gleichzeitig müssen wir anerkennen, dass Unwahrheiten, Halbwahrheiten und Lügen oft einen vermeintlichen Ausweg aus unangenehmen oder schwierigen Situationen bieten. Ein Student schummelt in der Prüfung, weil er einen Kater hatte und nicht genug lernen konnte. Wird er erwischt, lügt er die Professorin an und lügt erneut, wenn seine Eltern von dem Vorfall erfahren. Mit jeder Eskalationsstufe wählt der Student den Weg des scheinbar geringsten Widerstands, nur um am Ende zu merken, dass er sich selbst das Leben schwer gemacht hat. Politiker*innen machen es oft genauso und nutzen Lügen als Ausreden statt zur gesellschaftlichen Kooperation. Dadurch verschlimmern sie ihre Situation, statt sie zu verbessern.

Jedes Mal, wenn wir lügen oder täuschen – egal aus welchem Grund – riskieren wir einen Verlust an Glaubwürdigkeit und Vertrauen. Das gilt selbst für gut gemeinte oder kleine Lügen. Eltern erleben das mit Kindern, die sich herausreden wollen: Wie soll ich dir nächstes Mal glauben, wenn du mich jetzt anlügst?, fragen sie ihr Kind. Doch Kinder erleben das Gleiche umgekehrt mit ihren Eltern. Wenn sie ihre Eltern beim Lügen erwischen – sei es über den Weihnachtsmann oder ein dunkles Familiengeheimnis –, fragen auch Kinder sich, wie sie Erwachsenen noch glauben sollen. Und jedes Mal, wenn Politiker*innen beim Lügen erwischt werden, riskieren sie einen Autoritätsverlust. Täuschung, Doppelzüngigkeit und Lügen mögen zu unserem Leben gehören, aber Ehrlichkeit und Integrität sind uns dennoch wichtig, weil wir wissen, dass unregulierte, prinzipienlose Täuschung zu Unverlässlichkeit und Ungewissheit führt. Für ehrlich und verlässlich halten wir jene, die nicht in jeder Situation die Wahrheit sagen, sondern sich als nachdenklich erweisen, die gesellschaftliche Lage, die Bedürfnisse anderer und die mit ihren Aussagen verbundene Verantwortung bedenken. Sie sind, mit einem Wort, vertrauenswürdig.

Hilfreich ist die Unterscheidung zwischen »die Wahrheit sagen« und »wahrhaftig sein«. Stellen wir uns eine fürchterliche Situation vor: Ein deutscher Gegner des Nationalsozialismus schließt sich in Nazideutschland dem Widerstand an. Er beteiligt sich an einer Verschwörung zur Ermordung Hitlers, doch der Plan scheitert, er wird verhaftet und täglich verhört. Er soll Namen, Orte und Daten preisgeben. Stattdessen nennt er die Namen von Verstorbenen, Orte, an denen niemand ist, und erfundene Daten. Bei jedem Verhör lügt er, was das Zeug hält. Sagt er die Wahrheit? Nein. Verhält er sich *wahrhaftig* gegenüber dem Widerstand und den Millionen Opfern der Nazis? Eindeutig ja.

So erging es dem Pfarrer und Theologen Dietrich Bonhoeffer, der von Anfang an gegen die Nationalsozialisten war und sich schon früh dem Widerstand anschloss. Er beteiligte sich an einem Plan zur Ermordung Hitlers und wurde inhaftiert. Er wurde pausenlos verhört und log ständig, um andere Mitglieder des Widerstands zu schützen. Aus dem Gefängnis heraus schrieb er Briefe darüber: Jahrelang sei ihm gesagt worden, jeder ethisch verantwortungsvolle Mensch müsse stets »die Wahrheit sagen«, doch er lüge täglich und in großem Stil.[164]

Bonhoeffer schrieb, er sei trotz seiner Lügen »wahrhaftig« gewesen, denn Wahrhaftigkeit bedeute, die eigene Aussage im Lichte der Gesamtsituation zu betrachten: Die Wahrheit sei keine Konstante, sondern so lebendig wie das Leben selbst.[165] Lösen wir die Wahrheit von ihren Auswirkungen auf andere, sagen wir also die Wahrheit, ohne zu berücksichtigen, mit wem und in welchem Kontext wir sprechen, sieht sie zwar wie die Wahrheit aus, entbehrt aber ihrer zentralen Eigenschaft.[166] Anders gesagt: Man kann die Wahrheit sagen, ohne wahrhaftig zu sein. Hätte Bonhoeffer in den Verhören die Wahrheit, die ganze Wahrheit und nichts als die Wahrheit gesagt, hätte er seine Freunde verraten und anderen, ihm Unbekannten schrecklichen Schaden zugefügt. Für ihn war das Lügen eine Form der Wahrhaftigkeit und Vertrauenswürdigkeit.

Vertrauen, Treue, Solidarität, Fürsorge – aus diesen Gründen sollten wir die Wahrheit sagen oder eben nicht sagen. Die Lüge wird in unserem Leben nicht etwa zur Plage, weil sie die Wahrheit verletzt, sondern weil sie andere verletzt. Lügen können großen Schaden anrichten. Sie können zu dysfunktionalen Beziehungen, Selbsttäuschung und Selbstzerstörung führen. Familiärer Missbrauch drückt sich nicht nur in körperlicher Gewalt aus, sondern kann auch durch die Gewalt der Lüge entstehen. Selbsttäuschung kann zur Selbstschädigung führen. Lügen können Traumata, psychische Störungen und sogar körperliche Erkrankungen auslösen.

Karrieren und Ehen können scheitern, Freundschaften enden. Lügen ist keine Kleinigkeit.

Der Unterschied zwischen Lügen, die dennoch wahrhaftig sind, und schädlichen Lügen liegt eindeutig nicht in der Quantität. Es geht nicht darum, wie *häufig* wir lügen. Vielmehr besteht eine *qualitative* Differenz. Lügen und die Wahrheit sagen sind wie körperliche Berührungen zwischen Menschen: Die Qualität ist entscheidend. Wird nebenbei gelogen? Unter Zwang? Weil es erwünscht ist? Willkommen oder unwillkommen? Routiniert? Gewaltsam? Quantitativ gesprochen können in einer relativ gesunden Familie pro Woche mehr Lügen zusammenkommen als in einer dysfunktionalen. Ein gewalttätiges Familiensystem kann der Wahrheit sogar einen hohen Stellenwert einräumen, um die eine große Lüge von der Macht des Patriarchen zu zementieren.

Genauso verhält es sich mit der Lüge in der Politik. Wir müssen lernen, dieses Problem qualitativ und nicht quantitativ zu betrachten. In dieser Hinsicht hatte Weber Recht: Das Leben von Berufspolitikern unterscheidet sich qualitativ vom Leben anderer Leute. Sie arbeiten in sehr komplexen gesellschaftlichen Situationen mit vielen verschiedenen Menschen mit unterschiedlichen Interessen, Perspektiven und Erfahrungen. Somit sind sie hinsichtlich ihrer Facework größerem Druck ausgesetzt. Zudem stehen sie meist in der Öffentlichkeit und haben deshalb mehr Gelegenheit zur Täuschung. Und Berufspolitiker*innen haben mehr Macht als die meisten Menschen. Die Folgen ihrer Lügen können also schwer sein. Doch selbst im Licht dieser Unterschiede ist die Kluft zwischen der Alltagslüge und der Lüge in der professionellen Politik nicht so groß, wie wir oft meinen. Beide ermöglichen mehr oder weniger Wahrhaftigkeit, vereinzelte oder systematische Lügen und sind beide abhängig vom jeweiligen Kontext, der Qualität und der Vertrauenswürdigkeit – nicht von reiner Quantität, wie die professionellen Faktenchecker oft behaupten.

Warum lügen Politiker*innen?

Warum führen Politiker*innen uns in die Irre? Beginnen wir mit drei wichtigen und sogar guten Gründen. Erstens müssen Politiker*innen verschiedene Wähler*innen und Interessensgruppen ansprechen und erzählen ihnen deshalb unterschiedliche Dinge. Der Kandidat für den Kongress in meinem Wahlbezirk beispielsweise wird den Bauern sagen, die Landwirtschaft habe für ihn oberste Priorität oder den Universitäten Bildung als sein oberstes Interesse verkauft. Darauf reagiert man gerne mit der Vermutung, das könne nicht zugleich stimmen. Er kann schließlich nur eine oberste Priorität haben, oder? Er könnte allerdings antworten, dass die Landwirtschaft für ihn das Wichtigste sei, wenn es um die Verabschiedung der entsprechenden Gesetze gehe, und beispielsweise das Gesundheitssystem oberste Priorität habe, sobald dieses zur Debatte stehe. Er würde seinen jeweiligen Wählerinnen und Wählern natürlich nicht unter die Nase reiben, dass er auch andere Prioritäten hat. »Das hören die Leute nicht gern«, könnte er sagen. »Sie wollen nur wissen, dass mir ihre Anliegen wichtig sind, und meine Aufgabe ist es, ihnen das klarzumachen.« Mein Volksvertreter könnte sich tatsächlich eines Tages in Gesetzesverhandlungen befinden, in denen er sich zwischen zwei oder mehr dieser »obersten Prioritäten« entscheiden muss. In diesem Fall müsste er sich rechtfertigen und verlöre vielleicht sogar Wählerstimmen. Jedenfalls sagen Politiker häufig die Wahrheit, weil sie unterschiedliche Bevölkerungsgruppen mit verschiedenen Interessen und Erwartungen ansprechen müssen.

Ein weiterer Grund ist, dass der politische Prozess weiterlaufen muss. Eine Politikerin könnte ihrem Wahlkreis etwa vermitteln, einem bestimmten Problem gegenüber offen zu sein, wenn sie es in Wahrheit gar nicht ist. Oder sie verhält sich einem Politikerkollegen gegenüber in der Öffentlichkeit freundlich, obwohl sie ihn verachtet. Oder ihre Mitarbeiter*innen schreiben in ihrem Namen

Briefe an die Wähler*innen. Das sind Beispiele für Täuschung, bei denen die Politikerin kein schlechtes Gewissen hat. Das sollte sie auch nicht, denn es gehört im politischen Prozess eben dazu. Gleichzeitig könnte jedes dieser Täuschungsmanöver der Politikerin schaden: Manchen Wähler*innen könnte ihre »Offenheit« missfallen; ihre Schauspielerei gegenüber dem ihr verhassten Kollegen könnte sie Vertrauen kosten und ihre Mitarbeiter*innen könnten in einem der für sie verfassten Briefe einen Fehler machen. Die Beispiele zeigen, warum Politiker*innen lügen und welche Risiken sie dabei eingehen.

Der dritte Grund für Lügen von Politiker*innen ist erwartbar: Sie tun es, weil sie wissen, dass *die Wahrheit weh tun kann*. In manchen Fällen ist die Umgehung der Wahrheit leicht zu rechtfertigen; etwa, wenn die Wahrheit das Leben oder die Lebensgrundlage anderer zerstören könnte. Politiker*innen in Machtpositionen haben oft Zugang zu Informationen, die anderen schaden können, wenn sie an die Öffentlichkeit gelangen. Auch Weber folgerte, dass in solchen Situationen sogar die Notwendigkeit des Lügens bestehen könnte. Doch Politiker*innen lügen nicht nur, um andere zu schützen, sondern auch, um die eigene Haut zu retten. Diese Art der Lüge macht uns zu Recht zornig. Hannah Arendt würde uns wohl warnen, hier nicht voreilig zu urteilen, vor allem, wenn es um das Privatleben von Politiker*innen geht.

Zwischen Privatem und Öffentlichem besteht keine klare Trennlinie, doch es handelt sich um zwei verschiedene Bereiche: Wenn nichts privat ist, gibt es auch nichts Öffentliches. Wo auch immer die Grenze verläuft, sie hat eine wichtige öffentliche Funktion: Indem sie anzeigt, dass manche Dinge nicht öffentlich sind, schützt sie die Integrität des Öffentlichen. Paradoxerweise ist die Veröffentlichung sämtlicher Informationen das Gleiche wie das Verschieben aller Informationen in die Privatsphäre. Ein Beispiel ist die Geschichte von Josh Harris, der in den 1990er-Jahren zum Internet-Millionär wurde. Nachdem er mit Webcasting ein Vermögen gemacht hatte, beschloss er, das eigene Leben 24 Stunden täglich zu filmen und live zu senden. Er stattete seine Wohnung mit 30 Kameras und 60 Mikrofonen aus, ließ seine Freundin bei sich einziehen und schloss sich für ein halbes Jahr ein. Nichts blieb der Öffentlichkeit verborgen – weder der Gang zur Toilette noch die Pickel der Freundin. Das Experiment bestand laut Harris darin, alles öffentlich zu machen. Ebenso hätte er alles für privat erklären können, denn es ging darum, die Trennlinie zwischen Privatem und Öffentlichem aufzuheben und beide Begriffe gleichermaßen bedeutungslos zu machen.

Was geschah? Harris' Beziehung zu seiner Freundin schlief erst ein und wurde dann gewalttätig. Irgendwann verließ sie ihn. Harris wurde depressiv. Die Menschen sahen ihm nicht mehr zu, chatteten nicht mehr mit ihm, er war ihnen zunehmend egal und irgendwann alleine online. Rückwirkend wurde Harris' Geschichte zur gelebten Parabel auf die Problematik von Privatheit und Öffentlichkeit im Internetzeitalter. Doch es war gänzlich unnötig, die Parabel vorzuleben.

Selbst die führenden Köpfe des Silicon Valley brauchen Privatsphäre. Gleiches gilt für Politiker*innen. Um die Privatsphäre zu schützen, lügen sie. Kann man ihnen das zum Vorwurf machen? Soll jede Sünde allen offensichtlich sein?[167] Jede Schwäche publik gemacht werden? Wenn uns das Problem nicht direkt betrifft, dürfen wir dann die Wahrheit einfordern? Könnte das Publikmachen unser öffentliches Leben in ein Konglomerat von Klatschgeschichten verwandeln? Entscheiden wir, wer das öffentliche Vertrauen verdient hat, indem wir das Privatleben jener Menschen durchleuchten – und potentiell zerstören –, die unser Vertrauen gewinnen wollen? Wenn eine Politikerin oder ein Politiker lügt, um etwas Privates zu verheimlichen, das keinen direkten Einfluss auf das Vertrauen der Öffentlichkeit hat – beispielsweise, dass er oder sie als Kind missbraucht wurde –, ist das nicht nur verständlich, sondern diese Lüge ist ein politisches Gut. Sie schützt sowohl ihn bzw. sie als Person als auch die Integrität der Öffentlichkeit, indem sie die Privatsphäre der öffentlichen Person bewahrt.

Gleichzeitig gibt es viele weniger gute Gründe für Politiker*innen, zu lügen: rechtswidrige Affären mit Mitarbeiter*innen, Geschäfte im Hinterzimmer, Einflussnahme einer Lobby, Bestechung, Verleumdung, Manipulation von Fakten, um besser dazustehen, etc. Diese Skandale sind nicht nur Stolpersteine für die jeweiligen Politiker*innen, sondern auch für das Volk, dem sie dienen, weil sie direkte Auswirkungen auf das Vertrauen der Öffentlichkeit haben. Politiker*innen müssen zwar nicht immer die Wahrheit sagen, aber sie müssen grundsätzlich vertrauenswürdig sein. Wenn sie hinsichtlich von Angelegenheiten lügen, die uns direkt betreffen, verlieren sie unser Vertrauen.

Doch selbst diese Lügen haben etwas Gutes: Politiker*innen, die lügen, um eine für sie schädliche Wahrheit zu verbergen, zeigen damit eine – wenn auch seltsame – Form des Respekts für die Wahrheit: Sie erkennen implizit an, dass die Wahrheit Macht hat und für die Öffentlichkeit von Bedeutung ist. Sie wollen nicht die Wahrheit sagen, weil sie ihnen schaden könnte. Diese der Lüge innewohnende Hommage an die Wahrheit reicht sogar noch weiter, wenn Politiker*innen alles daransetzen, ihre Lügen als Wahrheiten erscheinen zu lassen. Als herauskam, dass der ehemalige US-Präsident Bill Clinton eine Affäre mit einer Angestellten hatte (was eindeutig das öffentliche Vertrauen betrifft, weil es sich um eine Affäre am Arbeitsplatz handelte), kam es zu einem berüchtigten Fernsehauftritt: Clinton deutete direkt auf die Kamera und verkündete: »Ich hatte keine sexuelle Beziehung mit dieser Frau.« Das war eine glatte Lüge, aber indem er log, erkannte Clinton indirekt an, dass die Wahrheit in dieser Sache so machtvoll war, dass sie versteckt werden musste. So sehr respektierte – besser: fürchtete – er die Wahrheit. Also versuchte er, seine Lüge wahr erscheinen zu lassen.

Das mag eine seltsame Form des Respekts vor der Wahrheit sein. Doch die Politik ist gerade deshalb voller merkwürdiger Ehrerweisungen an die Wahrheit, weil diese so mächtig sein kann. Skandale können in der Politik »explosiv« wirken, weil Wahrheit hier eine so wichtige Rolle spielt. In der »professionellen« Politik haben Tatsachen (wer hat was mit wem und wo getan) eine größere Bedeutung als im Alltag. Sie können die politische Stimmung sofort verändern. Lügen Politiker*innen, um unangenehme oder rufschädigende Wahrheiten zu verstecken, kann uns immerhin die Tatsache trösten, dass sie damit der Wahrheit Tribut zollen und ihre Lügen zwar kritikwürdig, aber nicht als solche eine Bedrohung der Rolle der Wahrheit in der Politik sind. »In diesem Sinne ist die Wahrheit, auch wenn sie sich in der Öffentlichkeit nicht durchsetzt, allen Unwahrheiten unweigerlich überlegen«, so Arendt.[168] In anderen Worten: Normale politische Lügen fußen stets auf der Wahrheit.

Schwieriger verhält es sich allerdings mit einer anderen Form der Lüge in der Politik: der Gewohnheitslüge, bei der die Politiker*innen *keinerlei Respekt vor der Wahrheit* zeigen. Darin liegt ein großes Problem. Wenn eine Gewohnheitslügnerin, ein Gewohnheitslügner ein politisches Amt innehat, vertrauen wir unsere Regierungsgeschäfte jemandem an, dem die Wahrheit gleichgültig ist. Problematisch sind zwar die Vertrauenswürdigkeit und Integrität solcher Politiker*innen. Die größte Schwierigkeit aber liegt darin, dass Gewohnheitslügner*innen nicht auf Wahrheit ansprechen und sich ihr deshalb eher nicht verpflichtet fühlen, weshalb sie als Politiker*innen nicht verantwortlich handeln werden.

Die Lügen und Unwahrheiten von Gewohnheitslügner*innen unterscheiden sich also von jenen, die im Umgang mit Wählern entstehen, den politischen Prozess in Gang halten oder das Gesicht der Lügnerin/des Lügners wahren sollen: Sie alle sind Formen der Lüge, die im vollen Bewusstsein der Wahrheit ausgesprochen werden. Gewohnheitslügner*innen jedoch lügen aus einer Missachtung der Wahrheit heraus, die sich in ein narzisstisches Machtstreben fügt. Der Unterschied zwischen normalen Lügner*innen und Gewohnheitslügner*innen besteht im Kern in der Differenz zwischen taktischen Lügen und solchen, die von Ehrgeiz und Einstellung getrieben sind.

Unter normalen Bedingungen lügen Politiker*innen, weil sie die politischen Gefahren der Wahrheit erkennen. Für solche Politiker*innen sind mögliche Skandale immer ein Risiko: Die Wahrheit kann wehtun. Weil sie die Lüge aber wahr erscheinen lassen wollen, zollen sie der Wahrheit einen merkwürdigen Tribut. Den aus Gewohnheit lügenden Politiker*innen fehlt hingegen jede Sensibilität für die Wahrheit. Sie sind sich bewusst, was durch ihre Aussagen auf dem Spiel steht, nicht aber, was es für ihre Beziehung zur Wahrheit bedeutet. Sie bemessen Worte ausschließlich relativ zur Macht. Der große Unterschied zwischen der normalen politischen Lüge und der politischen Gewohnheitslüge ist also, dass erstere die Wahrheit implizit respektiert, letztere aber nicht. Die eine bestätigt die Macht der Wahrheit, während die andere nicht weiß, was Wahrheit überhaupt ist.

Die Gewohnheitslüge ist dennoch nicht die gefährlichste Form der politischen Lüge. Diese besteht in der »organisierten Lüge«, einem Phänomen, das Arendt in ihren Betrachtungen offizieller Regierungslügen außergewöhnlich scharfsinnig untersucht hat. Die organisierte Lüge gleicht der Gewohnheitslüge insofern, als die Lügner*innen sich nicht um die Wahrheit scheren. Doch die organisierte Lüge ist vor allem ein geplantes, konzertiertes und breit organisiertes Täuschungsmanöver. Systeme sind mehr als Mechanismen von Ursache und Wirkung. Sie bieten unzählige Ansatzpunkte, Feedback-Mechanismen für ständige Anpassungen und die Möglichkeit der Erweiterung oder Einschränkung. Weil die zerstörerischsten Formen der Lüge systemischer Natur sind, behandelte Arendt die Lüge in der Politik eher im Kontext von Institutionen und sozialen Strukturen als in moralischen Kategorien.

Arendt zufolge liegen die historischen Wurzeln der heutigen organisierten Lügen weniger bei den Regierungen, sondern in der

Werbeindustrie und insbesondere im Aufkommen der Public Relations.[169] Edward Bernays (1891-1995), Begründer der Public Relations und – nicht zufällig – ein Neffe Sigmund Freuds, lehrte die Firmen, den Kundinnen und Kunden keine expliziten Gründe für den Kauf ihrer Produkte mehr aufzuzählen. Stattdessen sollten sie ihre Produkte mit einem Image, einer Identität oder einem Gefühl verbinden. Politiker lernten von Bernays, dass Politik eine Form des Verkaufens ist und es wirksame und zugleich subtile Wege der Beeinflussung oder Konditionierung gibt, mit denen sie Menschen ohne Nennung guter Gründe dazu bringen können, bestimmten Programmen, Plattformen, Maßnahmen oder Ideologien Glauben zu schenken. Für manche Ministerien und viele Geheimdienste war es, als hätten Bernays ihnen einen Zauberkasten geschenkt.[170]

Tatsächlich handelte es sich jedoch um die Büchse der Pandora, aus der neue Techniken der organisierten Lüge entsprangen: Propaganda, Desinformation, Doppelzüngigkeit, Inszenierung, das Sündenbock-Prinzip und Psychoterror. Diese Techniken sollen nicht die Meinung der Menschen ändern, sondern in erster Linie ihre Haltungen, Gefühle und Loyalitäten, und zwar im Interesse jener, die organisiert lügen. Eine korrupte Regierung kann aus einem Haufen von Gewohnheitslügner*innen bestehen, die egoistisch agieren, aber die organisierte Lüge bringt nicht nur korrupte Politiker hervor, sondern korrupte und gefährliche Formen antipolitischer Organisationen. Gewohnheitslügner ignorieren die Wahrheit, greifen sie aber nicht direkt an. Die organisierte Lüge ist ein direkter Anschlag nicht nur auf die Wahrheit, sondern auf die Politik selbst, weil sie »alternative Fakten« und falsche »Wahrheiten« fabriziert, die eben die Voraussetzungen der Wahrheitsfindung im politischen Diskurs unterlaufen. Opfer von organisierten Lügen können – wie Missbrauchsopfer – oft nicht mehr unterscheiden, wo oben und unten ist. Laut Arendt besteht die größte Gefahr des organisierten Lügens aber nicht darin, dass wir nicht mehr wissen, was *wahr* ist, sondern dass wir unsicher werden, was *wirklich* ist – denn die Realität ist das Terrain, dass die organisierte Lüge letztlich erobern will.

Wie Arendt *in Elemente und Ursprünge totaler Herrschaft* ausführt, war das organisierte Lügen die operative Logik Nazideutschlands und der Sowjetunion: Beide Staaten praktizierten Täuschung auf organisatorischer Ebene – nicht mit dem Ziel, Fakten zu umgehen oder die Wahrheit zu ignorieren, sondern neue »Fakten« und »Wahrheiten« zu schaffen. Der Totalitarismus ist ein organisiertes Labyrinth aus Täuschungen, sodass die Treue zu einer Wahrheit, die nicht bereits innerhalb des totalitären Systems angesiedelt ist, in höchstem Maße heldenhaft wird. Der Totalitarismus will täuschen, indem er das totalitäre System selbst mit der Wahrheit identisch macht. Die Große Lüge diente also zur Produktion einer Totalen – totalitären – Wahrheit.

Nicht alle organisierten Lügen sind so umfassend. In *Die Lüge in der Politik* untersucht Arendt, wie demokratische Staaten – allen voran die USA – sich an mörderischen Formen der organisierten Lüge beteiligt haben, indem sie etwa »Wahrheiten« über den Vietnamkrieg verbreiteten. Die organisierte Lüge gehörte in Kriegssituationen, verdeckten paramilitärischen Operationen und Atomwaffentests zum *modus operandi* der US-Regierung und ist heute, im 21. Jahrhundert, wieder allgegenwärtig.

Mit jeder Wahl oder großen politischen Debatte scheinen Teams von Programmierer*innen und Propagandist*innen über die sozialen Medien die verschiedensten organisierten Lügen zu verbreiten. Das Ziel solcher Operationen kann ein ganz bestimmtes sein, beispielsweise die Wahl eines Politikers oder die Ablehnung eines Referendums. Die durchtriebensten dieser Kampagnen zielen jedoch auf mehr als einen Wahlsieg und sind keine reinen »Spin«-Operationen. Sie arbeiten vielmehr an virtuellen Wirklichkeiten, alternativen politischen Universen und neuen »Wahrheiten«, die unter den Bürger*innen Misstrauen gegenüber

Fakten, Realitäten, der Verlässlichkeit von Institutionen und den eigenen Mitbürger*innen säen sollen. Damit wird letztlich das Vertrauen in die Demokratie selbst unterlaufen. Angesichts der Erfolge solcher Strategien im zweiten Jahrzehnt des 21. Jahrhunderts werden sie zweifellos in den kommenden Jahrzehnten nachgeahmt und ausgeweitet werden. Seien wir gewarnt: Gerade beginnt ein neues Zeitalter der organisierten Lügen.

* * *

Organisierten Lügen muss man mit organisierter Verteidigung begegnen. Verfassungen, Institutionen und tatsächlich auch Bürokratien sind die beste Verteidigung. Arendt mochte Politik zwar als spontanes »Geschehen« begriffen und einen »anarchischen« Zugang zur Politik gehabt haben (vgl. Kapitel 2) doch von ihrer Orientierung her war sie Republikanerin: Die Regierung spielte aus ihrer Sicht eine legitime und wichtige Rolle in unserem politischen Leben. Der Republikanismus, vor allem in seiner föderalen Ausprägung als vielschichtiges und differenziertes System republikanischer Regierungsstrukturen, war für sie ein politisches System, das andere – technologische, ökonomische, militärische oder administrative – Systeme in Schach halten kann, die andernfalls die Weltherrschaft anstreben und die Politik gänzlich auslöschen würden.[171]

Ehe wir aber bereit sind, uns gegen die organisierte Lüge zu verteidigen, müssen wir etwas Grundsätzlicheres tun: *erkennen, dass nicht alle politischen Lügen einander gleichen.* Das organisierte Lügen gewinnt auch deshalb an Boden, weil so viele von uns der Politik gegenüber zynisch geworden sind. Im Zuge dessen werfen wir alle Lügen auf den Müllhaufen der Politik. Wir müssen den Müll aber dringend sortieren. Im 20. Jahrhundert hatte der Lügendetektor nur zwei Register: wahr oder gelogen. Im 21. Jahrhundert benötigt er viele Register, die auf einer Skala nach dem Schweregrad der Lügen angeordnet sind. Wir dürfen nicht alle Lügen gleich behandeln.

Wenden wir uns nochmals normalen Politiker*innen und deren normalen Lügen zu. Diese sind durch den Druck der Öffentlichkeit stark konditioniert, können sich widersprüchlich verhalten und sind aufgrund der Kluft zwischen privatem und öffentlichem Auftreten anfällig für Skandale. Die Gewohnheitslügner*innen sind schlimmer: Sie sind immun gegen Skandale, weil Fakten in ihrer Welt ohnehin nichts gelten. Arendt hielt beide Typen für problematisch, letztere jedoch mehr als erstere. Und beide konnten ihrer Meinung nach nicht bestehen: »Unter normalen Umständen kommt der Lügner gegen die Wirklichkeit, für die es keinen Ersatz gibt, nicht auf [sic!]; so groß das Gewebe aus Unwahrheiten eines Lügners auch sein mag, es wird doch […] niemals groß genug sein, um die Unendlichkeit des Wirklichen zuzudecken.«[172] Arendt vertraute darauf, dass sich Fakten in der demokratischen Politik meist durchsetzen.

Aber nicht immer. Das Organisierte Lügen verdeckt (wenigstens eine Zeitlang) die »Unendlichkeit des Wirklichen«, vor allem, wenn es mit Angst und Ressentiments in Verbindung steht. So kann man zu einem Punkt gelangen,

> an dem das Leben davon abhängt, dass man so handelt, als ob man der Lüge vertraute; dann verschwindet Tatsachenwahrheit und ihre Verlässlichkeit völlig aus dem öffentlichen Leben, und damit auch der wichtigste stabilisierende Faktor im dauernden Wandel menschlichen Tuns.[173]

Totalitäre Organisationen sind laut Arendt schlicht dies: Organisationen. Sie sind eher vom Zentrum zur Peripherie hin organisiert als von oben nach unten und sind abhängig von vielen Untergruppen – Geheimpolizei, der Parteihierarchie, Parteimitgliedern, Berufsverbänden und Frontorganisationen –, die viel mehr erreichen als nur erzwungenen Gehorsam.[174] Totalitäre Organisationen wollen die Bedeutung von »Wirklichkeit« und damit das Leben der Menschen beherrschen – ihre Wahrheiten und Fakten, Gedanken und Haltungen, ihr Reden und Handeln. Diese »totale« Agenda ist der Grund, warum der Totalitarismus unausweichlich auf mehr als organisierte, geplante und koordinierte Täuschungsmanöver zurückgreift. Um sein Endziel zu erreichen, braucht er Waffen, Armeen, Panzer, Polizei und Konzentrationslager.

»Wahrhaftigkeit«, so Arendt, »zählte niemals zu den politischen Tugenden, und die Lüge galt immer als ein erlaubtes Mittel in der Politik.«[175] Viele von uns mögen die Politik gerade deshalb nicht, weil die Wahrhaftigkeit dort wenig geschätzt wird. Wir halten die Politik insgesamt für verdächtig. Ich will niemanden davon überzeugen, dass es in der Politik um die Wahrheit, die ganze Wahrheit und nichts als die Wahrheit geht – oder gehen sollte. Das Model der Wahrhaftigkeit aus der Zeit der Aufklärung ist nicht nur unrealistisch, sondern für den Umgang mit der Wirklichkeit unzureichend. Die politische Welt ist zu wertvoll und fragil, um sie Kants strenger Maxime zu unterwerfen: »Es ist also ein heiliges, unbedingt gebietendes, durch keine Convenienzen einzuschränkendes Vernunftgebot: in allen Erklärungen wahrhaft (ehrlich) zu sein.«[176]

Kants Fehler liegt in der Missachtung qualitativer Unterschiede zwischen den Lügen. Eine normale Lüge kann im Namen der Wahrhaftigkeit und Vertrauenswürdigkeit ausgesprochen werden, oder um Korruption oder Skandale zu verschleiern. Ein Gewohnheitslügner lügt, weil es ihm Macht verschafft oder zweckdienlich ist, und kümmert sich nicht um die Wahrheit. Die organisierte Lüge weiß um die Wahrheit, will aber im Dienst von Macht- und Profitstreben ihre eigenen »Wahrheiten«, gar »Wirklichkeiten« generieren.

Es sind also nicht alle Lügen gleich. Wenn wir sie alle gleichbehandeln und uns wie ahnungslose Pilzsammler verhalten, vergiften wir uns selbst. Doch die meisten von uns sind nicht so. Die meisten von uns erkennen intuitiv und explizit, dass nicht alle Lügen gleich sind. Die Schwierigkeit liegt in der Unterscheidung der verschiedenen Formen der Lüge. Dabei kommt es, wie auch sonst in der Politik, auf die Qualität unserer politischen Urteile an.

5

Warum wir die Rhetorik brauchen

Platons *Höhlengleichnis* ist der vielleicht bekannteste fiktionale politische Text aller Zeit. Erzählt wird von einer Gruppe Menschen, die alle in einer Höhle angekettet sind und ihr Leben lang auf eine Wand blicken. Die sich an der Wand bewegenden Schatten stammen von Puppenspielern hinter den Menschen. Die Menschen halten die Schatten für wirklich, bis ein Gefangener befreit und nach draußen in die Welt gebracht wird. Er sieht zum ersten Mal, was die Wirklichkeit *wirklich* ist, fühlt sich befreit und kehrt in die Höhle zurück, um den anderen von der Welt da draußen zu berichten. »Da draußen ist eine helle Welt!«, ruft er. Die anderen reagieren erst verwundert, dann wütend. »Das bildest du dir ein«, rufen sie und machen ihn lächerlich. »Wie kannst du so mit uns reden?«, protestieren sie. Sie rufen, man solle den eben Befreiten töten.

Für Platon war das Höhlengleichnis eine persönliche Angelegenheit. 399 v. Chr. wurde sein geschätzter Lehrer Sokrates von den Bürgern Athens mit der Begründung hingerichtet, er habe »die Jugend korrumpiert«. Sokrates' Hinrichtung gehört in der Geschichte zu den berüchtigten Beispielen demokratischer Exzesse. Die Bedeutung von Platons Gleichnis lässt sich leicht entschlüsseln: Die Höhle ist die demokratische politische Gemeinschaft (*polis*); der befreite Gefangene steht für jene die, wie Sokrates, aus dem Schattentheater der *polis* herausgetreten sind und die Wahrheit gesehen haben; und die verbliebenen Gefangenen sind die

Inhaftierung/ Aufklärung

sturen, unwissenden und gewalttätigen Mitglieder (*demos*) der Demokratie, die lieber unterhaltsamer Rhetorik lauschen, als aufgeklärten Experten zuzuhören.[177]

Bestimmt können einige Leser*innen das nachfühlen. Bestimmt waren einige schon von der Ignoranz der Menschen irritiert oder fassungslos angesichts unserer Bereitwilligkeit, alles zu glauben, was wir hören. Bestimmt hatten manche schon das Gefühl, die Demokratie sei vielleicht keine so gute Idee, weil wir so verführbar und schlecht informiert sind. Es gibt vieles, was uns an der Praxistauglichkeit der Demokratie zweifeln lässt, und noch mehr, was uns zu Zynikern macht. Jeder, der im Privatfernsehen die hysterischen Moderatoren gesehen hat, von fürchterlichen Wahlkampfspots behelligt wurde oder mitbekommen hat, wie frei erfundene »Nachrichten« viral gingen, sollte sich nicht nur von diesen Phänomenen abgestoßen fühlen, sondern auch von der Tatsache, dass Millionen von Menschen Gefallen an diesem Schmierentheater finden. Nicht zufällig lautet das Motto der *Washington Post*, in Anspielung auf Platons Gleichnis: »Die Demokratie stirbt im Dunklen.«[178]

Bestimmt sympathisierte Hannah Arendt mit dieser Demokratiekritik. In der Demokratie sah sie das Potential einer gefährlichen Täuschung, der Demagogie und sogar des Totalitarismus. Der Dystopie von Platons Höhlengleichnis entsprachen zu ihrer Zeit die Propaganda- und PR-Kampagnen, die in die gänzliche Beherrschung des menschlichen Lebens durch mächtige, egoistische Produzenten von Bildern und Botschaften münden konnten. In *Elemente und Ursprünge totaler Herrschaft* leitet Arendt die Entstehung des Totalitarismus auch aus der Apathie, Ignoranz und Wut der Menschen her. Wir dürfen nicht vergessen, dass Hitler eine Demokratie anführte – wenigstens dem Namen nach.

Dennoch zog Arendt aus den Katastrophen, deren Zeugin sie wurde, nicht die gleichen Schlüsse wie Platon aus dem ungerechten Tod des Sokrates. Den Ausweg aus den Illusionen der Demokratie sah Platon in den Entfesselungskünstlern – einer Gruppe von Experten, die ermächtigt sind, anderen den richtigen Weg zu weisen, sie sanft auf den rechten Weg zu führen wie Lehrende ihre Schüler*innen oder Eltern ihre Kinder.[179] Platon hätte der Botschaft auf der »Fact Checker«-Seite der *Washington Post* zugestimmt: Wir müssen uns an Expert*innen wenden, die fähig sind, »die Wahrheit hinter der Rhetorik« zu erkennen.[180] Arendt hingegen betrachtete die Herrschaft der Expert*innen als ebenso große Gefahr wie die Unwissenheit des Volks. Beides in Kombination hielt sie für eine der größten politischen Gefahren, weil das Volk damit zur Marionette der Experten werden kann. Das Gegenmittel zu demokratischen Desastern war für Arendt nicht ein Mehr an Fachwissen, sondern eine bessere Demokratie, in der wir uns nicht aus dem »Erscheinungsraum« zu befreien suchen, sondern lernen, die verschiedenen Erscheinungen zu unterscheiden. Eine Demokratie, in der wir die Wahrheit nicht durch Rhetorik verschleiern, sondern authentischer Rhetorik genügend Raum zur Entfaltung geben.

Die Formulierung »authentische Rhetorik« mag verwundern.[181] Ist Rhetorik nicht etwas Schlechtes, eher ein Problem als eine Lösung? Über Generationen hinweg haben aufgeklärte Experten uns erzählt, »Rhetorik« sei nichts als Täuschung, eine Nebelkerze, oder, in den Worten des aufklärerischen Philosophen John Locke, »vollkommener Betrug«.[182] Soweit bekannt ist, erfand Platon das Wort Rhetorik (*rhêtorikê*) als Beleidigung: Ausgehend vom griechischen *rhema* (Wort) prägte er »Rhetorik«, um zu beschreiben, wie Politiker und Verkäufer Worte nutzen, um die Menschen zu täuschen und in dunkle Schatten zu hüllen.[183] An eben diese verbalen Tricks denken wir auch heute, wenn wir über Rhetorik sprechen. Was könnte sie also Gutes bewirken? In Platons Verständnis nicht viel. Doch eine anders begriffene Rhetorik kann tatsächlich viel Gutes bewirken.

Dieses andere Verständnis bieten uns Arendts Gedanken über die wichtige Rolle der Überredung im politischen Leben und Aristoteles' Überlegungen zur Rolle der Rhetorik in der Demokratie. Hier widersprach Aristoteles seinem Lehrer Platon: Für ihn warf sie keine Schatten, sondern war eine bedeutsame bürgerliche Kunst der Überredung. Er ging so weit, sie als den ethischen Zweig der Politik zu bezeichnen.[184] Für ihn machte sie im Kern die Bürgerschaft aus, weil sie bestimmt, *wie* wir als *Bürger* miteinander sprechen. Die Kennzeichnung *als Bürger* ist hierbei entscheidend. Aristoteles zufolge sprechen wir in der Rhetorik miteinander nicht wie Lehrende mit Schülern, Eltern mit Kindern, Ärzte mit Patienten, Geistliche mit Gemeindemitgliedern oder Schlaumeier mit Idioten, sondern als Bürger mit Bürgern. Wir sprechen miteinander als *Gleiche*.

Rhetorik kann missbraucht werden. Sie kann ihre Schatten werfen. Doch eine alte Maxime besagt, dass Missbrauch den guten Gebrauch nicht negiert. Aristoteles und Arendt meinten, dass wir die Rhetorik aus dem gleichen Grund bräuchten wie die Politik: Angesichts aller anderen Anforderungen und Zwänge in unserem Leben müssten wir miteinander in Freiheit und als Gleiche sprechen. Dies tun wir laut Arendt durch »the arts of persuading and arguing«[185] oder, nach Aristoteles, durch die »Rhetorik«. Wenn jemand mehr zu Fuß gehen und weniger mit dem Auto fahren soll, kann ich diese Person auf mindestens drei verschiedene Arten dazu bringen. Ich kann sie *zwingen*, wie ein Gesetzgeber. Oder ich kann sie *manipulieren* – mit Werbung, falschen Versprechungen und indem ich Schuldgefühle verursache. Ich kann sie aber auch überzeugen; sie mit Beispielen, Argumenten und emotionalen Appellen zu der Ansicht bringen, dass mehr Gehen und weniger Fahren eine gute Sache ist. Authentische Rhetorik ist nach Aristoteles Überzeugung, nicht Zwang oder Manipulation.

Arendt war der Meinung, die Katastrophen der Demokratie gründeten fast immer auf Zwang oder Manipulation, nicht auf Überzeugung. Die Gefangenen in Platons Höhle wandten sich gegen den aufgeklärten Mann, die Bürger von Athen gegen Sokrates, und wir wenden uns gegeneinander. Das liegt nicht an fehlendem Expertenwissen, wie Platon meinte. Es liegt vielmehr an unserer manipulativen und feindseligen Art, miteinander zu reden. Wir wenden Gewalt an, entweder in Form von Recht und Gesetz oder durch die Erzeugung von Emotionen wie Angst, Paranoia, Hass und Ressentiments. Mehr Wissen wird daran nichts ändern, sondern könnte die Situation sogar verschlimmern, weil Experten möglicherweise durch die schleppende Überzeugungsarbeit frustriert sind und zu Gewalt greifen. Platon sah den einzigen Weg zur Aufklärung der Menschen in einer Demokratie im Zwang und in »untadelige[n] Täuschungen«.[186] Andenfalls gäben sich die in Ketten liegenden Menschen mit ihrer Situation zufrieden.

Dieses Kapitel ist ein Plädoyer für die Rhetorik. Die voranstehenden beiden Kapitel haben sich mit der Bedeutung der Urteilskraft bei der gemeinsamen Unterscheidung von wahr, falsch, gut, schlecht, richtig, kriminell, vertrauenswürdig oder unzuverlässig beschäftigt. In Kapitel 3 wurde die politische Urteilskraft als Kennerschaft beschrieben, mit der man ein Thema aus verschiedenen Perspektiven betrachtet, um zu einem Urteil zu gelangen. Diese Urteilsbildung findet hauptsächlich in unseren Köpfen statt: Es sei nötig, »dass man seine Einbildungskraft lehrt, Besuche zu machen«, so Arendt.[187] In Kapitel 4 wurde die politische Urteilskraft genutzt, um zwischen verschiedenen Arten der Lüge in der Politik zu unterscheiden. Das vorliegende Kapitel untersucht, inwiefern das Urteilen auch von den Geschehnissen außerhalb unserer Köpfe abhängt: Wenn wir zu qualitativen politischen Urteilen gelangen wollen, müssen wir erst den Argumenten anderer Gehör schenken und dann urteilen. Vielleicht müssen wir auch selbst Argumente anbringen, andere bitten, uns zuzuhören und zu beurteilen, was wir sagen und wie wir es sagen. Aristoteles bezeichnete die Kunst des Redens, Zuhörens und Urteilens als Rhetorik. Wenn Politik die Kunst ist, mit der wir unsere gemeinsame Welt mit anderen frei formen und umformen, dann ist Rhetorik die Kunst, mit der wir versuchen, andere für dieses gemeinsame Vorhaben zu gewinnen und uns selbst ermöglichen, von den Anliegen anderer eingenommen zu werden.

Wissen ist nicht Macht

Platons Höhlengleichnis ist für Arendt eine zentrale politische Erzählung. Das liegt jedoch nicht an den darin enthaltenen Lehren über die Borniertheit der Menschen und die Tugenden der Philosophie, sondern eher an der zeitlosen und wirkmächtigen Kritik einer Politik der Eliten und Expert*innen: *Die Menschen wissen nicht, was wir wissen.*[188] Expertinnen und Experten aus der Wissenschaft sagen über die Erderwärmung: »Wir wissen, wodurch sie ausgelöst wird. Wir wissen, welchen Schaden sie anrichtet. Wir wissen, wie wir sie verlangsamen oder anhalten können. Wir wissen, wie wir die Folgen lindern können.« Expertinnen und Experten für Ehe und Familie sagen: »Die Datenlage zeigt klar, dass Haushalte mit beiden Elternteilen wirtschaftlich besser dastehen als Alleinerziehende. Die psychologischen Vorteile bei Paaren, die zusammenbleiben, sind wissenschaftlich erwiesen. Zahlreiche Studien zeigen, dass es Kindern empathischer Eltern besser geht als Kindern distanzierter Eltern.« Expertinnen und Experten für Makroökonomie sagen: »Es ist bewiesen, dass die Anhäufung von Kapital langfristig Innovationen vorantreibt. Wir wissen, dass Gewerkschaften zu Lohnerhöhungen und zu geringeren Gewinnen der Unternehmen führen und Innovationen somit einschränken.« Weil Expertinnen und Experten soviel wissen, reagieren sie überrascht und frustriert, wenn andere ihnen nicht zuhören. Die gleiche Frustration empfinden wir, wenn uns niemand Gehör schenkt, obgleich wir wissen, wovon wir reden.

Fachwissen hat seinen Platz, es ist gut und wichtig.[189] Natürlich würden wir nicht wollen, dass ein Freizeitpilot unseren Linienflug steuert oder wir von einer Chirurgin operiert werden, die nur ungefähr weiß, was sie tut. Expertise in der demokratischen Politik hingegen ist nicht uneingeschränkt gut – und wir sollten besonders vorsichtig sein, wenn sie so dargestellt wird. Jede Person – ob Wissenschaftler*in, Arzt*Ärztin, Geistliche, Ökonom*in, Ingenieur*in, Professor*in oder General*in –, die in einem bestimmten Bereich Expertise für sich beansprucht, trifft damit nicht nur eine Aussage über sein Wissen, sondern auch über seine *Autorität*. Diese ist auch »berechtigt« und verdient. Expert*innen wissen mehr als wir, sie haben hart dafür gearbeitet. In der Arztpraxis, im Klassenzimmer, im Labor oder auf der Kanzel hören wir zu Recht auf Expert*innen, die innerhalb ihres Fachbereichs mehr wissen als wir. Wenn ihr Wissen echt ist, verfügen Expert*innen über echte Autorität.

In der Politik hingegen ist Expertise problematisch: Politische Autorität entsteht nicht durch akademische Titel. Sie ist letztlich nie abhängig von Wissen, sondern den offiziellen und inoffiziellen politischen Mechanismen von Gesetz und Tradition, welche die Ausübung von Autorität in der politischen Sphäre legitimieren. Es mag problematisch sein, eine ahnungslose Person ins Präsidentenamt zu wählen, aber es ist nicht illegitim. Jemand, der medizinisch unwissend ist, sollte nicht operieren dürfen, doch politische Unwissenheit hindert niemanden daran, politische Autorität auszuüben – und sollte es auch nicht. Politische Autorität kommt eben von der Politik. Zudem kann sie nicht direkt von Expertenwissen abgeleitet werden, sondern nur von den zwischenmenschlichen politischen Fähigkeiten der Vertrauensbildung, Urteilsfindung und der Bereitschaft, mit anderen zusammenzuarbeiten, Kompromisse einzugehen, zu debattieren und Dialoge zu führen.

Kurz: Die Autorität von Expert*innen ist verdient und akkreditiert. Politische Autorität dagegen wird zugestanden und konstituiert. Die Macht der Expert*innen entstammt ihrem Fachwissen; die Macht der Politiker*innen entsteht durch die Kooperation von Menschen. Expert*innen in der Politik sind nicht deshalb gefährlich, weil sie uns sagen, was zu tun ist, sondern weil sie politische Autorität und Macht durch die Autorität und Macht des Wissens ersetzen. »Wissen ist Macht« trifft im Ingenieurwesen zu, nicht aber in der Politik.[190] »Expert*innen« in der Politik sind immer mit der Gefahr des Autoritarismus verbunden. Arendt bezeichnete sie gar als totalitäre Gefahren.[191]

Ein unvollkommenes, aber hilfreiches Beispiel ist das folgende: Die Bewohner*innen eines studentischen Wohnheims sind unzufrieden mit der Auswahl in der Cafeteria. Sie wenden sich an die Leitung und erbitten eine größere Auswahl. Die Leitung muss nun eine Entscheidung treffen: Sie könnte das Problem durch einen Dialog mit den Studierenden angehen und die »Lösung« von dieser Diskussion abhängig machen, oder sich auf ihre »Expertise« berufen und den Studierenden sagen, sie müssten sich mit der Situation abfinden. Der zweite Ansatz könnte mit Recht als »autoritär« wahrgenommen werden, denn das ist er. Immer, wenn jemand die politische Sphäre aus einer Expertinnen- oder Expertenposition heraus betritt, läuft er Gefahr, autoritär zu werden.

Im Fachwissen sah Arendt ein »totalitäres« Potential, das noch über den Autoritarismus hinausgeht. Sie sorgte sich, dass es Expert*innen nicht genügen würde, die Menschen zu überzeugen. In der Politik, vor allem in Machtpositionen innerhalb der Regierung, könnte es sich für sie lohnen, Lügen zu propagieren und Fakten zu manipulieren. Expert*innen berufen sich laut Arendt nicht nur auf ihr Faktenwissen, sondern auch auf die Macht ihrer Theorien. Angesichts von Spannungen oder gar Widersprüchen zwischen bestimmten Fakten und den jeweiligen Expertentheorien könnten sie versucht sein, unangenehme Tatsachen zu ignorieren oder, schlimmer noch, sie durch Lügen und Täuschung ihren Theorien anzupassen.[192] Expert*innen in politischen Autoritätspositionen laufen besonders Gefahr, so zu handeln, wenn sie das Gefühl haben, ihre Position hänge von der Überzeugungskraft ihrer Theorie ab. Basiert ein politisches Regime seine Legitimation auf Wissen, Wissenschaft oder Theorien, könnte es mit allen Mitteln versuchen, all jene Fakten zu verstecken, zerstören oder manipulieren, die diese Grundlage bedrohen. Arendt untersucht in *Elemente und Ursprünge totaler Herrschaft* ausführlich, dass sowohl das nationalsozialistische als auch das bolschewistische Regime sich zur Legitimierung je auf eine dubiose »wissenschaftliche« Grundlage beriefen: die Rassenlehre und die Geschichts- und Wirtschaftswissenschaft. Dass beide Regime hochpropagandistisch vorgingen, hielt Arendt nicht für ein bloß zusätzliches Phänomen, sondern für eine Folge der Bezugnahme auf die Wissenschaft.[193]

Im Kalten Krieg vertraten US-amerikanische Experten für Außenpolitik die so genannte »Dominotheorie« über die Ausbreitung des Kommunismus. Sie besagte, dass eine Verankerung des Kommunismus selbst in einer entlegenen Gegend der Welt dazu führen könnte, dass auch die übrigen Länder wie Dominosteine dieser Ideologie erliegen würden. Die Dominotheorie lag den verschiedensten Unternehmungen der USA im Kalten Krieg zugrunde – vor allem dem Vietnamkrieg, über den die Regierung die amerikanische Bevölkerung wiederholt und systematisch belog. Arendt zufolge war der Glaube amerikanischer Experten für Außenpolitik an diese Theorie der Grund für diese organisierten Lügen. Bald schon wurde die Theorie durch Fakten widerlegt.[194] Statt sie zu revidieren, logen das Pentagon und das Weiße Haus wieder und wieder. Im dunklen Schatten ihrer Lügen starben über 200.000 alliierte Soldaten in Vietnam.

Wie wir gesehen haben, sind Expert*innen in der Politik nicht aufgrund des Wissens problematisch. Es ist nicht schlimm, dass sie mehr wissen als wir. Problematisch ist vielmehr, was diese Menschen mit ihrem Wissen und ihrer Expertise *tun* und wie sie mit anderen Mitgliedern ihrer politischen Gemeinschaft *sprechen*. Wenn ich mich auf mein Fachwissen hinsichtlich eines bestimmten Themas berufe und allen anderen sage, sie müssten kooperieren, spreche ich auf autoritäre Weise. Wenn ich lüge, um meiner Expert*innentheorie widersprechende Fakten passend aussehen zu lassen, manipuliere ich nicht nur meine Mitmenschen, sondern auch unsere Welt. Wenn ich viel mehr über ein Thema weiß als andere oder so tue, als wisse ich mehr, werde ich meine Mitmenschen eher nicht als Gleiche ansprechen – falls ich überhaupt mit ihnen rede. Ich kann sie belehren, ermahnen oder herumkommandieren, aber ich werde ihnen wahrscheinlich nicht begegnen, als seien wir gleichberechtigt. Politik und insbesondere demokratische Politik verlangt eben, dass wir miteinander *als Gleiche* diskutieren.

Von gleich zu gleich sprechen

In den vergangenen Jahrhunderten basierten die einflussreichsten Plädoyers für die Gleichheit der Menschen auf dem Argument, wir seien »von Natur aus« gleich. Im 16. Jahrhundert erklärte Thomas Hobbes, im »Naturzustand« seien alle Menschen gleich. Jeder habe zwar verschiedene Fähigkeiten und Möglichkeiten, doch die Tatsache, dass die Menschen sich gegenseitig töten könnten, mache sie einander gleich.[195] Eine bemerkenswerte Gleichheitstheorie! Eine Generation später argumentierte John Locke ebenfalls, dass die Menschen im Naturzustand gleich seien (wobei er hier eher die Männer meinte). Locke konzentrierte sich jedoch nicht auf die Fähigkeit, einander zu töten, sondern auf »Naturrechte« hinsichtlich Leben, Freiheit und Besitz.[196] Hierin folgten ihm die Verfasser der amerikanischen Unabhängigkeitserklärung mit ihrer berühmten Formulierung: »Wir halten diese Wahrheiten für ausgemacht, dass alle Menschen gleich erschaffen worden, dass sie von ihrem Schöpfer mit gewissen unveräußerlichen Rechten begabt worden, worunter sind Leben, Freiheit und das Bestreben nach Glückseligkeit.« Jean-Jacques Rousseau formulierte im 18. Jahrhundert den Konsens, nachdem alle Menschen gleich geboren und nur durch gesellschaftliche Normen, Sitten und Strukturen ungleich würden.[197] Alle Ungleichheiten wären demnach das Produkt sozialer oder politischer Kräfte. Gleichheit sei *natürlich*, Ungleichheit *künstlich*.

Arendt wurde nicht müde zu betonen, wie unzutreffend diese Behauptung ist. Menschen sind definitiv nicht von Natur aus gleich, nicht einmal mit Hobbes Argumentation, wir seien alle »gleichermaßen« in der Lage, einander zu töten (was wir nicht sind!).[198] Laut Locke mögen uns unsere Natur, Fähigkeiten und Macht gemeinsam sein,[199] aber um von Natur aus gänzlich gleich zu sein, müssten wir identisch sein. Die Atome von Isotopen sind von Natur aus gleich, weil sie von Natur aus identisch sind. Hingegen wird jeder Mensch als einzigartiges Individuum geboren. Wir sind von Natur aus ungleich, weil niemand von uns einem anderen Menschen auf der Erde völlig gleicht, selbst bei gleicher Hautfarbe, Sprache oder gleichen Genitalien. Unsere Nichtidentität ist der Kern dessen, was Arendt als »Pluralität« der *conditio humana* begrüßte: Wir sind plural, nicht singulär. Personen, nicht Atome.

Aus Arendts Sicht ist der Gleichheitsgedanke deshalb keineswegs nutzlos: Freiheit und Gleichheit sind die wichtigsten politischen Begriffe, weil wir nur innerhalb der politischen Gemeinschaft zu Gleichen werden. Gleichheit ist eine *politische Errungenschaft*.[200] Für sie haben Menschen protestiert, gekämpft, Opfer gebracht und immer wieder politische Gemeinschaften begründet. In einer Demokratie werden Individuen – die »von Natur aus« ungleich sind – zu Gleichen. Selbst Regierende gleichen den innerhalb des gesetzlichen Rahmens Regierten.

Arendt wies darauf hin, dass im antiken Griechenland deshalb nicht von »natürlicher Gleichheit« die Rede war. Den alten Griechen war klar, dass die Natur die Menschen nicht zu Gleichen machte. Vielmehr verwendeten sie die Begriffe Isonomie (von griech. *isotês*, gleich) und *Nomos* (Gesetz). Arendt erklärt Isonomie als »Gleichheit im Rahmen des Gesetzes«[201] oder, wie wir sagen würden, »Gleichheit vor dem Gesetz«.Sie schrieb: »Die Isonomie garantierte *isotês*, Gleichheit, aber nicht weil alle Menschen als Gleiche geboren oder von Gott geschaffen sind, sondern im Gegenteil, weil die Menschen von Natur her (*physei*) nicht gleich sind und daher einer von Menschen errichteten Einrichtung bedürfen, nämlich der Polis, um kraft des Gesetzes (*nomos*) einander ebenbürtig zu werden.«[202] Genau wie wir zusammenarbeiten, wenn wir zum Schutz vor der unwirtlichen Natur Häuser errichten, treten wir in eine demokratische politische Gemeinschaft ein, die uns zu Gleichen macht, und schaffen damit einen Schutz vor einigen der negativen Folgen unserer natürlichen Ungleichheit.

Dass die Gleichheit vor dem Gesetz ein »künstliches« Phänomen ist, sollte uns nicht beunruhigen. Auch Architektur, Landwirtschaft und Bildung sind künstlich erschaffen. Das menschliche Leben ist in vielfacher Hinsicht künstlich. Wir erschaffen alles Mögliche: Güterzüge, Gesetze und Gedankengebäude. Angesichts dieser Tatsache sollten wir unsere Existenz nicht weniger ernst, sondern ernster nehmen. Wir müssen uns fragen, welche Kultur wir schaffen, zu welcher Welt wir unseren Beitrag leisten wollen. Von welchen Kräften wollen wir regiert werden? Welche Individuen wollen wir als Gleiche betrachten, und anhand welcher Kriterien? Diese wichtigen politischen Fragen kann die »Natur« nicht automatisch für uns lösen.[203]

Demokratische Verfassungen machen uns zu Gleichen. Dass sie dies künstlich tun, mindert ihre Kraft oder Bedeutung nicht – auch wenn wir oft meinen, das Künstliche müsse dem Natürlichen unterlegen sein. Viele Behauptungen über die Zukunft der Künstlichen Intelligenz, Cyborgs und die posthumane Welt klängen weit weniger fantastisch, wenn wir uns daran erinnern würden, dass das menschliche Leben, soweit wir es kennen, schon immer künstlich war. Von Anfang an haben wir Feuer gemacht, Werkzeuge hergestellt und Symbole benutzt. Die von neuen Technologien und medizinischen Möglichkeiten aufgeworfenen Fragen führen uns zu einer im Kern politischen und grundlegenden Frage zurück: Wie wollen wir unser Zusammenleben gestalten?

Wie wir in Kapitel 1 gesehen haben, besteht Politik nicht nur aus Verfassungen. Sie ist eine dreidimensionale Kunst, zu der auch die

Künste des Regierens und der Bürgerschaft gehören. Die Kunst der Rhetorik ist für diese beiden nützlich, weil die Sprache ein wesentliches Instrument des Aushandelns menschlicher Beziehungen ist. Verschiedene Redeweisen korrelieren mit verschiedenen Arten menschlicher Beziehungen: Ein Befehl korreliert mit einer Beziehung zwischen Menschen mit ungleicher Autorität. Werbung korreliert mit einer Beziehung zwischen Käufer*innen und Verkäufer*innen. Für Aristoteles war die Rhetorik eine Form der Sprache, die mit Beziehungen zwischen politisch Gleichen korrelierte: Sie lehre uns, miteinander als Gleiche zu sprechen.

Eben deshalb, so Aristoteles, könnten wir die Rhetorik besser oder schlechter, demokratischer oder weniger demokratisch praktizieren. Der Unterschied liege eher im ethischen Aspekt als in den unmittelbaren Auswirkungen.[204] Ergebnisse sind wichtig, aber die wirklich bedeutsamen Ergebnisse dürfen nicht nur im Moment, sondern langfristig beurteilt werden. Das wird klar, wenn wir die Position des Zuhörers einnehmen, dem Aristoteles einen wichtigen – aber nicht den einzigen – Platz in der rhetorischen Begegnung einräumte – fällen wir unsere Urteile doch letztlich stets als Zuhörer. Als solcher kann ich mir drei grundlegende Fragen stellen: 1) War das überzeugend? 2) Wer hat sich als vertrauenswürdig erwiesen? Wem würde ich wieder zuhören? Und 3) Respektiert mich diese Person als ihr gleichgestellt? Wenn ich Redner*in A überzeugender finde als Redner*in B, werde ich wohl dem Rat von Redner*in A folgen. Doch wenn ich diese*n Redner*in für nicht vertrauenswürdig halte, werde ich das wohl eher nicht tun. Und wenn ich vermute, dass er*sie mich als nachrangig betrachtet, werde ich noch zögerlicher sein. In einer Demokratie funktioniert Rhetorik nur dann gut, wenn wir sie als vertrauensbildende Kunst betrachten und lernen, als Gleiche miteinander zu sprechen.[205]

Die Regeln der Rhetorik

Die erste Regel der Rhetorik ist, dass wir andere als Gleiche und als Andersartige betrachten müssen – denn in einer Demokratie sind wir politisch gleich und dennoch einzigartige Individuen.[206] Im zweiten Teil der *Rhetorik* beschreibt Aristoteles ausführlich verschiedene Menschen: ältere, junge, reiche, arme, frustrierte und glückliche.[207] Er geht davon aus, dass jedes Mitglied der politischen Gemeinschaft aufgrund seiner Natur und den Lebensumständen einzigartig sei. Wir alle spielen in der Gesellschaft verschiedene Rollen und sollten nicht mit jedem auf die gleiche Art sprechen (obwohl manche sagen, das Gleichheitsprinzip erfordere genau das). Wir müssen uns anpassen und verschiedene Überzeugungsstrategien wählen, die den je spezifischen Anliegen und Fähigkeiten verschiedener Zuhörerschaften angepasst sind. Dennoch gleichen wir einander in zwei entscheidenden Punkten: Wir alle sind es *wert*, am Gespräch teilzunehmen (auch wenn wir nicht gleichermaßen dazu befähigt sind), und wir alle sind *frei*, uns ein Urteil zu bilden.

Die zweite Regel der Rhetorik ist deshalb die Überzeugung. Wie wir gesehen haben, bedeutet die Verpflichtung zur Politik eine Verpflichtung zum Handeln. Doch Handeln ohne Erklärung und Überzeugung kann Tyrannei sein. Die Verpflichtung zur Demokratie bedeutet deshalb zugleich die Verpflichtung zur Rhetorik, die wiederum die Verpflichtung zur Überzeugung anderer von unseren Meinungen, Urteilen, Gründen und Haltungen nach sich zieht. Überzeugung ist weder ein Herrschaftsinstrument noch eine Lehrmethode (obwohl die Lehre mehr oder weniger rhetorisch sein kann) und ganz gewiss keine Manipulation. Das Überzeugen ist vielmehr eine Form der Rede, in der wir Gründe anführen, Emotionen wachrufen und die Vorstellungskraft in einer Weise ansprechen, mit der andere die Dinge so sehen wie wir sie sehen oder wollen, dass andere sie sehen.

Wir überzeugen andere durch unseren öffentlichen Charakter (*ethos*), unsere öffentliche Argumentation (*logos*) und unsere Fähigkeit, die Emotionen der Menschen öffentlich anzusprechen (*pathos*). Weil Rhetorik ihrem Wesen nach situativ ist, kann die Ausübung der rhetorischen Kunst entweder in der Anwendung eines dieser Instrumente oder im Ausbalancieren von allen dreien bestehen. Gute Rhetoriker müssen nach Aristoteles nicht nur lernen, andere zu überzeugen, sondern auch, sich selbst überzeugen zu lassen. Wenn wir nicht offen für die Überzeugungsversuche anderer sind, können wir nicht wissen, wie man andere erfolgreich überzeugt.

Die dritte Regel der Rhetorik besteht darin, wo immer möglich *rhetorisch zu regieren.* Als Mittel der Überzeugung ist Rhetorik auch ein potentielles Instrument politischer Herrschaft, ein wichtiger Bestandteil sowohl der Bürgerschaft als auch der Regierung. In einem zeitgenössischen Plädoyer für die Rhetorik schreibt Bryan Garsten: »Indem die Rhetorik ein Publikum [...] von Gedanken und Absichten überzeugt, die es sonst vielleicht nicht angenommen hätte, übt sie Einfluss auf dieses Publikum aus. In diesem Sinne ist Rhetorik eine Form der Herrschaft.«[208] Die Rhetorik regiert, indem sie dort beginnt, wo die Menschen stehen – bei ihrem Wissen, ihrer Erfahrung, ihren Ansichten und Gefühlen – und eine Maßnahme, eine Plattform oder Lösung vorstellt, mit deren Hilfe sich die Zuhörer ein freies Urteil bilden können. Dass die Rednerin, der Redner dabei ein Ziel vor Augen hat, heißt nicht, dass sie oder er sein Publikum manipuliert oder zu etwas zwingt. Auch für leidenschaftliche Redner*innen gilt: Solange die Zuhörer frei entscheiden können, sprechen sie zu ihnen als Gleiche und streben eine rhetorische Herrschaft an.

Die zweite Hauptform der Herrschaft in einer Demokratie ist natürlich die der Gesetze. Die Gesetze herrschen, indem Meinungen und Urteile durch Gesetzgebung und Gesetzeshüter zu Zwangsmitteln werden, während die Rhetorik durch den Aufbau gemeinsamer Ansichten und Urteile herrscht.[209] Damit Gesetze in einer Demokratie Zustimmung und Legitimation erhalten, benötigen auch die Gesetzgeber selbst die Rhetorik: Sie müssen uns davon überzeugen, dass Gesetze als Zwangsmittel angemessen sind. Beginnen wir, daran zu zweifeln – etwa im Fall von Drogenverboten oder Gesundheitsgesetzen in den USA –, werden die Gesetze geschwächt und können unfair erscheinen. Die Menschen können dann den Eindruck bekommen, dass der von Gesetzen ausgehende Zwang unangemessen oder gar illegitim ist.

Das führt zurück zur Frage von Expertise und Autorität. Selbst wenn es aufgrund von Wissen, Position, Wohlstand, Ruhm oder anderen Faktoren zu Unterschieden in der Expertise kommt, brauchen Demokratien die Kunst der Rhetorik, um eine Verschiebung hin zu autoritären Regierungsformen zu vermeiden. In Gesellschaften mit mächtigen Gesetzen und Institutionen ist dies ein allgegenwärtiges Risiko. Wenn wir Politik machen wollen, statt zu befehlen, zu belehren, zu erziehen oder schlicht unsere kurzfristigen Gewinne zu maximieren, müssen wir miteinander von gleich zu gleich sprechen – so unangenehm »künstlich« sich dies manchmal auch anfühlen mag.

Ein Beispiel sind Diskussionen über *political correctness*. Eine Umfrage von 2018 ergab, dass 80 Prozent der Amerikaner*innen politische Korrektheit negativ sehen.[210] Warum ist das so? Eine 28-Jährige wird in der Umfrage mit den Worten zitiert: »Ich habe liberale Ansichten, aber ich glaube, dass die politische Korrektheit absolut zu weit gegangen ist. Wir sind an einem Punkt, wo sich jeder durch die geringste Kleinigkeit angegriffen fühlt.«[211] Ein 43-jähriger Konservativer definiert politische Korrektheit »als Lüge. Man sagt nicht, was man wirklich denkt. Es schadet wirklich allen.«[212] Natürlich verteidigen andere die *political correctness* (vielleicht ohne sie so zu bezeichnen) und sagen, man dürfe Menschen nicht auf eine Art und Weise beschreiben, die als beleidigend oder entmenschlichend empfunden werde.

Auf keiner Seite dieser Debatte stellt jemand die Frage, wie man »Menschen mitnimmt« und dabei Vertrauen und Respekt erhält oder gar aufbaut. Stattdessen sagen viele letztlich: »Ich habe keine Lust mehr, auf andere Rücksicht zu nehmen« – ob es um intolerante, rassistische Sprache geht, um die »Überempfindlichkeit« oder um Forderungen nach Sprachzensur. Manche Menschen sagen vielleicht sogar: »Ich habe keine Lust mehr, das öffentliche Reden zu üben. Ich habe keine Lust mehr, ›künstlich‹ mit anderen Bürgern zu sprechen. Ich will einfach nur authentisch und mir selbst oder meinem Anliegen gegenüber wahrhaftig sein.«[213] Menschen auf beiden Seiten der Debatte könnten sogar sagen: »Zur Hölle mit diesen Leuten! Sie sind krank. Sie sind mir egal.« Dieses Gefühl ist leider allzu weit verbreitet und passt gut zum Autoritarismus.

Die bescheidene Kunst der Rhetorik

Rhetorik macht demütig, weil sie sich künstlich anfühlen kann – als müssten wir für etwas arbeiten, das wir lieber natürlich oder automatisch erreichen würden. Die entnervte Frage »Warum begreifen diese Leute das nicht?« muss voller Bescheidenheit geändert werden in: »Wie kann ich am besten mit anderen über die Dinge sprechen, die mir wichtig sind?« Diskussionen über kontroverse Themen sollten nicht nur auf die Durchsetzung des eigenen Standpunkts ausgerichtet sein, sondern auch darauf achten, wie man mit anderen spricht, um ihr Vertrauen zu gewinnen.[214] Die Rhetorik bedarf politischer Demut: Angesichts der vielen Differenzen, der Pluralität der menschlichen Bedingtheit müssen wir uns fragen, wie wir mit anderen sprechen und zugleich den jeweiligen Unterschieden gerecht werden können. Das ist schwierig. Es ist sowohl eine Kunst als auch eine Ethik.

Rhetorik verlangt auch eine bescheidene Herangehensweise hinsichtlich Wissen, Kompetenz und Expertise: Sie beginnt und endet stets mit der Annahme, dass ungeachtet der Wahrheit über uns, andere und die jeweiligen Themen unser Wissen im Gespräch mit unseren Mitbürger*innen als »Meinung« oder »Behauptung« erscheint, die von einigen gestützt und von anderen anerkannt werden muss. Arendt wies darauf hin, dass Demokratie hauptsächlich aus Meinungen und Behauptungen besteht.[215] In einer demokratischen politischen Gemeinschaft hat jede Äußerung jedes Bürgers automatisch den Status einer Behauptung – und sei es nur, weil keine Behauptung in einer Demokratie alle anderen übertrumpfen darf. Man kann schwören, die Wahrheit zu sagen, doch das heißt nicht, dass andere es so wahrnehmen. Man kann erklären, die Fakten zu kennen, doch andere müssen ihnen nicht zustimmen. Etwas anderes anzunehmen ist nicht nur naiv und leichtgläubig, sondern auch ein Weg in den Autoritarismus. Wir urteilen nicht mehr über politische Aussagen, sondern werden zu deren bloßen Empfänger*innen. So öffnen wir uns der Manipulation, der Täuschung und Machtspielen.

Die Bedeutung von Meinungen und Behauptungen in einer Demokratie löst manchmal Sorge vor Relativismus und Subjektivismus aus. Meinungen scheinen keine stabile Grundlage zu sein und können dazu führen, dass wir uns zugunsten einer scheinbar solideren Basis von der Politik abwenden. Genau diese bieten uns viele Geistliche, Wirtschaftswissenschaftlerinnen und Wirtschaftswissenschaftler und Politikerinnen und Politiker in Gestalt autoritativer Entscheidungsprozesse, die auf Gewissheiten statt Meinungen beruhen. Die Rhetorik bietet zugegebenermaßen keine so stabile Grundlage.[216]

Langfristig ist sie aber sicherer – aus zwei wichtigen Gründen: Erstens hilft sie, unsere Freiheit und Gleichheit zu bewahren, weil für sie die Kunst der Überzeugung vorrangig ist. Verglichen mit der scheinbar felsenfesten Gewissheit der Indoktrination mögen demokratische Freiheit und Gleichheit unsicher wirken, doch diese Unsicherheit führt zu sanften (statt harten und gewaltsamen) politischen Entscheidungen. Zweitens eröffnet die Umwandlung aller Aussagen in Meinungen oder Behauptungen durch die demokratische Rhetorik die Möglichkeit, unsere Wahrheiten und Entscheidungen immer wieder überprüfen zu können. Somit schützen wir uns vor der gefährlichen Versuchung, neue Stimmen und bislang unbekannte Fakten zugunsten bequemer Gewissheiten zu ignorieren. Beide Merkmale zusammen machen die demokratische Rhetorik zu einem Instrument des Wandels, das gleichzeitig Vertrauen bewahrt.

Um zu verstehen, dass die Rhetorik uns nicht in den Treibsand des Relativismus führt, müssen wir ihr Verhältnis zu den Tatsachen betrachten. Arendt hat auf das Paradoxon hingewiesen, dass uns selbstverständlich erscheinende Fakten in Wahrheit Zeugen benötigen, um für uns erkennbar und bedeutsam zu werden. George Washington wurde am 22. Februar 1732 geboren. Für uns ist das nur deshalb eine Tatsache, weil es glaubwürdig bezeugt wurde. Anders als »2 + 2 = 4«, so Arendt, »Tatsachenwahrheiten sind niemals notwendigerweise wahr«.[217] Dem Geburtsdatum George Washingtons liegt keine logische Notwendigkeit zugrunde. Er könnte auch an einem anderen Tag geboren worden sein. »Tatsachen bedürfen glaubwürdiger Zeugen, um festgestellt und festgehalten zu werden, um einen sicheren Wohnort im Bereich der menschlichen Angelegenheiten zu finden.«[218] Die Aufgabe der Rhetorik ist es unter anderem, die Ereignisse eines bestimmten Tages – wenn nötig – in bedeutsame Fakten zu verwandeln.

Rhetorik verwandelt auch »bloße Meinungen« in glaubwürdige Meinungen, überzeugende Positionen und letztlich wirksame Urteile. Sie hilft uns dabei, aus unseren Meinungen Positionen zu formen, während wir andere von deren Gültigkeit oder Glaubwürdigkeit überzeugen wollen oder von anderen überzeugt werden. Der Kulminationspunkt dieses rhetorischen Prozesses ist nichts weniger als das schlagende Herz der Politik, das wir bereits untersucht haben: das Urteil. Durch die Rhetorik gelangen wir in einer

Demokratie zu Urteilen, aus denen wiederum neue Tatsachen werden, die wir rhetorisch stützen.

Doch kommt unsere Hingabe an die verwirrende, nie eindeutige Welt der Rhetorik nicht einer neuen Art von Tyrannei der Mehrheiten, PR-Berater*innen oder kollektiven Ideologien und Illusionen gleich? Wenn die demokratische Politik der Wahrheit und Gewissheit keine unerschütterliche Verankerung bieten kann, sind wir dann nicht alle in einer platonischen Höhle der Meinungen gefangen? Genau dort wären wir tatsächlich, wenn die Wahrheit in der Politik gar keinen Platz hätte. Das ist aber nicht mein Argument – und, so wie ich Arendt lese, auch nicht ihres. Vielmehr lautet meine These, dass die Wahrheit in der Demokratie nicht dort ist, wo wir sie vermuten. Politik agiert immer im »Zeichen« der Wahrheit: Die Wahrheit ist immer da, aber nie direkt und unvermittelt. Um das zu verstehen, sollten wir die Rolle der Meinung in der Politik näher untersuchen.

Die Wahrheit über Meinungen

Laut Aristoteles beginnt das Überzeugen mit Meinungen. Arendt ging weiter und argumentierte, in der Politik hätten wir in gewisser Weise *nichts als Meinungen*. Genau genommen erscheint die Wahrheit in der Rhetorik und der Politik nicht deshalb *als* Meinung, weil sie nicht mehr wahr ist, sondern weil die Bürger*innen Wahrheiten und Unwahrheiten nur voneinander unterscheiden können, wenn sie jede Behauptung als eine Meinung behandeln, die bezeugt, diskutiert, abgewogen und beurteilt werden muss.[219] Das gilt auch für Fakten. Alles andere wäre nahezu unmöglich, und wer behauptet, eine Wahrheit müsse von allen Bürger*innen als unumstößliche Wahrheit akzeptiert werden, riskiert, dass die Wahrheitsverkünder diese Wahrheit mithilfe von Gesetzen, Indoktrination oder anderen Maßnahmen durchsetzen.[220]

Der Rückgriff auf die durch Gewalt gestützte Macht der Gesetze ist keineswegs nur Theorie, sondern in modernen liberalen (lockeschen, »auf Rechten gegründeten«) Gesellschaften so weit verbreitet, dass ein liberaler Denker wie Max Weber sagen konnte, dass »[f]ür die Politik [...] das entscheidende Mittel die Gewaltsamkeit« sei und der Staat nichts als die Institution, die das Monopol auf den legitimen Einsatz körperlicher Gewalt innerhalb eines bestimmten Gebiets habe.[221] In diesem Verständnis von »Politik«, das auf beiden Seiten des politischen Spektrums nur allzu verbreitet ist, werden rechtmäßige Wahlen zu Mitteln der Machtergreifung, um die eigene Wahrheit, den Willen oder die Agenda durchzusetzen. Ein regulärer Wahlkampf, der die Menschen überzeugen soll, wird nicht einmal versucht – denn welche Idioten muss man schließlich vom Richtigen und Wahren überzeugen?

Arendt behauptete nie, dass es keine Wahrheit gebe oder sie die Mühe nicht wert sei – gleich, ob es sich um moralische oder wissenschaftliche Fragen handelte. Sie respektierte die Macht der Wahrheit und war deshalb der Meinung, diese Macht müsse durch die Politik begrenzt werden. Seit Jahrhunderten wird mathematische Logik als geballte Faust, Rhetorik hingegen als dargebotene Hand repräsentiert. Weil die Wahrheit so mächtig ist, birgt sie antipolitische Versuchungen: »Sag die Wahrheit und vergiss das Volk!« So funktionieren Kulte, nicht aber politische Gemeinschaften. Weil manche Formen der Wahrheit – vor allem solche, die Arendt »rationale Wahrheiten« nennen würde – logisch notwendig sind (2 + 2 = 4), kann die Wahrheit innerhalb der Politik die Form des Zwangs annehmen.[222] Es ist völlig egal, ob ich, meine Leser*innen, unsere Nachbar*innen oder Menschen in entlegenen Dörfern glauben, dass 2 plus 2 gleich 4 ist: Es ist wahr, unabhängig von entgegengesetzten Meinungen. Von der Position einer solchen rationalen Wahrheit aus jedoch die Regierung anzustreben, wäre nach Arendt desaströs, weil diese Wahrheiten uns zwingen und nötigen wie geballte Fäuste.

Man denke an Mike Hughes, der glaubt, die Erde sei eine Scheibe. 2017 baute er eine Rakete, mit der er 550 Meter hoch in die Luft fliegen wollte, um ein Beweisfoto zu schießen. Damit wollte er die »gefälschten« Fotografien der NASA widerlegen, die einen Erdball zeigen. Die Wissenschaftsgemeinde würde ihn als verrückt bezeichnen. Jede Geografin, jeder Geograf, jede Astronomin, jeder Physiker könnte schlüssig nachweisen, dass die Erde keine Scheibe ist – ganz ohne Fotos von der NASA. Doch eine politische Denkerin wie Arendt fände Trost in Mike Hughes Abenteuern, weil sie zeigen, dass in der Politik selbst wissenschaftliche Erkenntnisse bloße Meinungen sind. Warum? Nicht aufgrund ihrer Natur oder der Qualität der Beweisführung. Beides hat damit nichts zu tun. Vielmehr ist die Politik ein Raum, in dem die Menschen die Freiheit haben, unterschiedlicher Meinung zu sein. Die Alternative – den Menschen die Freiheit abzusprechen, über die Form der Erde unterschiedlicher Ansicht zu sein – würde bedeuten, sie zur Einnahme einer demonstrativ wahren Haltung zu zwingen. Menschen zu einer Meinung zu zwingen ist mit politischer Freiheit jedoch unvereinbar. Meinungen sind der Kern von Politik, weil der Ausgangspunkt aller Politik in der Freiheit liegt und nicht im Zwang, und weil die Rede, nicht die Gewalt, ihr wichtigstes Instrument ist.[223]

Arendt zufolge hat deshalb jede Behauptung innerhalb der Politik den Status einer Meinung – nicht, weil die Behauptung nicht gestützt oder logisch, wissenschaftlich oder empirisch bewiesen werden könnte, sondern weil in der Politik jede Behauptung offen für Kritik und Widerspruch sein muss. Das gilt auch für ernste moralische Themen, etwa die Bedeutung des Wortes *Mord*. Die Behauptung, Charles Manson sei ein Mörder, ist nicht »nur« eine Meinung, aber sie ist dennoch eine Frage der Beurteilung nicht nur der Handlungen Masons, sondern auch der Natur und Bedeutung von Mord. Dass die Bedeutung des Wortes Mord als solche in unserem politischen Leben eine Frage der Beurteilung ist und deshalb Meinungen und gängige Überzeugungen umfasst, zeigt sich in anderen Bereichen, in denen sie umstrittener ist – etwa im Hinblick auf das Töten im Krieg, zur Selbstverteidigung oder durch Abtreibung.[224]

Arendts Beharren auf dem Meinungsstatus jeder Behauptung innerhalb der politischen Sphäre bedeutet, dass jedes Sprechen innerhalb der Politik eine »freie Meinungsäußerung« ist: Sie kann nicht nur frei von Zwang formuliert werden, sondern ist auch offen für Widerspruch, Bewertung und andere Formen des kritischen Hinterfragens. In der Politik kommt die Behauptung, man spreche die Wahrheit, brauche deshalb keine Legitimation oder Überzeugung und könne nicht kritisiert werden, dem Autoritarismus gleich, der mit anderen nur durch Zwang interagiert. Autoritäre und totalitäre Gesellschaften unterdrücken die freie Meinungsäußerung nicht, weil sie das Regime kritisiert, sondern weil das Tolerieren der freien Meinungsäußerung dem Eingeständnis gleichkäme, dass jede öffentliche Äußerung den Status einer Meinung und eines Urteils, nicht aber der Wahrheit hat. Ein Diktator kann nicht überleben, wenn öffentliche Äußerungen sich nicht als absolute, gewaltsam durchsetzbare Wahrheiten maskieren.

Nehmen wir an, Mike Hughes ist frustriert, weil es ihm nicht gelingt, andere zu überzeugen, dass die Erde eine Scheibe ist. Doch er hat andere Möglichkeiten, als Raketen zu bauen. Er ist charismatisch und reich! Kraft seiner Persönlichkeit und seines Wohlstands tritt er erfolgreich für das Amt des Gouverneurs von Kalifornien an und gewinnt später die US-Präsidentschaftswahl. Schon sitzt er im Weißen Haus, erzählt den Leuten, dass Wahlen Konsequenzen haben, er ein Mandat hat und erklärt die Theorie von der Erde als Scheibe zur Wahrheit. Warum? Weil er und sein Team (andere Anhängerinnen und Anhänger seiner Theorie) es behaupten! Flugrouten müssen umgestaltet, Wettervorhersagen überarbeitet und GPS-Daten neu berechnet werden. »Wahlen haben Konsequenzen«, verkündet das Weiße Haus, »und wir werden keine Staatsbeamten dulden, die sich dem Volkswillen widersetzen.« Das wäre ein autoritärer Zustand.

Doch nach der Implementierung der neuen Maßnahmen nehmen plötzlich die Flugzeugunfälle zu, die Wettervorhersagen stimmen nicht mehr und die GPS-Navigation bringt Menschen an Orte, an die sie nie wollten. Was ist geschehen? Die *Wirklichkeit* hat sich den autoritären Behauptungen des Präsidenten widersetzt; *Fakten* haben die autoritäre Maschinerie offengelegt. Wie George Orwell in *1984* sah Arendt, dass der Autoritarismus an diesem Punkt zu bröckeln beginnt oder sich in einen noch schrecklicheren autoritären Zustand verwandelt, in dem nicht nur die Wahrheit per Zwang durchgesetzt wird, sondern auch das, was die Menschen lernen, hören und glauben dürfen.[225]

Eine Republik der Tatsachen und Handlungen

Arendts Welt ist folglich die Umkehrung der Außenwelt von Platons berühmter Höhle. Platon begriff die Menschen als Gefangene einer dunklen Schattenwelt, die in das zeitlose Licht der Vernunft fliehen müssen. Arendt hingegen sah den Austritt aus der Höhle als Aufstieg *in* die Welt kontingenter Tatsachen und Handlungen. Sie teilte Platons Realitätsverständnis nicht, sondern postulierte, dass »Tatsachen und Ereignisse, die unweigerlichen Ergebnisse menschlichen Zusammenlebens und -handelns […], die eigentliche Beschaffenheit des Politischen ausmachen«.[226] Selbst in seinen politischen Schriften ging Platon von einer zeitlosen metaphysischen Realität aus, während Arendt Politik ausgehend von einer politischen Realität dachte. In dieser alltäglichen Wirklichkeit sind

> Fakten und Ereignisse […] unendlich viel gefährdeter als was immer der menschliche Geist entdecken oder ersinnen kann – Axiome, wissenschaftliche Entdeckungen, philosophische Theo-

rien; sie tauchen auf und verschwinden im Fluss der ewig wechselnden menschlichen Angelegenheiten, in einem Bereich, in dem nichts permanenter ist als die vielleicht auch nur relative Permanenz der menschlichen Geistesstruktur. Sind sie erst einmal verloren, so wird keine Anstrengung des Verstandes oder der Vernunft sie wieder zurückbringen können.«[227]

Tatsachen, Handlungen und Meinungen sind gleichermaßen »kontingent«, besonders und mächtig oder machtlos.[228] Auch deshalb werden Fakten und Meinungen häufig verwechselt. »Factual truth is no more self-evident than opinion«, so Arendt, »and this may be among the reasons that opinion-holders find it relatively easy to discredit factual truth as just another opinion.«[229]

Einen großen Unterschied zwischen Tatsachen und Meinungen stellte sie jedoch fest: Meinungen sind flexibler, wandelbarer und leichter zu manipulieren als Tatsachen. Das soll natürlich nicht heißen, dass letztere nicht zu manipulieren sind. Sie können auf vielfältige Weise interpretiert werden und die Faktizität von Handlungen kann umstritten sein: Ist Mike Hughes wirklich in dieser Rakete geflogen? Habe ich wirklich für den Fußgänger gebremst? Hat der Politiker das wirklich gesagt? Diese Handlungen können wir hinsichtlich ihres Tatsachenstatus' bestreiten. Aber wir können sie auch jenseits vernünftig begründeter Zweifel beweisen – *wenn* die herrschenden Machtstrukturen es ermöglichen.

Dieses *Wenn* ist entscheidend und bildet den Kern von Arendts Plädoyer für den Republikanismus als Regierungsform. Arendts Republikanismus durchdringt ihr Schreiben eher, als dass er dessen Fokus bildet. Dennoch unterliegt er allen Grundthemen ihres Werks und sie navigiert mit ihm relativ stabil und verlässlich durch die häufig chaotische Welt der Politik und ihrer Wahrheiten, Meinungen, Urteile, Rhetorik und Wirklichkeit. Man könnte sagen, er instituiert (oder institutionalisiert) zwei Phänomene, die aus Arendts Sicht für ein gesundes politisches Leben nötig sind: Öffentlichkeit und Pluralität.[230]

Öffentlichkeit oder *Publizität* teilt mit dem Begriff *Republik* die Herleitung von *publicus* (lat. »des Volkes«). Das Volk konstituiert in diesem Verständnis den Staat. Publizität als solche macht Dinge öffentlich, indem sie »für das Volk sichtbar« sind und »dem Volk gehören«. Das republikanische Verständnis von Öffentlichkeit bedeutet, Fakten, Handlungen und Meinungen öffentlich zu machen, weil sie dem Volk »gehören« und somit dessen Bewertung und Beurteilung unterliegen. Lange Zeit waren die Republikaner überzeugt, der einzige Weg, die kontingente, wandelbare politische Welt zu ordnen, bestehe darin, sie so intensiv wie möglich dem Urteil des Volks zu unterstellen. »Das Volk« ist die Konstante in einer sich stets verändernden politischen Welt. Öffentlichkeit ist die konstante Form der Begegnung des Volks mit dieser Welt.

Öffentlichkeit hat viele negative Seiten. Weil Fakten fragil sind, weil sie verloren, vergessen, übersehen oder manipuliert werden können, kann Macht ihnen gefährlich werden – sei es in Gestalt von Polizei, Public Relations oder Propaganda. Arendt schrieb: »The chances of factual truth surviving the onslaught of power are very slim indeed; it is always in danger of being maneuvered out of the world not only for a time but, potentially, forever.«[231] Wenn die faktische Wahrheit keinen Ort mehr in unserer politischen Gemeinschaft hat, verlieren wir auch die Chance auf politische Freiheit. Denn politisch verstanden ist unsere Freiheit nichts als die Möglichkeit, frei von Zwängen zu agieren, um in unserer gemeinsamen Welt kleinere oder größere Veränderungen zu bewirken. Wenn Tatsachen – mit Ausnahme der von den Mächtigen propagierten »Fakten« – nichts gelten, dann ist Freiheit nichts als Macht und Macht wird zum einzigen Ziel aller »Politik«.

Hier besteht ein politischer Widerspruch: Autoritäre politische Macht will die Fakten beherrschen und richtet sich gegen die Bedeutung der »Fakten« selbst. Denn Fakten formen unser Verständnis von Bedeutung im politischen Alltag weit stärker als mathematische Axiome oder philosophische Wahrheiten und bestimmen den Verlauf kontingenter Ereignisse. Dennoch ist politische Macht selbst faktisch: Philosoph*innen und Expert*innen mögen vortragen, wer an der Macht sein *sollte*, wer eine Stimme haben *sollte*, wer erkennen *sollte*, wer urteilen *sollte*. Doch wer an der Macht *ist*, eine Stimme *hat*, erkennen und urteilen *kann*, ist eine Tatsache. Darin besteht das Paradoxon: Greifen die Regierenden »Fakten« an, unterminieren sie die faktische Natur ihrer eigenen Macht, die nicht nur eine Tatsache ist, sondern nur durch Fakten und Handlungen funktionieren kann, die auch hätten anders sein können.[232] Selbst angesichts der schlimmsten Formen des Totalitarismus war diese Tatsache – die Tatsache politischer Macht – eine Art politischer Trost für Arendt.

Wie wir gesehen haben, kam Arendt immer wieder auf die *Pluralität* als Grundlage politischer Realität zurück: »Politik basiert auf der Tatsache der Pluralität der Menschen.«[233] Und darauf, dass »nicht ein Mensch, sondern viele Menschen auf der Erde leben und die Welt bevölkern.« Diese Tatsache ist, mehr als jede andere, »die conditio sine qua non«[234] allen politischen Lebens. Wir haben auch gesehen, dass die Tatsache der Pluralität tiefgreifende Implikationen für die Politik hat. Arendt betonte vor allem die Folgen für das »Handeln«. Das in der Welt handelnde Individuum verliert einen Teil der Kontrolle über die Auswirkungen und Interpretationen seiner Taten. Seine Handlungen gehen auf eine Vielzahl von Menschen mit »zahllosen, einander widerstrebenden Absichten und Zwecken«[235] über, die entsprechend reagieren oder nicht reagieren. Die Pluralität hat auch Auswirkungen auf das politische Urteil, denn laut Arendt versucht jedes »repräsentative« Urteil, möglichst viele verschiedene Perspektiven und Positionen zu berücksichtigen. Zuletzt hat die Pluralität auch Konsequenzen für die Institutionen. Die Tatsache, dass alle Menschen – nicht jede oder eine bestimmte Person – Grundbedingung des politischen Lebens sind, wird von den politischen Machtstrukturen entweder wiedergespiegelt oder bekämpft. Republikanische Demokratien versuchen, unsere Pluralität wiederzugeben; autoritäre Staaten versuchen, ihr zu widerstehen, und totalitäre Staaten wollen sie auslöschen.

* * *

Arendts Plädoyer für die Politik setzt die fundamentale Opposition von Zwang und Freiheit voraus, die sie in der antiken griechischen Kultur angelegt sah: »Politisch zu sein, in einer Polis zu leben, das hieß, dass alle Angelegenheiten vermittels der Worte, die überzeugen können, geregelt werden und nicht durch Zwang oder Gewalt. Andere durch Gewalt zu zwingen, zu befehlen statt zu überzeugen, galt den Griechen als eine gleichsam präpolitische Art des Menschenumgangs, wie er üblich war in dem Leben außerhalb der Polis«.[236] Sie verstand den Unterschied zwischen Zwang und Freiheit als Differenz verschiedener Redeweisen: Wer kommandiert, statt Rhetorik zu benutzen, operiert nicht freiheitlich, sondern folgt der Logik des Zwangs.

Die griechische Göttin Peitho steht für die Überredungskunst. Hesiod beschreibt Peitho in *Werke und Tage* (um 700 v. Chr.) als Helferin Aphrodites, der Göttin der Liebe und Verführungskunst.[237] Es ist anzunehmen, dass die Überzeugungskunst ähnlich der erotischen Liebe verstanden wurde. Der altgriechische Lehrer Gorgias, ein Zeitgenosse des Sokrates, verglich die Macht der Sprache (*logos*) explizit mit der erotischen Liebe. Doch er ging einen Schritt weiter und verglich sie auch mit Drogen, Gewalt und Tyrannei: »Die Sprache ist ein mächtiger Meister.«[238] Hier erscheint Sprache nicht als Instrument der Überzeugung, sondern als Form des Zwangs. Sprache oder erotische Liebe sind in diesem Fall nichts Besonderes: Drogen, Waffen oder Drohungen erreichen das Gleiche.

Die alten Griechen wussten genau, dass die Liebe und die Rede nicht immer frei sind. Auf einer Vase von 410 v. Chr., der Zeit des

Peitho flieht.

Gorgias, findet sich die Darstellung einer Allegorie: Peitho und Aphrodite Seite an Seite mit einer Braut. Aphrodite berührt sie an der Schulter und deutet damit nicht nur die berauschende Kraft der Liebesgöttin an, sondern nimmt auch den Vollzug der Ehe vorweg. Peitho hingegen sitzt etwas entfernt von der Braut und versucht, sie durch Reden von der Heirat zu überzeugen. Während die eine Göttin die Braut gewissermaßen aus dem Hinterhalt bedrängt, tritt die andere ihr mit Worten und Gesten gegenüber.

Weiten wir die Allegorie aus. Zwei Liebende im antiken Griechenland finden sich in Eros' Hand wieder: Sie sind verliebt. Doch der Vollzug ihrer Liebe verlangt, wenn er von Dauer sein soll, die Hochzeit, und diese hängt von der Einigung der Väter ab, den jeweiligen Haushaltsvorständen (vgl. die Diskussion von *kýrios* in Kapitel 1). Wie kommt es zu der Ehevereinbarung? Nicht durch die Kraft des Eros, da wir annehmen dürfen, dass die Väter kein sexuelles Interesse an der Verbindung beider Familien haben. Aphrodite ist hier hilflos. Stattdessen leistet hier Peitho mit Worten und Gesten Überzeugungsarbeit und handelt die Bedingungen der Ehe aus.

Waren solche Treffen zweier Haushaltsvorstände der Beginn griechischer Politik? Aristoteles legt dies zumindest nahe.[239] Die Macht der Erotik bot den Anlass für das Treffen der Väter, die einander dennoch in relativer Freiheit begegneten und nur mit den Instrumenten der Rede und des Urteils zu einer befriedigenden Übereinkunft gelangen konnten. Der Bereich zwischen den Vätern gehört Peitho, es ist der Raum der Überzeugung. Niemand erzwingt den Sieg. So sollte es nicht nur in der Politik sein, sondern auch in der Liebe.

Eine weitere griechische Vase aus dem späten 5. Jahrhundert zeigt Aphrodite und Peitho zusammen. Hier stehen sie miteinander in Konflikt. Das Bild zeigt die Vergewaltigung der Töchter Leukippus' durch die Zwillinge Castor und Pollux. Die Szene spielt im Tempel Aphrodites. Die Göttin steht auf einem Podest und sieht dem grausamen Geschehen gleichgültig zu, während Peitho sich entsetzt abwendet und flieht. Die Überzeugungskunst, die auf den öffentlichen Plätzen des demokratischen Athens zelebriert wurde, steht nicht nur im Gegensatz zur Gewalt, sondern meidet diese.

Wie Wasser Sauerstoff braucht, benötigt die Überredungskunst die freie Luft zwischen Menschen, Parteien, Perspektiven und Positionen. Deshalb sind Überzeugung und Freiheit so eng miteinander verwoben. Der Raum der Freiheit ist der Raum, den die Überredungskunst eröffnet, wenn sie nicht gewalttätig oder in anderer Form zwanghaft ist. Ein sicherer Weg zur Abschaffung der politischen Freiheit ist die Aufhebung der Bedingungen, unter denen die Überredungskunst sich entfalten kann. Lang lebe die Kunst der Überzeugung!

6

Die politische Fantasie (oder: Freiheit!)

Freiheit! Kein Wort beschreibt die politischen Absichten und Bemühungen so vieler Menschen besser. Freiheit trieb Beethovens Musik, die Nationalhymne der USA und den Rock'n Roll. Autoaufkleber künden von ihr. Volksbewegungen kämpfen um sie. Die Werbung verkauft sie. Menschen sterben für sie. Und Millionen sehnen sich täglich nach ihr. Wo immer man im politischen Spektrum steht: *Freiheit* ist das Kennwort. Konservative wollen sie bewahren, Liberale ausweiten und Ethnonationalisten ihre eigene über die anderer stellen. Die enormen, unpersönlichen Kräfte, die in unserem Leben nach Macht streben – Technologie, Wirtschaft, Geschichte, Regierung und Gesellschaft – gerieren sich alle als Wege zur Freiheit, sei es in Form »befreiender Technologien«, »freier Märkte«, »des historischen Wachstums der Freiheit«, »freier Regierungen« oder »freier Gesellschaften«.

Angesichts der herausgehobenen Rolle in unserem Vokabular ist es nicht überraschend, dass wir alle nicht nur *für* die Freiheit kämpfen, sondern auch *um* sie streiten. Was ist Freiheit? Müssen wir alle frei sein? Wo verlaufen die Grenzen unserer Freiheit? Das Wort taucht in unserer Alltagssprache meist in Frage- oder Aussageform auf – als perplexe, bohrende Frage oder als selbstbewusste, bestimmte Antwort. Die Bedeutung von Freiheit ist keine rein philosophische, sondern auch eine praktische, alltägliche Frage: Freiheit ist bestenfalls das, was sich von allen Zwängen in unserem Leben unterscheidet. Schlimmstenfalls wird sie selbst zum Zwang, sei es in Gestalt »freier Märkte«, die uns aus beruflichen Gründen zum Umzug zwingen, von »Freiheitskämpfer«, die ihre Meinung mit Fäusten oder Waffen durchsetzen, oder in Form der Slogans von Kreditkartenfirmen, die uns letztlich in die Verschuldung treiben wollen. Wir kämpfen also nicht nur *um* die Freiheit, sondern *mit* der Freiheit.

Auch für Hannah Arendt gab es keine wichtigere politische Vokabel als *Freiheit*: »What distinguishes the communal life of people in the polis from all other forms of human communal life is freedom.«[240] Sosehr sie jedoch auf der zentralen Bedeutung der Freiheit in der Politik beharrte, warnte sie doch auch vor der ausschließlichen Konzentration auf diese. Freiheit sei nicht der Endzweck der Politik.[241] Andernfalls wäre Politik nur ein Weg in unsere Freiheit, und es gäbe – wer weiß? – vielleicht ein besseres Vehikel, das uns auf direkterem Weg zum Ziel bringt. Viele Menschen scheinen daran zu glauben. Die Gurus des Silicon Valley erzählen uns, ihre digitalen Maschinen böten das Äquivalent eines Direktflugs in die persönliche Freiheit. Die Werbung behauptet, der Geruch einer neuen Lotion könne uns ein Freiheitsgefühl verschaffen. Politiker*innen versprechen, ihre Wirtschaftspolitik könnte uns mehr Freiheit ermöglichen. Generäle versichern, sie könnten uns durch einen »Sieg« in die Freiheit führen, und Prophet*innen der »posthumanen« Zeit verkünden, die Wissenschaft würde uns dorthin bringen. Auch totalitäre Politiker*innen haben das schon versprochen.

Die Welt ist voll von mächtigen Menschen, die versprechen, unsere Freiheit zu schaffen oder zu erzwingen. Diese Tatsache beunruhigte Arendt sehr. Für sie war Politik nicht einfach ein Mittel zur Erlangung von Freiheit, sondern mit dieser identisch.[242] Die Freiheit des Menschen innerhalb der menschlichen Gemeinschaft ist immer politisch: »Freedom exists only in the unique intermediary space of politics.«[243] Den Kern der Existenz der Freiheit ist selbst ist ihre Wendung gegen die Tyrannei.[244] Jeder Traum von Freiheit jenseits der Politik bedeutet für Arendt eine Form der Tyrannei – sei es der Technologie, der Märkte, der Geschichte, der Staaten, Personen oder Wissenschaften. Die menschliche Freiheit kann nur politisch – und letztlich demokratisch – verwirklicht werden, indem wir einander ohne Zwang und Gewalt als Gleiche begegnen. Sie hängt deshalb von der Politik ab, die wiederum von unserer Fähigkeit abhängt, Freiheit zu verstehen und uns vorzustellen.[245]

Im letzten Kapitel dieses Buchs wollen wir unsere politische Fantasie anregen – und damit unsere Vorstellung von Freiheit. Dazu beschäftige ich mich mit zwei der fantasievollsten politischen Autoren, die je zur gleichen Zeit am selben Ort gelebt haben: Thomas Hobbes (1588-1697) und John Milton (1608-1674). Von Milton kennt man vor allem *Das verlorene Paradies*, von Hobbes den *Leviathan*. Hobbes und Milton standen auf entgegengesetzten Seiten des Bürgerkriegs im England der 1640er-Jahre zwischen König und Parlament. Hobbes war ein Royalist, Milton stand als Republikaner auf Seiten des Parlaments. Freiheit war für beide das Schlüsselwort. Doch wie wir sehen werden, unterschieden sich ihre Freiheitsbegriffe wesentlich voneinander. Letztlich ging es um verschiedene Vorstellungen von Freiheit. Die Auseinandersetzung mit Hobbes und Milton bietet uns Gelegenheit, unsere eigenen politischen Fantasien und Vorstellungen von Freiheit zu überdenken.

Was ist politische Fantasie?

Arendt wies der Vorstellungskraft innerhalb der Politik eine Hauptrolle zu. Für sie war Politik unter anderem die Kunst des Neuanfangs.[246] Immer, wenn wir öffentlich reden und handeln, haben wir die Möglichkeit, neu anzufangen oder gar etwas völlig Neues in die Welt zu bringen. Doch der Neubeginn verlangt von uns, »uns geistig von unserem physischen Standort zu entfernen und uns vorzustellen, dass die Dinge auch anders sein könnten, als sie tatsächlich sind.«[247] Kraft unserer Fantasie erkennen wir: »Es steht uns frei, die Welt zu verändern und in ihr etwas Neues anzufangen.«[248] An anderer Stelle schrieb Arendt:

> Imagination alone enables us to see things in their proper perspective, to be strong enough to put that which is too close at a certain distance so that we can see and under- stand it without bias and prejudice, to be generous enough to bridge abysses of remoteness until we can see and understand everything that is too far away from us as though it were our own affair.[249]

Das ist die Essenz politischer Vorstellungskraft. Sie verlangt Anstrengung, Übung und Durchhaltevermögen und ist für Arendt deshalb eng mit dem Denken verbunden. So viele schreckliche Verbrechen gegen die Menschlichkeit im 20. Jahrhundert basierten nach ihrer Überzeugung auf der Mithilfe gedankenloser Menschen wie Adolf Eichmann. Diese Gedankenlosigkeit beruhte auf einem »Mangel an Vorstellungskraft«. Die Menschen weigerten sich, die mörderischen Maschinerien, deren Teil sie waren, zu hinterfragen und über ihre Opfer nachzudenken.[250] Mangelnde politische Fantasie ist mehr als (selbstverständlich entschuldbares) mangelndes Interesse an Parteipolitik. Es ist das Fehlen kreativer Gedanken über das Zusammenleben der Menschen auf der Erde – mit manchmal katastrophalen Folgen.

Für dieses fantasievolle Denken benötigt man keine besonderen Qualifikationen; es ist alltäglich. In anderen Lebensbereichen agieren wir äußerst fantasievoll. Viele von uns stellen sich beispielsweise Lösungen für bestimmte Probleme vor. Bei einer Autopanne frage ich mich, ob man nicht einen kleinen, batteriebetriebenen Reservemotor einbauen könnte, mit dem ich es bis zur nächsten Werkstatt schaffen würde? Könnte man Smartphones nicht mit Körperwärme aufladen? Eine Lieblingsidee meines früheren Physiklehrers war es, Atommüll in versiegelten Behältern ins All zu schießen. Manche solcher Ideen sind praktisch, andere fantastisch, doch sie entspringen einer *technologischen* Fantasie, die sich alltäglich aus Filmen, Werbung und der Anwendung der verschiedensten Geräte speist. Fast alle von uns können sich vorstellen, wie Technologien unser Leben einfacher machen.

Auch unsere wirtschaftliche Fantasie ist gut entwickelt. Gewinnorientierung, wettbewerbsorientierter Individualismus, Eigentumsrechte und das Gesetz von Angebot und Nachfrage treffen auf breites Verständnis und Zustimmung. Der »Markt« als mysteriöseste aller globalen Kräfte wird von vielen Millionen, wenn nicht Milliarden Menschen als Tatsache akzeptiert, die unsere Berufsaussichten, den Milchpreis, unsere Beziehungschancen und unsere Miete auf undurchschaubare, aber machtvolle Weise bestimmt. Wir können uns den Markt problemlos als lebendiges Wesen vorstellen, das ständig etwas »will«, »denkt«, »prüft«, auf etwas »reagiert« oder sich etwas »wünscht« – das also Dinge tut, die man lange Zeit nur Personen zuschrieb. Wir verfügen also eindeutig über eine lebendige Fantasie hinsichtlich der Wirtschaft.

Gleiches gilt, wenn wir ehrlich sind, für die Gewalt. Viele Menschen müssen sich den Krieg nicht vorstellen, weil er für sie Realität ist – in ihrer Erinnerung oder im täglichen Leben. Für viele andere ist er jedoch eine weit entfernte Tatsache, die trotzdem eine aktive Rolle in der Fantasie spielt. Filme, Bücher, Serien, Videospiele und Zeitungsberichte nähren ständig unsere Vorstellung vom Krieg. Unsere Vorstellung von Gewalt besteht aber nicht nur aus Krieg, Schlachten und Massakern, sondern auch aus Superhelden, Straßenkämpfen, Vergewaltigung und häuslicher Gewalt. Amerikas omnipräsente Waffenkultur, die Beliebtheit von American Football und die Milliarden, die mit Boxkämpfen verdient werden, zeugen davon, dass wir keine Schwierigkeiten haben, uns Gewalt vorzustellen. Wir wissen, was es bedeutet, Gewalt einzusetzen oder selbst erfahren zu müssen.

Die meisten von uns sind jedoch weit weniger fantasievoll, wenn es um Politik geht. Praktische oder fantastische politische Problemlösungen fallen uns nicht so schnell ein. Verglichen mit Technologie, Wirtschaft oder Gewalt fällt es den meisten von uns schwer, kreativ und dynamisch über Politik nachzudenken. Es fehlt uns an aktiver politischer Fantasie. Für diesen Mangel gibt es einen guten und einen schlechten Grund. Der gute Grund ist, dass wir unterbewusst die Ungewissheit der Politik spüren. Wie Arendt sind wir alle Kinder des 20. Jahrhunderts – selbst, wenn wir im 21. Jahrhundert geboren sind. Die Kriege, Revolutionen, Völkermorde und Diktaturen der jüngeren Vergangenheit haben uns gezeigt, wie entsetzlich und nachgerade böse die Herrschenden dieser Welt sein können. Es ist verständlich, dass die Menschen auf diese Schrecken mit der Suche nach nicht- oder suprapolitischen Lösungen für die Weltprobleme reagierten. Sie begannen, jenseits der Politik nach einer besseren Welt zu suchen.

Ist eine Welt jenseits der Politik möglich[251] und wäre sie eine bessere? Gibt es tatsächlich einen technologischen, wirtschaftlichen oder gewaltsamen Weg in die Freiheit? Gibt es ein Gerät, das die Wunden des historischen Hasses heilt, die uns noch heute prägen? Können die Märkte das verlorene Vertrauen der Menschen zueinander wiederaufbauen? Werden mehr Zwang und Gewalt unsere Welt zu einem lebenswerteren Ort machen? Wenn wir von der Ingenieurskunst, den Märkten oder der Gewalt erwarten, die Probleme unseres Zusammenlebens zu lösen, verlangen wir ihnen mehr ab, als sie leisten können. Es ließe sich einwenden, das Gleiche könne über die Politik gesagt werden: Natürlich kann sie nicht all unsere Probleme lösen. Doch wie wir gesehen haben, kann sie unsere Lebensqualität in einer Weise verbessern, die weder Technologie, Wirtschaft oder Gewalt erreichen. Denn authentische Politik ist nur innerhalb der Freiheit möglich, und Freiheit nur im Rahmen politischer Beziehungen. Das meinte Arendt, als sie Politik und Freiheit für identisch erklärte. Alle politischen Probleme sind in gewisser Weise Freiheitsprobleme.

Doch Arendt sagte auch: »Men *are* free – as distinguished from their possessing the gift for freedom – as long as they act, neither before nor after; for to be free and to act are the same.«[252] Für sie waren nicht nur Politik und Freiheit identisch, sondern auch Freiheit und Handeln. Politik, Freiheit und Handeln sind die drei zentralen Figuren in Arendts politischer Fantasie. Sie beleben einander gegenseitig und sind so stark voneinander abhängig, dass sie beinahe nicht zu unterscheiden sind.

Arendt bezog damit Position in der historischen Debatte zwischen jenen, die Freiheit als Zustand oder Seinsform – vor allem des isolierten Selbst – begreifen, und jenen, die sie als Eigenschaft oder Form des Zusammenlebens mit anderen sehen.[253] Hobbes und Milton stehen für zwei bedeutende Ausformungen des Freiheitsbegriffs ihrer Zeit: Die Vorstellung von Freiheit als Handlung (Milton) und als Bewegung innerhalb bestimmter Grenzen (Hobbes). Angefacht wurde der Disput, weil beide im Englischen Bürgerkrieg Teil eines großen Konflikts um die Freiheit waren. Der blutige Krieg zwischen Anhängern König Karls I. und Unterstützern des Parlaments dauerte fast ein Jahrzehnt und endete mit einem der folgenreichsten Ereignisse der britischen Geschichte: der Enthauptung Karls I. im Jahr 1649. Der Englische Bürgerkrieg gilt als erste moderne politische Revolution und Grundlage späterer Revolutionen in Amerika, Frankreich und Haiti.[254] Mit Sicherheit aber war er der erste große Bürgerkrieg, der explizit um die »Freiheit« ausgefochten wurde.

Der Englische Bürgerkrieg rief auch außergewöhnliche politische Ambitionen und Ängste hervor. Milton wollte eine Republik, in der die Menschen frei handeln, ihre Meinung äußern und urteilen können. Hobbes hingegen artikulierte die Ängste: Er wünschte sich eine stabile politische Ordnung, eine Nation, in der die Menschen so lange frei waren, wie sie sich innerhalb der ihnen zugewiesenen Grenzen bewegten. Hobbes gilt zwar als großer politischer Philosoph, hatte aber persönlich genug von der Politik und sehnte ein Regime der Sozialtechnik herbei. Seine Fantasie passte besser in ein Physiklabor (oder, wie ich im Folgenden zeigen werden, zu einem Billardspiel) als in die manchmal chaotische Welt der Politik. Milton hingegen wurde zwar eher als Literat denn als politischer Theoretiker betrachtet, verfügte jedoch über eine lebendige politische Fantasie, die selbst seine berühmtesten Werke wie *Das verlorene Paradies* beeinflusste. Milton konnte sich Freiheit also *politisch* vorstellen, während sein Mitbürger Hobbes dies nur *physisch* konnte.

Hobbes und der Zustand der Freiheit

Thomas Hobbes ist der vielleicht bedeutendste Freiheitsphilosoph der vergangenen 500 Jahre. Zudem spielte er begeistert Billard (eine beliebte Freizeitbeschäftigung Ludwigs XIV., an dessen Hof Hobbes eine Zeitlang sein politisches Exil verbrachte). Für Hobbes war Freiheit ein physischer Zustand, ähnlich einer rollenden Billardkugel. Zu Beginn des 21. Kapitels des *Leviathan* schreibt er: »Freiheit bedeutet (eigentlich) das Fehlen von Widerstand.« Mit Widerstand meint er »äußere Hindernisse der Bewegung«. Er fährt fort, ein freier Mensch sei, »wer nicht daran gehindert wird, Dinge nach seinem Willen zu tun, zu denen er aufgrund seiner Kraft und seines Verstandes fähig ist.«[255] Hobbes bezieht Freiheit somit auf den einzelnen physischen Körper. »Freie Menschen« sind frei, wenn sie nicht in ihrer Bewegungsfreiheit behindert werden, so wie ungebundene Teilchen oder Billardkugeln. Hobbes unterscheidet nicht zwischen belebten und unbelebten, rationalen und irrationalen oder menschlichen und nicht menschlichen Körpern, sondern zwischen Körpern, die sich innerhalb eines bestimmten Raums frei bewegen können und jenen, die das nicht können. Freiheit ist also nichts anderes als Materie in Bewegung.

Dieser Freiheitsbegriff war damals eher neu, entwickelte sich aber zu einem außergewöhnlich überzeugenden Konzept. Tatsächlich glauben heute die meisten, dass »Freiheit« im Wesentlichen bedeutet, von etwas befreit zu sein (etwa von Terminen, der Einmischung der Regierung oder quengelnden Kindern). Dieses Freiheitsverständnis wird oft als »negative Freiheit« bezeichnet, weil Freiheit hier bedeutet, *nicht* eingeschränkt oder verpflichtet zu sein. Negative Freiheit bildet den Kern der rechts- und regelbasierten Form des politischen Liberalismus, der mit den Werken John Lockes und seiner Interpreten in Verbindung gebracht wird. Doch ihr erster großer Architekt war der Absolutist Hobbes.

Isaiah Berlin, einer der einflussreichsten liberalen Philosophen des 20. Jahrhunderts, definierte negative Freiheit als den Grad, bis zu dem keine Person oder Institution sich in jemandes Aktivitäten einmischt, und als den Bereich, in dem ein Mensch unbehelligt von anderen agieren kann.[256] Hier klingt er genau wie Hobbes, für den Freiheit im Wesentlichen ein physisches Phänomen ist. Hobbes erklärte, das Wort Freiheit »lässt sich nicht weniger auf unbelebte Dinge als auf vernunftbegabte Geschöpfe anwenden.«[257] Um frei zu sein, muss man also kein Mensch und nicht einmal ein Tier sein. Wasser ist ausreichend:

> Denn was immer so gebunden oder eingeschlossen ist, dass es sich nur innerhalb eines bestimmten Spielraums bewegen kann […], von dem sagen wir, es hat keine Bewegungsfreiheit. Und so sagen wir von allen Lebewesen, wenn sie von Mauern oder Ketten umgeben oder gehemmt werden, und vom Wasser, wenn es von Dämmen oder Gefäßen eingeengt wird und sich sonst über einen größeren Raum verbreiten würde, ihnen fehlt die Freiheit, sich so zu bewegen, wie sie es ohne jene äußeren Hindernisse tun würden.[258]

Aus dieser Sicht mangelt es sowohl dem Gefangenen als auch dem Wasser in einem Becken an Freiheit. Für Hobbes gibt es hinsichtlich des Freiheitsbegriffs keinen signifikanten definitorischen oder qualitativen Unterschied zwischen Menschen und Wasser. Beide sind gleichermaßen unfrei, wenn ihre Bewegungsmöglichkeit von außen behindert wird.

Vielleicht sollte ich jedoch sagen, beide seien gleichermaßen »frei«, denn diese inzwischen gängige Vorstellung begreift Freiheit als Zustand, als begrenzte Bedingung. Hobbes' Freiheitsbegriff wird stets durch die Metapher der Bewegung konkreter Körper innerhalb eines begrenzten Raums organisiert. Diese Vorstellung passt eher zu einem Physiklabor (oder einem Billardtisch) als zu einer politischen Gesellschaft – und doch plädiert Hobbes in Bezug auf die politische Gesellschaft genau für diesen Freiheitsbegriff. In dieser Logik ist der Häftling, der über den Gefängnishof spaziert, innerhalb der Grenzen des Hofs frei – genau wie ein Rentner frei ist, wenn er auf öffentlichen Gehwegen im Vorort spazieren geht. Hinsichtlich der Freiheit ist der Unterschied zwischen Häftling und Rentner damit quantitativ, aber nicht qualitativ. Der Rentner hat einfach mehr Platz, um sich zu bewegen. Doch weder Häftling noch Rentner haben unbegrenzte Bewegungsfreiheit. So sind beide gleichzeitig gebunden und frei.

Beide haben innerhalb dieser begrenzten Räume gewisse Rechte. In anderen Worten: Es ist möglich, auch im Rahmen einer Inhaftierung bestimmte Rechte zu wahren. Hobbes ist ein Philosoph, der Politik durch und durch als eine Frage von Mauern und Grenzen begreift. Sein Freiheitsbegriff ist deshalb nicht besonders anspruchsvoll: Er braucht nur einen Bewegungsraum. Innerhalb dieses Raums ist man frei und genießt möglicherweise sogar bestimmte Rechte. Die politische Herausforderung besteht für Hobbes darin, zu entscheiden, *wer* sich *wo* bewegen darf. Nicht zufällig beschäftigt diese Frage auch die moderne Gesetzgebung als auch die moderne Polizei. Den Ausgangspunkt des modernen, rechtebasierten politischen Liberalismus bildet in der Tat das Eigentumsrecht. Eine Generation nach Hobbes argumentierte Locke, unser grundlegendstes Recht sei das Recht, uns selbst zu »besitzen«; alles andere folge daraus. Gesetze sind letztlich also Methoden zur Errichtung und Verteidigung von Grenzen, innerhalb derer unsere individuelle »Freiheit« über die anderer gestellt wird.[259]

Wenn wir heute in einem politischen Kontext über Freiheit sprechen, können wir den hobbesschen Metaphern nur schwer widerstehen: mauern, bewachen, umschließen, umzäunen, zurückhalten, verteidigen, beschützen etc. Wenn Freiheit die Abwesenheit von Widerstand ist, benötigt man zur Sicherung dieser Freiheit paradoxerweise Barrieren gegen die Widerstände. Dazu gehört auch die Opposition gegen andere Menschen, weil Menschen in dieser Vorstellung von Freiheit ein primäres (nicht nur sekundäres) Hindernis der Freiheit des Einzelnen sind. Das gilt vor allem für fremde, mächtig oder bedrohlich erscheinende Menschen. Hobbes kann sich den gesetzlosen »Naturzustand«, in dem es keine formalen, legalen Barrieren für den Schutz der individuellen Freiheit gibt, deshalb nur als große Menschenmasse vorstellen, innerhalb derer die Einzelnen zusammenstoßen wie Billardkugeln und jeweils Hindernisse für die Freiheit der anderen sind. Die im Naturzustand gefangenen Menschen tun das aus Hobbes' Perspektive Natürliche und Logische – und das, was auch die modernen Menschen seither immer wieder getan haben: Sie töten einander. Das Ergebnis ist Hobbes' berüchtigter »Krieg eines jeden gegen jeden«.[260]

Souveräne Staaten und souveräne Subjekte

Angesichts dieser Katastrophenvorstellung zielte Hobbes auf eine Politik der Freiheit durch Grenzen. Diese hatte aus seiner Sicht jedoch einen Haken: Sie ist auch eine Politik der Freiheit durch Beherrschung. Die ironische Folge der hobbesschen Reduktion der Freiheit auf Bewegungsfreiheit innerhalb bestimmter Grenzen ist, dass jede Politik nun gänzlich von einem »Souverän« abhängt – einer Person oder Institution mit der unbegrenzten Freiheit, Grenzen zu setzen. Wenn Politik im Wesentlichen ein System ist, das mithilfe von Grenzen bestimmen will, wer sich wie wohin bewegen kann, dann muss jemand außerhalb und über dem System stehen, um es zu steuern. Für Hobbes ist dies der Souverän.

In der modernen Politik ist Souveränität nicht zufällig ein ebenso wichtiger Begriff wie Freiheit. Das Wort stammt aus der Kombination zweier älterer Wörter, die »Super-Herrschaft« bedeuten. Dem modernen Begriff liegt ein Konglomerat aus historischen, philosophischen und theologischen Faktoren zugrunde, doch im Kern bezeichnet er die Macht und Autorität, auf absolute Weise das zu tun, was man möchte. Laut Hobbes führt Freiheit jenseits dieser souveränen Macht unausweichlich zu Krieg und Chaos. Die souveräne Macht ist der *Deus ex Machina* in Hobbes' politischer Fantasie und die einzige Ausnahme von seiner politischen Logik. Souveräne Macht muss nach Hobbes grenzenlos sein – denn wie könnte etwas Begrenztes wirksame Grenzen für alle anderen setzen? Eine eingehegte Macht wäre nie »souverän«, denn souveräne Macht muss absolut frei sein – oder einfach: absolut.

In dieser Gleichsetzung von Souveränität und Freiheit sah Arendt eine große Gefahr für die Politik: »[T]he freedom of one man, or a group, or a body politic can be purchased only at the price of the freedom, i.e., the sovereignty, of all others«.[261] Hobbes wollte den »Krieg eines jeden gegen jeden« zwar überwinden, verwandelte ihn stattdessen aber in die Freiheit des absoluten Souveräns gegenüber allen anderen. Aus Hobbes' Sicht werden wir uns immer im Krieg befinden.[262] Seine Frage lautet im Kern: Wer kämpft wie gegen wen? Er glaubte, dass es in der Politik letztlich darum gehe.

Fast drei Jahrhunderte nach dem *Leviathan* veröffentlichte der politische Philosoph Carl Schmitt, ein Zeitgenosse Hannah Arendts, die Schrift *Der Leviathan in der Staatslehre des Thomas*

Hobbes (1938). Anders als Arendt war Schmitt in vielem mit Hobbes einverstanden. Auch er plädierte für mächtige Souveräne und starke souveräne Staaten und begriff sogar den Nationalsozialismus als notwendigen Gegenpol zu den von ihm als schwach erlebten europäischen Regierungen. Schmitt glaubte, Hobbes' Projekt sei auf tragische Weise unterbrochen worden: Hobbes habe souveräne Staaten mit souveränen Herrschern schaffen wollen; stattdessen hätten sich unter dem Deckmantel des »Liberalismus« jedoch »souveräne Subjekte« durchgesetzt. Er argumentierte explizit antisemitisch, indem er die »Schwäche« der europäischen Gesellschaften auf angebliche Versuche der Juden zurückführte, ihre Religion vor der staatlichen Autorität zu schützen.[263] Das Ergebnis sei eine westliche Welt der starken Individuen, die ihre Bevölkerung – etwa die deutsche – jedoch nicht dazu bewegen könnten, im Sinne der Staatsinteressen gegen Staatsfeinde zu handeln.

So unangenehm es auch sein mag: Schmitt artikulierte vieler unserer heutigen Annahmen über Politik. Ein Grund ist, dass Schmitt sich ungeachtet seiner Kritik am Liberalismus innerhalb desselben hobbesschen Rahmens bewegte wie die politisch Liberalen. Dieser Rahmen macht die Frage der Souveränität zur Kernfrage der Politik: Wer hat die Macht? Wer hat die Freiheit, zu bestimmen?[264] Viele von uns beantworten diese Frage mit einer Gleichung: *Politische Macht = das Recht, Entscheidungen zu treffen + die Macht, diese Entscheidungen durchzusetzen*. Politische Macht ist damit souveräne Macht.

Nach dieser Logik besteht sie in der Freiheit, die eigenen Entscheidungen mit Zwang durchzusetzen – denn ohne Zwang geht das nicht. Dieses Denken wurde zur Grundlage moderner – liberaler wie autoritärer – Staaten. So konnte der politisch liberale Max Weber den Staat als definieren als »diejenige menschliche Gemeinschaft, welche innerhalb eines bestimmten Gebiets [...] das *Monopol legitimer physischer Gewaltsamkeit* für sich (mit Erfolg) beansprucht)«.[265] Was bedeutet vor diesem Hintergrund Politik für Weber? Es ist »jede Art selbständiger *leitender* Tätigkeit«, die Leitung »eines Staates«.[266] Das Wesen der modernen Politik ist laut Weber also der souveräne Staat mit seiner souveränen Führung.

Bringen wir das Ganze auf eine persönlichere Ebene. Wenn ich als Mitglied einer politischen Gemeinschaft das Gefühl habe, als Individuum oder durch die Gruppe, der ich angehöre, eine starke politische Position zu haben, liegt das wahrscheinlich daran, dass meine Entscheidungen und Wünsche oder die meiner Gruppe vom Staat (oder der Regierung) sowohl *widergespiegelt* als auch *durchgesetzt* werden. Ich »sehe« meine Interessen oder die meiner Gruppe in der souveränen Staatsmacht widergespiegelt. Wenn ich mich hingegen nicht repräsentiert oder zur Mitbestimmung berechtigt fühle, liegt das wahrscheinlich daran, dass ich mich selbst im Souverän nicht »sehe« und auch nicht das Gefühl habe, der Staat würde meinen Willen durchsetzen. Sowohl Berechtigte als auch Entrechtete nehmen den Staat hier als Instrument der Durchsetzung und des Schutzes von Interessen wahr. Politik wird so zu einem Werkzeug der Durchsetzung des eigenen Willens, zu einem Machtinstrument, das untrennbar mit der Macht des Souveräns verbunden ist, die allein uns politisch repräsentieren und berechtigen kann. So sind wir alle Subjekte des Souveräns, genau wie Hobbes es behauptete.

Arendt teilte diese Vorstellung nicht. Sie hielt Souveränität für eine Gefährdung der Politik, weil sie diese auf die Logik der Erzwingung reduziert und Macht zum Endziel aller Politik erklärt. Sie macht Politik zum reinen Werkzeug, zum Bestandteil von Sozialtechnik und Überwachung. Für Arendt war die Souveränität auch eine Bedrohung des von Hobbes angestrebten Friedens, weil sie einer zirkulären Logik folgt, unter deren Bedingungen Gewalt nicht weniger, sondern mehr Sinn ergibt.[267] Ob in Gestalt eines Staats oder eines Individuums – Souveränität umfasst die Vorstellung grenzenloser Freiheit, in der man tun kann, was man will.[268]

Das passt natürlich nicht zu einem friedlichen Zusammenleben mit anderen, die sich auch als souverän erachten – seien es Staaten oder Individuen. Was geschieht, wenn sich zwei oder mehr »Souveräne« der Fantasie vollständiger Willensfreiheit hingeben und sich dabei gegenseitig in ihrer Freiheit behindern? Sind sie besonders vernünftig und vorausschauend, finden sie vielleicht einen Kompromiss oder schränken ihre Freiheit ein, um miteinander auszukommen. Doch wenn Souveränität letztlich Freiheit ist, wie lange ist der Kompromiss erträglich? Souveränität schafft also eher die Bedingungen der gewaltsamen Auseinandersetzung souveräner Willen, statt sie zu verhindern.[269]

Schmitt war sich dieses Gewaltpotentials bewusst und bekannte sich dazu. Für ihn reduzierte sich das Politische auf die Unterscheidung »zwischen Freund und Feind«.[270] Individuen, die sich als souverän begreifen, werden in allen, die die Ausübung dieser Souveränität hinterfragen oder erschweren, nicht nur Rivalen, sondern regelrechte *Feinde* sehen. Das gilt auch für Staaten, die ihre Souveränität nicht eingeschränkt sehen wollen. Für Schmitt, wie für Hobbes, ist Politik deshalb Krieg mit anderen Mitteln. Schmitt sagte explizit, der logische Ausgang der Politik sei die »physische Tötung«.[271]

Doch warum sollte man dem Kampf die Würde des Politischen verleihen? Warum beschäftigten sich Hobbes und Schmitt überhaupt mit Politik, wenn sie doch zu dem Schluss kommen, der Krieg sei unvermeidlich und könne nur hinsichtlich Art und Ausmaß beeinflusst werden? Beide schienen der Politik einen Platz in einer kriegerischen Welt sichern zu wollen – nicht, weil es ihnen die Argumentation abverlangte, sondern weil der gesunde Menschenverstand ihnen sagte, dass ein Plädoyer für eine Welt, in der es nichts als Krieg gibt, sinnlos oder unwürdig ist. Ein derartiger Militarismus hätte genau die Politikbegriffe unterlaufen, an denen interessiert zu sein Hobbes und Schmitt vorgaben. Vielleicht haben beide innegehalten und immerhin kurz nachgedacht?

Arendt fordert uns auf, innezuhalten und über den Begriff der Souveränität nachzudenken. Hobbes entwickelte ihn als Lösung für Krieg und Konflikte, aber er war nur eine Notlösung. Anders als erhofft hat die Souveränität die Konflikte nicht beendet. Der Frieden, den Hobbes suchte, ist nun sogar schwerer zu erreichen, weil die absolute Logik von Rechten, Macht und Willen uns in einem ständigen Kriegszustand hält. Diese Logik lebt in der gegenwärtigen politischen Kultur auf vielfache Weise fort. Sie bindet uns an den Staat als Zwangsinstrument und macht uns anderen gegenüber misstrauisch, weil wir sie als potentielle Feinde betrachten. Und doch sprechen wir, wie Schmitt, weiterhin von »Politik«. Vielleicht suchen auch wir nach einem besseren Weg. Falls das so ist, würde Arendt vorschlagen, dass wir uns genauer mit der Bedeutung der *Freiheit* beschäftigen.

Die Qualität der Freiheit

Arendt interessierte sich weniger für die exakten technischen Wortbedeutungen, sondern eher für die Phänomene und Erfahrungen, die wir mit ihnen beschreiben: »Offensichtlich bedarf jegliches unter den Menschen neu Erscheinende eines Wortes, um es gleichsam dingfest zu machen, wobei es nie ohne Belang ist, ob ein neues Wort geprägt wird oder ob ein altes Wort plötzlich seinen Bedeutungsgehalt entscheidend ändert. Dies gilt vor allem auch für den politischen Bereich, in der ohnehin der Mensch als ein für Sprache begabtes Wesen eigentlich zur Geltung kommt.«[272] Das Wort Freiheit zu verstehen, schien ihr jedoch ein hoffnungsloses Unterfangen.[273] Der Wissenschaft zufolge sind wir nicht so frei, wie wir glauben: »Unter dem Kreuzfeuer jener Zweige der Psychologie und der Gesellschaftswissenschaften, deren Sinn die Entlarvung ist, konnte es wohl scheinen, als sei dem Begriff der Freiheit nun wirklich der Garaus gemacht worden.«[274] Psychologie, Soziologie und heute auch bestimmte Formen der Neuro- und Kognitionswissenschaften sagen uns, dass wir nie wirklich frei sind und Umwelt, Gene und Nervenbahnen unser Leben stark beeinflussen, wenn nicht gar bestimmen. Gleichzeitig haben wir erlebt, wie das Wort Freiheit benutzt und missbraucht wurde, um noch die schlimmsten Formen von Herrschaft und Gewalt zu rechtfertigen und die banalsten Konsumgüter zu verkaufen. Und doch versuchen wir weiterhin, Freiheit zu verstehen, weil der Begriff nicht nur in unserem politischen Vokabular, sondern auch für unser Selbstverständnis als freie und deshalb verantwortliche Wesen[275] zentral ist?

Laut Arendt ist es die Politik, die den Schlüssel zur Bedeutung von Freiheit hält, weil wir Freiheit in der Politik als konkrete weltliche Realität erfahren und nicht als wissenschaftlichen, ideologischen oder gar philosophischen Begriff.[276] In dem Essay *What Is Freedom* argumentiert Arendt, wenn wir das Rätsel unserer Freiheit lösen wollten, müssten wir uns mit der Tatsache unserer politischen Existenz beschäftigen. Anders als in der Philosophie, Wissenschaft, Ideologie oder unserem stets sich wandelnden Selbstverständnis finden wir in der Politik Menschen, die entweder frei oder unfrei sind – je nachdem, ob sie frei handeln können. Ohne die Annahme, dass Freiheit existiert, könnten wir uns selbst nicht als mit anderen in der Welt Handelnde begreifen – wir wären dann nur von Kultur, Geschichte oder Biologie getrieben.

Als Analogie dient das Gefühl, inmitten einer Menschenmenge nach einem großen Sportereignis oder Konzert durch einen Tunnel gedrängt zu werden. Wir haben das Gefühl, von der Masse vorangeschoben zu werden, ähnlich einer Kugel oder einem Rad. Wir handeln nicht, sondern bewegen uns nur, und sind deshalb nicht frei: Die Körper um uns herum zwingen uns voran. Jetzt stelle man sich vor, man rufe: »Bleiben Sie ruhig! Bewegen wir uns alle gemeinsam!« Anders als die Bewegungen der Körper im Tunnel entspringe diese Worte keinem Zwang, sondern sind frei gewählt. So *handelt* man durch die Rede, selbst während man vorangeschoben wird. Politik ist für Arendt der Zeitpunkt unserer Existenz, an dem wir uns entscheiden, »zu rufen« oder anderweitig mit anderen zu handeln, um der Myriade sozialer und historischer Situationen um uns herum zu begegnen, die jenseits unserer Kontrolle scheinen. Freiheit ist das Wort, mit dem wir die Erfahrung des Redens oder Handelns beschreiben.

Nicht zufällig umfassen die Worte für Freiheit im Altgriechischen, Lateinischen, in westgermanischen Dialekten, im Altnordischen, Altfranzösischen und Mittelenglischen das Spektrum von Zustand über Status bis hin zur *Eigenschaft*. In *Studies in Words* untersucht C. S. Lewis ausführlich das Wort *frei*. Er stellt fest, dass Wörter für Freiheit oft mit Zustandsbeschreibungen beginnen – meist dem rechtlichen oder gesellschaftlichen Status, etwa in »freie Menschen« versus Sklaven – und mit der Zeit einen »zweiten, sozial-ethischen Sinn« annehmen, der die Qualität einer Person, Handlung oder Sache bezeichnet.[277] Beispielsweise bedeutet das griechische *eleutheros* »frei« im Sinne von »nicht versklavt«.[278] Es kann sich auch auf eine *polis* oder ein anderes begrenztes Gebiet beziehen, dass autonom und nicht an einen anderen Staat gebunden ist. In der *Politik* unterscheidet Aristoteles den »freien Markt« (die freie *Agora*) vom »Marktplatz für den Warenhandel«: Ersterer ist frei, weil er voller hinsichtlich des Status freier Menschen ist, die Freizeitbeschäftigungen nachgehen. Letzterer ist unfrei, weil er geschäftlichen Aktivitäten oder Notwendigkeiten gewidmet ist, von denen viele durch Sklaven und Diener ausgeführt werden.[279]

In der antiken griechischen Kultur konnte *eleutheros* aber auch eine Seins*qualität* bezeichnen, den Charakter einer Person oder Sache, der mit den Eigenschaften assoziiert ist, die ein freier Mensch hat oder haben sollte. In einem Fragment von Menander heißt es beispielsweise: »Lebe in Sklaverei im Geist eines freien Menschen (*eleutherôs*), und du wirst kein Sklave sein.«[280] Im Lateinischen wird *liber* sowohl zur Beschreibung eines freien (nicht versklavten) Menschen benutzt als auch für eine freie Sache. In einer Passage, die Hobbes zweifellos gefallen würde, bezeichnet Ovid das Meerwasser als *liberioris* im Vergleich zu Flusswasser, weil es offen und unbegrenzt ist.[281] Doch *liber* meint auch eine Qualität des Geistes, des Charakters oder der Handlung: Cicero bezeichnet die großzügigen Menschen, die Lösegeld für Kriegsgefangene zahlen, als *liberalis*.[282] Bis zum Ende des 18. Jahrhunderts wurde das vom Lateinischen *liber* abgeleitete *liberal* im Englischen und Französischen überwiegend als Adjektiv zur Beschreibung der Eigenschaft einer Person oder Handlung eingesetzt.[283]

Die gleiche Grundtendenz gibt es in alten nordeuropäischen Sprachen und Dialekten. Das Wort *frank* beispielsweise bezeichnete ursprünglich das Volk der Franken. Die Franken waren Eroberer: Im 6. Jahrhundert nahmen sie Gallien ein und übernahmen das Kommando in einigen römischen Dörfern. So wurden die freien Menschen, die Franken, frank, während die Einwohner der römischen Siedlungen (*villas*) Diener und Sklaven wurden (engl. u. frz. *villains*). Mit der Zeit und lange nach dem Ende der Frankenherrschaft nahm *frank* die Bedeutung »offen, ehrlich, direkt« an, während *villain* sich zu »Schurke« wandelte.[284]

Die Geschichte dieser Wörter zeigt jeweils die Spannweite von einem Zustand oder (meist rechtlichen) Status bis zu einer Eigenschaft oder einem (meist ethischen) Attribut. Die Bedeutung wandelt sich jeweils vom Zustand oder Status hin zur Beschreibung der *Eigenschaft* einer Person oder Sache. Mit einer Ausnahme: Das englische Wort *free* nimmt nie eine so starke ethische oder qualitative Bedeutung an wie die anderen.[285] Der *New Oxford English Dictionary* verzeichnet für *free* acht Einträge, doch keine von ihnen hat eine ethische Bedeutung, und sieben davon definieren *free* negativ mithilfe von »nicht« oder »ohne«, also »nicht körperlich eingeschränkt« oder »ohne Zuschlag«.

Aus diesen relativ engen Etymologien und beispielhaften Wörterbuchdefinitionen erfahren wir zugegebenermaßen nicht alles, was wir über die Sprach- und Ideengeschichte des Begriffs Freiheit wissen müssten. Doch sie stützen Arendts These, in der modernen Welt stünden Begriff und Ideal der Freiheit unter starkem Druck. Passend zu Hobbes hat sich »Freiheit« auf einen Zustand reduziert. Wir so genannten »Freiheitsliebenden« scheinen diese Freiheit nur wie Billardkugeln zu erleben, innerhalb von Grenzen und gebremst von gegenläufigen Kräften. Das Freisein begreifen wir nur innerhalb von »Staaten«, in denen wir einen gewissen »Status« innehaben. Wir sind frei, aber nur so, wie der Häftling auf dem Gefängnishof frei ist.

Folgen wir also Arendt, nutzen wir unsere Fantasie und erweitern wir unsere Vorstellung von Freiheit. Der Rest dieses Kapitels beschäftigt sich mit dem großen Dichter John Milton, der auch politisch aktiv in Erscheinung trat. Er stand während des Englischen Bürgerkriegs auf der Hobbes entgegengesetzten Seite: Er hing nicht der Monarchie an, sondern fühlte sich dem Parlament und dessen Auseinandersetzung mit dem König verpflichtet. Wie wir sehen werden, kritisierte Milton jedoch auch Entscheidungen des Parlaments, etwa hinsichtlich der Zensur. Er war durch und durch Republikaner und der Macht des Volkes verpflichtet – insbesondere dem Recht, gemeinsame Anliegen redend und handelnd zu adressieren. Milton brachte die Semantik von »frei« und »Freiheit« in einen politisch-ethischen Bereich der Semantik, den Arendt begrüßt hätte.[286] Wie Arendt verlieh auch er ihm eine Handlungsqualität.[287]

Das politische Paradies

Miltons *Verlorenes Paradies* gehört zu den berühmtesten Gedichten aller Zeiten. Es ist ein epischer, allegorischer Kommentar sowohl der *conditio humana* als auch der Lebensbedingungen der Menschen in England zu Miltons Zeit. Es ist ein politischer Mythos, eine Geschichte von Herrschern und Rebellen, Gesetzen und Gesetzesbrechern, Souveränen und Subjekten, Ordnung und Unordnung. Es ist auch eine Geschichte über Freiheit und ihre Gegensätze. Mit Blick auf den Titel lässt sich *Das verlorene Paradies* zum einen als Geschichte eines politischen Paradieses lesen, dass sich im Krieg mit der politischen Hölle befindet. Für nicht Wenige zu Miltons Lebzeiten ließ sich der Englische Bürgerkrieg so zusammenfassen.

Für Milton ist das Wesen des politischen Paradies nicht nur eine Frage der Politik, sondern auch der Poesie und Theologie. In gewissem Sinn ist es auch die versteckte Frage hinter Hobbes' höllischem »Krieg aller gegen alle« – die Frage, die er und so viele seiner liberalen Nachfolger nicht zu stellen wagen, weil sie Angst haben, damit eine gefährliche, »utopische« Fantasie zu befeuern. Für Milton ist diese Frage zentral, weil sie den Menschen auf der Erde – wo weder Himmel noch Hölle gänzlich verwirklicht sind – eine Orientierung bietet, an der sie ihr politisches Streben ausrichten können, sowie eine Handlungsmotivation jenseits der hobbesschen Angst.

Im *Verlorenen Paradies* ist das Paradies ein Ort der Freiheit (die Arendt als »öffentliche Freiheit« bezeichnen würde).[288] Das passt natürlich nicht nur zu Arendt, sondern auch zu unseren eigenen politischen Wünschen, oder nicht? »Freiheit« meint hier Entscheidungsfreiheit – auch das gefällt uns, oder? Milton war weder Fatalist noch Determinist – keine politische Denkerin, kein politischer Denker kann das sein. Wer die Zukunft dem Schicksal oder historischen, wirtschaftlichen, technologischen oder gesellschaftlichen Kräften überlässt, denkt antipolitisch. Gleichzeitig sind politische Denker*innen von Haus aus Humanist*innen; sie glauben an die Macht der Menschen, den Lauf der Dinge zu verändern. Deshalb ist der »freie Wille« in Miltons Werk von ebenso zentraler Bedeutung wie in Arendts.[289] Er ist nicht nur ein Begriff, sondern eine Kraft – vielleicht *die* eine Kraft –, mit der wir uns als Selbst in der Welt begreifen, Position beziehen und unsere Unabhängigkeit erklären. In der Ausübung des freien Willens kommen wir unserem politischen Paradies sehr nahe.

Miltons politisches Paradies haben wir damit jedoch noch nicht erreicht. Milton genügt der Wille nicht; die Entscheidungsfreiheit ist nicht souverän. Der Wille ist veränderlich, äußeren Einflüssen unterworfen, auch jenen der Diskurse und Reden. Er mag frei sein, genügt sich aber nie selbst. Für sich genommen ist der Wille wie ein einzelner Mensch: nackt, verletzlich, ausgesetzt. Er braucht andere. Er braucht eine Art Leitung, seine eigene kleine, politische Gesellschaft, ein Parlament aus Rede und Weisheit.[290] Genau darin besteht die politische Republik im Herzen von Miltons politischem Paradies: aus den voneinander getrennten und doch gleichberechtigten Kräften des Willens, der freien Rede und der Weisheit.

Innerhalb dieser Republik entwarf Milton das poetische Bild eines politischen Paradieses, das er als »Rational Libertie« (rationale Freiheit) bezeichnete. Im Kontrast zu Freiheit klingt das nicht nur antiquiert, sondern auch streng. Im England des 17. Jahrhunderts hatte *rational* jedoch nicht die strengen Konnotationen der späteren Aufklärung. Es bedeutete nicht »entsagend«, sondern ließ an eine wohlgeordnete Freiheit denken. Für Milton bestand das »Rationale« nicht in abstrakten Berechnungen, sondern in Weisheit oder, besser noch, Umsicht – mithin in der Fähigkeit, unter mehreren Prioritäten, Maßnahmen und Möglichkeiten die im Hinblick auf die Zukunft je am besten passende herauszusuchen.[291] In Miltons politischem Paradies regiert neben Gott auch die Menschheit, die durch das Beurteilen des jeweils *Angemessenen* über die Schöpfung herrscht. Kann es etwas Politischeres geben? Nein. Denn wie wir gesehen haben, ist das Urteilen nicht nur ein primär politischer Akt, sondern auch die häufigste aller politischen Handlungen. Alle politischen großen und kleinen Akte, von Revolutionen, bis zu Abstimmungen über Resolutionen, beginnen und enden mit Urteilen.[292]

Das Urteilen wird ausführlich in einem Buch behandelt, das während Miltons Kindheit erschien: Hugo Grotius' *De iure belli ac pacis* (»Über das Recht des Kriegs und des Friedens,« 1625). Die Schrift übte großen Einfluss aus, nicht zuletzt auf Milton.[293] Zu ihren wichtigsten Beiträgen gehört das Plädoyer für die *attributive* (statt, wie bei Aristoteles, *distributive*) Gerechtigkeit. Sie besteht darin, einer Person nicht das zu geben, was ihr zusteht – was ihr geschuldet wird –, sondern das ihr *Angemessene* oder für sie *Geeignete*. Zur Illustration erzählte Grotius die von dem griechischen Historiker Xenophon überlieferte Geschichte des Perserkönigs Kyros II. Er wollte zwei Mäntel an zwei Jungen verteilen. Dem kleinen Jungen gab er den kleineren Mantel, den großen dem größeren Kind, weil dies im wahrsten Sinne des Wortes passend war. Laut Xenophon wurde Kyros dafür jedoch von seinem Lehrer kritisiert: Er habe nicht gefragt, wem die Tuniken je rechtmäßig gehörten – unabhängig davon, wem sie passten. Vielleicht habe eine bestimmte Tunika einem der Jungen *zugestanden*?[294]

Grotius meint, Kyros' Lehrer habe überreagiert. Es gebe Momente, in denen die Frage nach dem, was jemandem gebühre, die richtige sei, doch viele andere Fragen drehten sich im Kern eher darum, was für jeweils angemessen sei. Es gibt viele politische Situationen, in denen es im Kern nicht darum geht, was jemandem zusteht oder gehört – und wir oft fragen, welche Rechte betroffen seien? –, sondern eher darum, was angemessen ist. Die attributive Gerechtigkeit ersetzt nicht die kompensative, sondern kompensiert deren Beschränktheit. Hinsichtlich des Kriegsrechts argumentiert Grotius etwa, ein König möge das »Recht« beanspruchen, gegen einen anderen Herrscher Krieg zu führen, um ein vorangegangenes Unrecht auszugleichen, doch sei dies keine gute Grundlage für die Entscheidung, einen Krieg anzufangen oder nicht. Es gebe viele Argumente gegen die Durchführung von Bestrafungen, nicht zuletzt das Wohlergehen anderer.[295] Die jeweilige Situation solle das Handeln bestimmen, nicht das bloße Recht.

In Miltons Paradies wird eben diese attributive Gerechtigkeit angewendet. Sowohl für Grotius als auch für Milton war das Paradigma dieser Form attributiver Gerechtigkeit nicht der Marktplatz, wo man dieses gegen jenes tauscht, je nachdem, was man wem schuldig ist. Das entsprach eher John Lockes Vorstellung. Vielmehr sucht ein Redner im *Diskurs* und durch *Rhetorik* (vgl. Kapitel 5) eine passende Antwort auf eine Situation oder Aussage, statt nach einer »souveränen« Regel oder einem externen Standard Ausschau zu halten.[296] Für Grotius bestand das »umsichtige« Vorgehen in der »Überzeugung« oder »Ablenkung« der Person, die eine Entscheidung treffen will, und nicht darin, ihr eine richtige Handlungsweise vorzuschreiben.[297] Gleichermaßen ist die höchste menschliche Begabung, die Vernunft, für Milton eng mit der Rhetorik verbunden. Raphael, der große Engel im Verlorenen Paradies, bezeichnet die Vernunft als »diskursiv« und manifest im »Diskurs«.[298]

In der Bindung des freien Willens an die Weisheit und die Rede – und letztlich an situative, umsichtige Urteilsfindungen – präsentiert uns Milton eine Freiheit, die nicht begrenzt, sondern durch Handlung realisiert wird. Jeder kann politisch frei sein, indem er in Worten oder Taten handelt. Ariella Azoulay, Professorin für Komparatistik, Moderne Kultur und Medien, fasst Arendts Haltung in dieser Frage so zusammen: »[M]an kann nie wissen, wo eine Handlung enden wird.«[299] Der Handlung wohnt eine seltsame, freie Kraft inne, aus der alles entstehen kann.[300]

Soviel zu Miltons politischem Paradies. Wie steht es um seine politische Hölle? Es handelt sich um Satans Hölle, und Freiheit wird dort nur als Zustand oder Status verstanden. Ähnlich wie Carl Schmitt später darauf beharrte, das Politische beruhe nur auf der Unterscheidung zwischen Freund und Feind, kann der Satan im *Verlorenen Paradies* sein politisches Wesen nur innerhalb der absoluten Unterscheidung von Souveränität und Dienstbarkeit begreifen: »[B]esser ist/ Der Hölle Herr sein als des Himmels Sklave.«[301] Der Engel Raphael erzählt von Satans Rebellion gegen Adam. Er zitiert Satan mit den Worten:

Wollt lieber ihr den Nacken drunter schmiegen
Und die geschmeid'gen Knie beugen? – Nein!
Das wollt ihr nicht, wenn anders ich euch kenne,
Und ihr euch selbst, als Eingeborene
Des Himmels, der zuvor nur euer war,
Ihr, wenn nicht alle gleich, doch sämtlich frei,
Und in der Freiheit gleich [...].[302]

Freiheit bedeutet hier, sich nicht zu unterwerfen – nicht mehr und nicht weniger.[303] Sie ist deshalb »schwer«, wie Mammon, einer der aufständischen Engel, sie beschreibt, aber doch dem »Sklavenpomp« vorzuziehen.[304] Freiheit ist hier nichts als die Freiheit *von* etwas. Sie ist nur ein Zustand.

In Miltons *Verlorenem Paradies* gibt es also zwei Freiheitsbegriffe, die sowohl mit den beiden Polen der historischen Bedeutungen von Freiheit – Zustand und Eigenschaft – zusammenfallen, als auch mit den beiden politischen Reichen in Miltons epischer Fantasie: Himmel und Hölle. Die Hölle ist ein Zustand, den wir uns mit Milton als Seinszustand, aber auch als Staat vorstellen können. Freiheit ist hier nur ein Zustand oder Status, der dem Hobbesschen Wasserbecken gleicht, in dem das Wasser nur innerhalb der Begrenzung »frei« ist. Im Paradies hingegen ist Freiheit eine Qualität des Denkens, Handelns und Redens, die in der Sprache nicht gebunden, sondern aktualisiert wird. Milton beschreibt wahre Freiheit als »innerlich« in dem Sinn, dass sie ein Potential ist und in bestimmten Situationen umgesetzt werden kann.[305] Miltons »innere Freiheit« ist weder ein nur manchen Menschen vorbehaltener Naturzustand (wie bei Aristoteles[306]), noch schicksalhaft (wie für die Machiavellisten zu Miltons Zeit). Freiheit ist für Milton »innerlich«, weil sie in einer allgemeinen menschlichen Fähigkeit wurzelt, die sich in der Handlungsqualität realisiert. Gemeint ist damit die Zusammenarbeit von Willen, Vernunft und Rede, also das politische Dreigestirn aus Entscheidungsfreiheit, vorausschauender Weisheit und angewandter Rhetorik. Bei Evas Sündenfall im *Verlorenen Paradies* wird diese Ordnung zerstört und es kommt zu Uneinigkeit unter den Menschen.[307] Aus diesem Blickwinkel wird die Dienstbarkeit selbst zu einem ethischen Thema. Miltons edler Engel Abdiel verkündet deshalb: »Knechtschaft nur ist es, einem Thoren dienen.«[308]

Rhetorische Freiheit

Was kann über die Qualität der Freiheit – jenseits dieser Kooperation von Willen, Vernunft und Rede oder Entscheidungsfreiheit, Weisheit und Diskurs – noch gesagt werden? In *Areopagitica* (1644), einem früheren Traktat Miltons, hat Freiheit auch die korporative Qualität des Commonwealth, die Arendts »öffentlicher Freiheit« stark ähnelt. Die *Areopagitica* gilt weithin als erstes großes Plädoyer für die freie Meinungsäußerung, reicht jedoch weiter: Es ist eine Verteidigung der *freien und vertrauensvollen Rede.* Milton schrieb den Traktat als Protest gegen eine Entscheidung des Parlaments von 1643, der zufolge alle Schriften vor Veröffentlichung vom englischen Parlament bewilligt werden mussten. Milton publizierte seinen Text ohne diese Lizenz und entgegen der Anordnung des Parlaments; auf den ersten Seiten präsentiert er ihn sogar explizit als Kritik am Parlament. Dieser Akt der Zurückweisung und des Widerstands geschah laut Milton nicht nur »frei«, sondern gerade als Ausdruck der Treue zum Parlament: »Denn wer freimüthig edle Thaten preist und zugleich sich auch nicht fürchtet, ebenso freimüthig zu bezeichnen, was noch besser zu machen ist, gibt auch die beste Gewähr seiner Treue.«[309]

Unabhängig von Miltons möglicherweise versöhnlicher Zielsetzung sticht die politische Logik dieser Aussage im England der 1640er-Jahre, einer Dekade ohne viel Gewähr, besonders heraus. Politische Treue bemisst sich für Milton nicht an der exakten Einhaltung von Vereinbarungen, sondern an der Qualität politischen Handelns im öffentlichen Raum.

Die Bedeutung der Einhaltung oder Missachtung von Vereinbarungen im Englischen Bürgerkrieg kann nicht genug betont werden. Sie war nicht nur ein Dauerthema, sondern der Hauptstreitpunkt in der Debatte zwischen König, Parlament und Parlamentsarmee um die Zukunft Englands.[310] Die Bedeutung der Einhaltung und Nichteinhaltung von Verträgen für die politischen Krisen in England zeigt sich in den Worten Henry Iretons bei den so genannten Putney-Debateen (oder Armee-Debatten) 1647, die sich um die Frage drehten, ob es eine gesellschaftliche oder Politische Ordnung jenseits von Verträgen oder Verfassungen geben könne: »Ich für meinen Teil glaube an die großartige Grundlage des Rechts [dass wir Verträge miteinander schließen sollten] und ohne die es keine zwischenmenschliche [Gerechtigkeit] geben kann... Es gibt keine andere mir bekannte Rechtsgrundlage..., als dass wir Verträge miteinander schließen. Frei geschlossene Verträge müssen eingehalten werden. Nimmt man das weg, weiß ich nicht, auf welcher Grundlage man sich noch auf Rechte berufen kann.«[311] Ireton wollte einen Staat, in dem das Gesetz herrscht – eine bewundernswerte Idee. Doch für ihn schien sie zu bedeuten, dass selbst sehr schlechte Gesetze befolgt werden mussten. Milton glaubte hingegen, dass politische Treue am besten in der freien Meinungsäußerung verwirklicht ist – im freien Bekunden dessen, was besser gemacht werden könnte. Und zwar selbst dann, wenn das Ungehorsam gegenüber dem Gesetzestext bedeutet. Milton war der Meinung, die politische Ordnung könne wirklich auf Freiheit begründet sein und auf etwas wie Grotius' attributiver Gerechtigkeit. Frei das zu äußern, was passt, ist für Milton nicht nur das deutlichste Kennzeichen politischer Treue, sondern auch die sicherste Grundlage einer politischen Ordnung.

Wie *Das verlorene Paradies* war auch Miltons *Areopagitica* von einer grundlegenden Sorge um das Verhältnis von freier Meinungsäußerung und politischer Ordnung getrieben. Es ist kein anarchistischer und nicht einmal ein libertärer Traktat. Wie *Das verlorene Paradies* ist es ein Plädoyer für Ordnung statt Unordnung, genauer für eine auf umsichtigen politischen Urteilen fußende Ordnung. Die *Areopagitica* ist zwar als erste große Verteidigungsschrift der freien Meinungsäußerung und gegen staatliche Zensur berühmt, doch die Argumentation wurzelt nicht in einer Rechtsdiskussion, sondern in dem Gedanken, dass ein Volk, insbesondere unter der Führung eines tugendhaften Herrschers, in jedem Fall umsichtig die passende Reaktion auf einen je bestimmten Text finden muss, statt die Meinungsäußerung von vornherein der Zensur zu unterziehen. Der *Areopagitica* geht es eher um die Qualität der Freiheit und damit auch der Qualität des Gemeinwesens, als um das Recht, alles auszusprechen, was man will.

In einem späten Essay über zivilen Ungehorsam argumentierte Arendt ähnlich: »Es gibt einen ungeheuren Unterschied zwischen dem Kriminellen, der das Licht der Öffentlichkeit scheut, und dem zivilen Gehorsamsverweigerer, der in offener Herausforderung das Gesetz in seine eigenen Hände nimmt.«[312] Einer bricht das Gesetz, um der Strafe zu entgehen, der andere, um sich für seine Mitmenschen einzusetzen und die Integrität des Gesetzes selbst zu verteidigen, indem er auf Ungerechtigkeiten hinweist. »Der zivile Gehorsamsverweigerer handelt […], auch wenn er zumeist gegen eine Mehrheit opponiert, im Namen und um einer Gruppe willen«, so Arendt.[313] In dieser Hinsicht agiert eine solche Person als Vertreter*in der Öffentlichkeit, genau wie es offizielle politische Volksvertreter*innen tun. Ein Beispiel für diesen zivilen Ungehorsam zu Arendts Lebzeiten war Diane Nash, die sich in den 1960er-Jahren zusammen mit anderen Freedom Riders weigerte, die im Süden der USA geltenden Rassengesetze zu befolgen. Sie berief sich auf die immense Ungerechtigkeit dieser Gesetze und nicht nur auf ihr Recht der freien Meinungsäußerung und Handlung, sondern auch der Beteiligung an der politischen Gemeinschaft als Vertreterin anderer. Nash tat dies in aller Öffentlichkeit, genau wie Milton mit der Veröffentlichung der *Areopagitica*. Dies waren keine kriminellen Akte, sondern Formen politischer Treue.

***

»Freiheit bedeutet (eigentlich) das Fehlen von Widerstand«, so Hobbes zu Beginn des 21. Kapitels des *Leviathan*. Freiheit ist deshalb ein Begriff, der »sich nicht weniger auf unvernünftige und unbelebte Dinge als auf vernunftbegabte Geschöpfe« anwenden lässt: »Denn was immer so gebunden oder eingeschlossen ist, dass es sich nur innerhalb eines bestimmten Spielraums bewegen kann, der durch den Widerstand eines äußeren Körpers festgelegt ist, von dem sagen wir, es hat keine weitere Bewegungsfreiheit.« Der Häftling und Wasser in einem Becken genießen deshalb eine gewisse Freiheit, jenseits der Begrenzung jedoch keinerlei Freiheit mehr.[314]

Zum Abschluss dieses Kapitels möchte ich mich noch ein wenig damit beschäftigen, dass Hobbes körperliche Freiheit als Fehlen physischer Grenzen begreift. Sein Denken ähnelt in dieser Hinsicht vielen heutigen Definitionen von Freiheit, die in der einen oder anderen Form mit Zwang zu tun haben. Ich bin »frei«, so glauben viele, wenn ich meinen Willen bekomme oder die herrschenden Mächte meine Interessen durchsetzen. Doch Hobbes' Ansatz gleicht auch dem heute verbreiteten wissenschaftlichen Verständnis menschlichen Verhaltens, das alles mit Neurowissenschaften, der »Gehirnmasse« oder materiellen Kausalmechanismen erklären will. In beiden Fällen versetzt uns die Körperlichkeit der Freiheit in eine Lage, in der letztlich der Zwang entscheidet. Auch Hobbes war klar, dass Politik in einer solchen Welt nichts ist als ein weiteres Zwangsregime.

Wie Milton stand auch Arendt nicht für die anarchistische Verweigerung jeder Art von Gesetzen. Sie war auch keine Pazifistin, die Gewalt und Zwang für kategorisch falsch hielt. Sie zielte nicht auf die Abschaffung von Staatsgrenzen, sondern begriff sie im Gegenteil als wichtige Bestandteile innerhalb der Verfassung politischer Rechte. Dennoch betrachtete sie mit großer Skepsis die scheinbar omnipräsente – und für sie dezidiert moderne – Angewohnheit, zur Regulierung und Beschreibung des gesamten menschlichen Erfahrungsspektrums, auch der Politik, auf Zwang zurückzugreifen. Ihre Skepsis gründete in gesundem Menschenverstand: Obwohl wir oft glauben, dass es letztlich auf den Zwang ankommt, leben die meisten von uns nicht so. Das gilt vor allem für die Politik. Gerade dort halten wir menschliche Freiheit für eine selbstverständliche Wahrheit.[315] Arendt versuchte nicht, unseren Freiheitsdrang als Illusion oder Ideologie kleinzureden, sondern begriff ihn bis zum Beweis des Gegenteils als Merkmal dessen, was an unserer menschlichen Existenz echt ist. Für Arendt ist Freiheit nicht nur ein Wort, eine Idee oder ein Slogan, sondern eine – vor allem politische – *Tatsache*.[316] In anderen Worten: Freiheit geschieht.

Arendt betrachtete Hobbes als Ideologen. Mit seinem körperlichen Freiheitsbegriff und einem auf Zwang beruhenden souveränen Staat musste er die Möglichkeit der Freiheit als Handlungsqualität außen vor lassen und sie zu etwas erklären, das einzig innerhalb eines begrenzten Raums stattfinden kann. Plantagenbesitzer, die gemütlich zu Hause sitzen, ihren Sklavinnen und Sklaven bei der Arbeit zusehen und ihnen hin und wieder Befehle zurufen, wären für Hobbes innerhalb der Grenzen der Plantage frei. Aus Arendts Sicht wären sie dies kaum. Sie wären zwar frei von körperlicher Not, doch als Sklavenhalter hätten sie keine Erfahrung mit der Freiheit, weil sie in keinem politischen – oder freien – Verhältnis zu ihren Mitbewohnerinnen und Mitbewohnern auf der Plantage stehen. Margaret Canovan fasst Arendts Argument so zusammen: Freiheit ist immer eine Qualität der »Handlung in der Anwesenheit der Mitmenschen« und nicht die bloße Erlaubnis, sich innerhalb seiner privaten Grenzen beliebig zu bewegen oder andere herumzukommandieren.[317]

Um zu dem bereits erwähnten Beispiel der Menschenmenge zurückzukehren, die das Stadion verlässt: Passiert man nach einer Sportveranstaltung mit einer Menschenmasse einen Tunnel, können die eigenen Bewegungen *qualitativ* schwerlich als frei betrachtet werden; man ist mehr oder weniger abhängig von den Bewegungen der Masse. Wie wir gesehen haben, kann der Ausruf »Bleiben Sie ruhig! Bewegen wir uns alle gemeinsam!« dennoch als qualitativ freie Handlung betrachtet werden. Spürt man jedoch eine Pistole im Rücken und wird aufgefordert, den gleichen Ausruf zu tätigen, ist man qualitativ keineswegs frei, wenn man gehorcht. Das Skript ist hier identisch, doch es besteht ein qualitativer Unterschied. Arendt und Milton verstehen Freiheit vor allem als eine menschliche Handlungsqualität, deren Skript sekundär ist. Sie bedarf natürlich bestimmter Voraussetzungen – etwa eines Raumes, um sich zu äußern, anderer Menschen, mit denen man sprechen kann und der Abwesenheit von Zwang. Und doch kann die Freiheit nicht formelhaft auf solche äußeren Bedingungen reduziert werden, als sei sie nur abhängig von Körpern und begrenzten Räumen. Deshalb hängen Politik, Freiheit und Handeln für Arendt so stark voneinander ab, dass sie beinahe identisch sind.

Eine gute Analogie für dieses Verständnis von Freiheit liefert das Improvisationstheater. Hier arbeiten alle Schauspieler*innen auf der Bühne zusammen, um eine gemeinsame Geschichte zu erzählen. Jeder ist frei, nach Belieben zu agieren, und doch fühlt sich jeder verantwortlich, zur gemeinsamen Geschichte beizutragen. Die für eine erfolgreiche Improvisationsvorstellung nötigen Bedingungen gleichen jenen für echte politische Freiheit: Eine Bühne oder Szene, das Grundgerüst einer gemeinsamen Geschichte, fähige Schauspieler*innen oder Bürger*innen und – vor allem – die Freiheit, zu handeln: zu sagen oder zu tun, was man will, und dann den anderen zu überlassen, nach Belieben zu reagieren, ohne dass einer der Beteiligten den eigenen Willen durchsetzen oder gar mit Gewalt erzwingen will. Eine Improvisationsbühne ohne Schauspieler*innen ist keine Theatervorstellung. Auch eine Bühne mit stummen oder passiven Schauspieler*innen führt nicht zu einer echten Vorstellung. Das Improvisationstheater ist also eher ein qualitatives Phänomen als eine einfache Zusammenstellung materieller Bedingungen. Es realisiert sich in der Vorstellung selbst, nicht in der Szene oder im Skript.

Das gleiche gilt für die politische Freiheit: Sie erscheint als Qualität von Handlungen und Interaktionen.[318] Laut Arendt war diese Freiheit in unserem Zeitalter eine positive politische Option, eine Möglichkeit, die innerhalb unserer politischen Kultur gepflegt werden könnte. Hobbes und viele, die nach ihm kamen, – ob liberal oder nicht – haben diese Möglichkeit implizit oder explizit bestritten, indem sie Freiheit als bloßen Zustand, Beziehung zwischen Körpern, Status, Zwang oder Kombination von Zwängen beschrieben. Die eigentliche Frage ist deshalb, ob wir die Politik mit Hobbes letztlich für Krieg mit anderen Mitteln halten – womit wir nicht mehr und nicht weniger frei wären als das Ausmaß unserer Macht in der Welt – oder ob wir Arendt darin zustimmen, dass Politik und Freiheit identisch seien.[319] Die Antwort auf diese Frage kann sich nicht auf eine akademische Betrachtung beschränken: Sie fordert unsere politische Fantasie.

SCHLUSSBETRACHTUNG

Die Wiedergeburt der Politik

Vor einigen Jahren besichtigte ich während der Arbeit an einem anderen Buch eine künstliche Berghöhle im Südwesten der USA. Sie wurde in den 1950er-Jahren für Millionen Dollar von der Regierung gebaut und besteht aus einem Labyrinth von Tunneln und großen und kleinen Räumen. Hier sollten der Präsident und andere hochrangige Regierungsvertreter im Fall eines Atomkriegs Unterschlupf finden. Es ist eine Art unterirdische Stadt, die Sicherheit und Schlafplätze bieten und das Überleben und die Versorgung garantieren sollte. (Ein Zimmer hieß »Eisenhower-Schlafzimmer«).

Trotz dieser herausragenden Ingenieurleistung wird die Einrichtung nur noch als Lager und für bestimmte militärische Waffentests genutzt. Selbst für damalige Verhältnisse war der Komplex sehr schlicht. Das Leben innerhalb des Bergs wäre inmitten einer Nuklearkatastrophe bestimmt besser gewesen als ohne diesen Schutz, dennoch wäre es düster und deprimierend gewesen. Einem Gefängnis gleich hätte es die hobbessche Freiheit bedeutet, sich innerhalb eines abgeschlossenen Bereichs zu bewegen. Das Leben dort wäre wie in Platons Höhle gewesen: illusorisch und dunkel. Dass die USA diese und ähnliche Einrichtungen im Namen des Kampfs für die »Freiheit« errichtet haben, zeigt vielleicht, wie sehr wir diese Freiheit missverstanden haben. Wenn das Freiheit ist, was ist dann Knechtschaft?

Was ist Freiheit? Das ist die wesentliche Frage, um die sich Hannah Arendts Apologie der Politik dreht. Für sie war Freiheit der

Grund der Politik, ihre *raison d'être*.[320] Ohne Freiheit ergibt Politik kaum Sinn: Maschinen und Märkte sind effizienter und Zwang ist weitaus wirksamer. Wenn wir uns mit »Zeug« zufriedengeben wollen, können wir uns auch kleine, umzäunte Wohngebiete bauen, Bildschirme installieren, Flaggen aufstellen und das Ganze »Patriotismus« nennen. Und wenn Menschen von nah oder fern unseren »Lebensstil« bedrohen, können wir sie mit Waffen und Bomben abwehren und hoffen, dass es funktioniert. Was für eine Freiheit! Genau diese Art von Freiheit führt zu echten und metaphorischen Höhlen, ob Militärbunker oder schallisolierte Kellerräume für einsame Männer.

Arendt wollte, dass wir aus unsren Höhlen kommen und der politischen Freiheit eine Chance geben – nicht durch Kampf, sondern durch Politik: Indem wir miteinander als Gleiche reden und handeln. Wie bereits dargelegt sind Freiheit, Handeln und Politik für Arendt identisch. Sie schrieb:

> The field where freedom has always been known [...] as a fact of everyday life is the political realm. And even today, whether we know it or not, the question of politics and the fact that man is a being endowed with the gift of action must always be present to our mind when we speak of the problem of freedom; for action and politics, among all the capabilities and potentialities of human life, are the only things of which we could not even conceive without at least assuming that freedom exists, and we can hardly touch a single political issue without, implicitly or explicitly, touching upon an issue of man's liberty.[321]

Wer Politik sagt, sagt auch Freiheit, weil Politik unser einziges Mittel ist, miteinander frei zu agieren und zu interagieren. Wie wir gesehen haben, gibt es viele Möglichkeiten, menschliches Verhalten zu koordinieren, Ordnung zu erzwingen und Macht und Autorität auszuüben. Doch keine davon – weder Maschinen noch Märkte, weder Maschinengewehre noch Missiles – befreien alle.

Natürlich sind einige in diesen Szenarien relativ frei – diejenigen, die die leitenden Positionen innehaben –, doch das heißt nur, dass sie politisch leben dürfen und wir nicht. Ihr politisches Leben beschränkt sich dann allerdings auf ihre gesicherten Einrichtungen.

Politik ist die Kunst der Freiheit in der weiten Welt. Das ist die erste wichtige Erkenntnis aus Arendts Werk.

Weil die Politik uns alle und unsere gemeinsame Welt betrifft, ist sie die unendliche Kunst der Entscheidungen darüber, in welcher Welt wir leben werden. Wesen und Reichweite politischer Macht und Autorität hängen von den Menschen ab, die solche Entscheidungen treffen. In Monarchien, Tyranneien und Diktaturen ist die Autorität auf eine kleine Elite beschränkt. In Demokratien und Republiken hängt es vom jeweiligen Volk ab. Man kann sich diese verschiedenen Regierungsformen wie die Antwort auf eine Grundfrage vorstellen: Wer darf politisch leben? (Was, wie wir jetzt wissen, identisch ist mit der Frage: Wer darf frei leben?)

Man kann sich die verschiedenen Regierungsformen aber auch als Antwort auf die Frage vorstellen: Wer ist verantwortlich für die Entscheidungen? Politisch leben bedeutet, frei *und* mit Verantwortung für die eigenen Worte, Taten und Urteile zu leben.

Ein Leben mit Verantwortung ist nicht dasselbe wie ein verantwortliches Leben. Das gilt für das menschliche Leben insgesamt. In allen Bereichen gibt es viele Menschen, die Verantwortung tragen, mit dieser aber nicht verantwortlich umgehen: Eltern, die Kinder vernachlässigen, Lehrer*innen, die Schüler*innen vernachlässigen oder Ärzt*innen, die Patient*innen vernachlässigen. Die Politik unterscheidet sich in dieser Hinsicht nicht vom Rest des Lebens. Doch wenn Bürger, Politiker oder Regierungsvertreter unverantwortlich handeln, tendieren wir sofort zur Verurteilung der Politik als solcher – obwohl wir auch das Konzept Familie als solches nicht angreifen, wenn Eltern sich nicht um ihre Kinder kümmern, das Bildungssystem nicht kritisieren, wenn Lehrende sich unverantwortlich verhalten, oder die Medizin als solche hinterfragen, wenn Mediziner*innen unverantwortlich agieren. Warum ist die Politik gegenüber Kritik so anfällig? Warum verurteilen wir sie so leichtfertig?

Wie im 1. Kapitel ausgeführt, gerät die Politik oft ins Kreuzfeuer, weil man aus ihr leicht mehr oder weniger macht, als sie ist: Unterhaltung, Palastintrige, Parteimanöver und Krieg mit anderen Mitteln. Wie wir in Kapitel 2 gesehen haben, ist die Politik angreifbar, weil uns immer wieder erzählt wurde, dass die Gesellschaft besser als durch Politik geordnet und organisiert werden kann – nämlich durch Märkte, Maschinen, den Lauf der Geschichte oder gesellschaftliche Kräfte wie Identität und Ideologie. Doch der Hauptgrund könnte das Wesen der Politik selbst sein: Wenn die Märkte schwächeln, übernehmen wir dafür nicht selbst Verantwortung, sondern schieben sie auf die unpersönlichen Marktmechanismen, indem wir sagen: »Der Markt erfährt eine Korrektur«, als habe er eine einprogrammierte Autokorrektur. Wenn die Technik versagt – was regelmäßig der Fall ist –, haben wir dafür das Wort *error*, als seien die Programmierer*innen und Betreiber*innen unserer Geräte für ihre Fehler genauso wenig verantwortlich wie ein Kind, das sich im Matheunterricht verrechnet. Und wenn die Geschichte oder die Gesellschaft die Verantwortung tragen, kann man ohnehin niemandem die Schuld geben.

Geht hingegen etwas in der Politik schief, finden sich immer Menschen, auf die man mit dem Finger zeigen kann. Denn die Politik beginnt und endet mit den Menschen. Sie ist eine menschliche Kunst, und hinter ihr kann sich niemand verstecken. Gerade das ist ein hohes Gut! In der Politik begegnen wir der fundamentalen Wahrheit unserer kollektiven Existenz: Die Menschen tragen Verantwortung. Deshalb sind selbst die angeblichen »Alternativen« zur Politik im Kern politisch. Banker*innen sind *politisch* verantwortlich; Programmierer*innen sind *politisch* verantwortlich und wir als das Volk sind *politisch* verantwortlich.

Das Gute an der Politik ist, dass Verantwortung und Freiheit nicht im Widerspruch zueinander stehen. Die Verantwortung ist sogar von zentraler Bedeutung für die Freiheit: Wer für etwas verantwortlich ist, tut oder sagt etwas nicht unter Zwang oder im Kontext von Ursache und Wirkung, sondern aus der *Freiheit des Handelns* heraus. Natürlich ist nicht jeder gleichermaßen frei. Freiheit ist graduell abhängig von äußeren und inneren Umständen und körperlichen Dynamiken. Dennoch: Insofern wir für etwas zur Verantwortung gezogen werden können, sind wir frei, es zu tun. Verantwortung mag sich manchmal wie eine Last anfühlen, aber sie sollte auch befreiend wirken, weil sie in der jeweiligen Situation freies Handeln erlaubt.

Maßnahmen zur Unterstützung von Bildung, Gesundheit, Entwicklungschancen und angemessenen Gehältern können den Raum von Verantwortung und Freiheit erweitern. Aus der Perspektive der republikanischen Demokratie sind sie essentiell, obwohl sie manchmal aufgrund der hohen Kosten kritisiert werden. Kritiker*innen des öffentlichen Diensts unterschätzen manchmal, wie sehr die Handlungsfreiheit vom körperlichen und geistigen Wohlbefinden abhängt, und dass dieses bei uns Menschen, wie bei allen Tieren, zum Teil von Faktoren wie Umwelt, Gesellschaft und Wirtschaft abhängt. Politiker, die sich für ein besseres Bildungssystem, Gesundheitssystem oder ein Grundeinkommen einsetzen, können dennoch – genau wie ihre Kritiker*innen – das demokratische Ziel solcher Maßnahmen aus dem Blick verlieren: weitreichende Handlungsfreiheit der Bürger*innen. Vernachlässigen sie dieses klar politische Ziel, machen sie uns zu bloßen Subjekten von Sozialtechnikern.[322]

Politik ist sowohl ein Ziel als auch ein Weg. Das ist die zweite wichtige Erkenntnis aus Arendts Werk.

Die Frage lautet nicht, wie wir die Politik loswerden oder umgehen, sondern wie wir sie besser machen können. Manche mögen sagen, man solle das den politischen Führungsfiguren überlassen.

Andere sagen, man solle die politischen Entscheidungen den Expert*innen überlassen. Und wieder andere sagen, wir müssten die Politik besser machen, indem wir uns rationaler verhielten, bürgerlicher agierten und uns an die Regeln hielten. In jedem dieser Gedanken steckt ein Körnchen Wahrheit. Mangelnde Führung, Expertise oder das Fehlen von Regeln kann für unser politisches Leben schwerwiegende Folgen haben. Sie sind deshalb mit Sicherheit wichtig, reichen jedoch nicht aus. Darüber hinaus haben sie alle ein autoritäres Potential, das politische Krisen verstärken kann – und dies auch schon oft getan hat.

Weil Politik eher eine Frage der Qualität als der Quantität oder der Kategorien ist, brauchen wir eine Neuverpflichtung auf eine Politik der Tugend.[323] Das Wort Tugend klingt alt, affektiert und für manche vielleicht zu sehr auf Sexualität gemünzt. In der Geschichte des politischen Denkens bis hin zum antiken Griechenland reichen die Bedeutungen des Begriffs jedoch weit über eine angestaubte Moral hinaus. Die alten Griechen betrachteten Tugend (*aretê*) als moralische wie auch performative Qualität. Tugendhaftigkeit bedeutete, über Charakterzüge wie Geduld, Freundlichkeit, Großzügigkeit, Mut und Selbstkontrolle zu verfügen. In der flatterhaften Politik bildeten diese Tugenden eine stabile, verlässliche und vertrauenswürdige Basis. Man mochte die Meinungen der Mitbürger nicht immer teilen, konnte aber sicher sein, dass sie gute Absichten verfolgten. Doch Tugend umfasste mehr als nur moralische Qualitäten. Sie meinte auch das, was wir heute als Beherrschung der »Tugenden« oder Fertigkeiten bezeichnen: Dem griechischen und römischen politischen Ideal zufolge genügte es nicht, tugendhaft zu sein, sondern man musste auch eine Art Virtuose des Alltags sein und die wichtigen politischen Tugenden oder Fertigkeiten des Redens, Urteilens und der Kooperation kultivieren.[324]

Der Tugend oder der Beherrschung der Tugenden an sich ist weder etwas per se Demokratisches noch Antidemokratisches inhärent. In der Tat ist eine funktionierende Demokratie ohne ein Quorum von Menschen, die über grundlegende moralische Tugenden und alltägliche Tugendhaftigkeit verfügen, nur schwer vorstellbar. Und es gibt keinen Grund, warum nicht jede*r darüber verfügen kann, denn anders als Charisma, Fachwissen oder politischen Ämtern sind Tugend und die Tugenden nicht Teil einer exklusiven Hierarchie. Wie in einem Jazzensemble lenkt die Virtuosität einer Person nicht von der der anderen ab – es ist genug für alle da.

Doch angesichts der politischen Krisen des 21. Jahrhunderts benötigen wir vielleicht mehr als Tugend und die Beherrschung der Tugenden. Wir brauchen das, was Machiavelli (1469-1527), der grundlos berüchtigte politische Denker der Renaissance, auf Italienisch als *virtú* bezeichnete. Wie Virtuosität war *virtú* für Machiavelli eine performative oder aktive Qualität. Anders als der politische Virtuose, der Fertigkeiten wie Reden, Urteilen oder Kooperation beherrscht, reagiert jemand mit *virtú* geschickt auf Ungewissheiten.

Wenn ein Merkmal auf unsere Gegenwart zutrifft, so ist es die Ungewissheit. Stadtviertel verändern sich, die Technologie entwickelt sich, die Märkte sind im Wandel begriffen, Ideen und Werte verändern sich. Wer weiß, wo wir in einem Jahrzehnt oder gar einem Jahrhundert stehen werden? Wer weiß, ob es die menschliche Zivilisation, wie wir sie kennen, dann noch gibt? Wenn ja, dann dank *virtú*, der Fähigkeit, dem Wandel und der Ungewissheit zu begegnen. Sie hängt nicht davon ab, wo man geboren wurde oder wieviel Geld man hat, sondern von den Fertigkeiten, mit denen wir uns in diesem Buch beschäftigt haben: Urteilsvermögen, Rhetorik, Fantasie und Handeln.[325]

In Machiavellis Denken ermöglicht *virtú*, aus der Veränderung neue, relativ stabile politische Ordnungen zu schaffen.[326] Genau das wird im 21. Jahrhundert eine große politische Herausforderung sein. Die Krisen, mit denen wir konfrontiert sind, werden nicht wie durch Zauberhand verschwinden. Zu ihnen gehören der Klimawandel, massive Einkommens- und Vermögensunterschiede, Schuldenkrisen, die Vereinnahmung von Kommunikationsnetzwerken durch Machtinteressen, Pandemien, die Automatisierung der Industrie und die daraus resultierende Arbeitslosigkeit, Atom- und Chemiewaffen und die zunehmende gesellschaftliche Überwachung. Für diese Probleme gibt es keine vorgefertigten Lösungen, keine Technik zu ihrer Überwindung und kein historisches Schicksal, auf das wir uns verlassen könnten. Es gibt nur uns und die anderen Menschen und unsere Verpflichtung, auf unsere eigene politische Kraft zu vertrauen und etwas Neues zu tun.

Politik ist die Kunst der Erneuerung. Das ist die dritte wichtige Erkenntnis aus Arendts Werk.

Die Schrecken des 20. Jahrhunderts zeigten Arendt, wie schwer es für uns würde, uns der Erneuerung zu verpflichten. Unsere kollektive Vergangenheit – voller Gewalt, Ungerechtigkeit und Ausbeutung – hängt über uns wie ein Damoklesschwert und löst Verbitterung und Hoffnungslosigkeit aus. Arendt betonte deshalb die Bedeutung einer politischen Fähigkeit, die ich in diesem Buch noch nicht diskutiert habe: Die Fähigkeit zur Vergebung.[327] Vergebung war für sie schon deshalb eine zentrale politische Aktivität, weil sie für die Möglichkeit eines Neuanfangs steht. Arendt führte hier Jesus von Nazareth als bestes politisches Vorbild an. »Die Freiheit, welche die Lehre Jesu in dem Vergebet-einander ausspricht, ist negativ die Befreiung von Rache, die, wo sie das Handeln wirklich bestimmt, die Handelnden an den Automatismus eines einzigen, einmal losgelassenen Handelsprozesses bindet, der von sich aus niemals zu einem Ende zu kommen braucht.«[328]

Rache ist tatsächlich ein unendlicher Kreislauf, denn wenn wir uns an jenen rächen, die uns Unrecht getan haben, werden diese sich an uns rächen wollen, und so fort. Letztlich haben wir alle bereits anderen Leid zugefügt. Wer also kann den ersten Stein werfen?

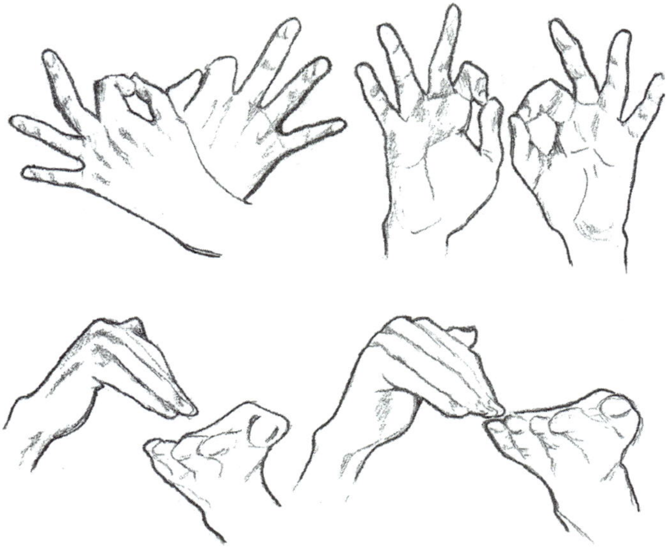

Frei, vergib.

Für Arendt gibt es zwei Wege, trotz des vielen Leids gemeinsam mit anderen neu zu beginnen: Bestrafung oder Vergebung. Die Bestrafung kann eine Kette öffentlicher Fehler beenden, indem die Verursacher aus der Öffentlichkeit entfernt werden. Doch wenn alle Fehler durch Strafen gesühnt würden, müssten wir uns wohl alle aus der Öffentlichkeit zurückziehen.

Die Vergebung hingegen beendet die Verstetigung der Fehler, indem sie selbst in der Öffentlichkeit stattfindet. Für Arendt ist sie der Versuch des scheinbar Unmöglichen: das Getane ungetan zu machen, und zwar nicht durch die tatsächliche Umkehrung dessen, was wir getan haben, sondern indem unsere Tat von der Öffentlichkeit beiseitegelegt werden. So gelingt ein Neuanfang, wo er schon nicht mehr möglich schien.[329] Der Akt der Vergebung ist die wahre Kunst des Entkommens und der Weg zu unserer politischen Wiedergeburt. Was wir im 21. Jahrhundert wirklich brauchen ist keine politische Revolution, sondern eine politische Wiedergeburt, ohne die uns keine Revolution je befreien wird.

DANK

Aus unterschiedlichen Gründen ist mir die Arbeit an diesem Buch besonders schwergefallen. Ohne die Menschen, die sich zum einen oder anderen Zeitpunkt damit beschäftigt haben und es – mit Arendt – zu ihrem gemeinsamen Anliegen gemacht haben, hätte ich es nicht schreiben können. Meine Schwester Eileen O'Gorman hat einen frühen Entwurf gelesen und mir Ratschläge, Ermutigung und Kritik mitgeteilt – genau wie mein Freund und Pastor Tim Bossenbroek. Ich danke euch beiden für eure Zeit, Energie und euren Intellekt. Das Team der *Hedgehog Review* war für die Entstehung dieses Buchs von entscheidender Bedeutung, weil es mir eine Plattform gab, auf der ich einige meiner Ideen erproben konnte. Danke an Jay Tolson, Leann Davis Alspaugh, B. D. McClay und Jane Little von *Hedgehog* und an den Herausgeber der Zeitschrift, das Institute for Advanced Studies in Culture an der University of Virginia. Auch Chad Wellmon, Kevin Hamilton, Dave Tell, Christa Noel Robbins, Jennifer Geddes, Luke Herche und Cheri Bowling haben mich auf meinem Weg unterstützt und ermutigt. Terri Weissman überbrachte mir die Botschaft, dass die Welt eine populistische Hannah Arendt brauche, und diese Ermutigung nahm ich mir zu Herzen.

Einige Teile von Kapitel 6 sind bereits in *Advances in the History of Rhetoric* erschienen. Für die Betreuung dieser Arbeiten danke ich Susan Jarratt und Art Walzer. Danken will ich auch Leif Weatherby von der New York University für die Einladung zu einem Vortrag über meine Arbeit zu Arendt. Das Department of

Communication der University of Illinois gibt mir als Wissenschaftler weiterhin eine wundervolle Heimat voll großartiger Kolleg*innen und Student*innen. Der Leiter John Caughlin hat mich und meine Arbeit unterstützt, und meine Kolleginnen und Kollegen der Abteilung für Rhetorik – David Cisneros, Cara Finnegan und John Murphy – haben die Arbeit in Illinois zu einer wahren Freude gemacht, genau wie Forschungskolleg*innen aus anderen Bereichen. Ich würde euch alle aufzählen, habe aber Angst, jemanden zu vergessen! Besonders hilfreich bei der Zusammenstellung dieses Buchs war meine äußerst fähige Assistentin (und herausragende Wissenschaftlerin) Katie Bruner. Danke, Katie!

Ein Großteil dieses Buchs entstand in einem Café, in dem ich regelmäßig neue Freundschaften schließe. Unter ihnen sticht besonders mein wundervoller neuer Freund Lou Turner hervor, der unglaublich intelligent ist und sehr viel Espresso verträgt. Meine Frau Linda hat während des Schreibprozesses Teile des Manuskripts gelesen und mich regelmäßig ermutigt, am Ball zu bleiben. Danke, Linda, dass du mit mir zusammen bist und ich mit dir zusammen sein darf.

Auch meine Kinder waren nicht unbeteiligt. Dieses Buch ist meinem ältesten Sohn Graham gewidmet, der bald sein Studium beginnen wird. Beim Schreiben habe ich mir immer wieder vorgestellt, wie es für ihn und seine künftigen Kommiliton*innen sein wird, dieses Buch zu lesen. Danke, Graham, dass du mir geholfen hast, den Fokus nicht zu verlieren. Ich danke auch meinem zweiten Sohn Will, der ganz Kopf und Herz zugleich ist, und Mariclare, deren Mischung aus Durchhaltevermögen, Mitgefühl und Intelligenz mich immer wieder sprachlos macht.

Ein Teil des »Labors« für das Verfassen dieses Buchs bildeten meine Student*innen an der University of Illinois. Ich liebe es, sie zu unterrichten. Sie sind eine diverse, kluge und lustige Truppe und erlaubten mir, hin und wieder abzuschweifen. Ich hoffe, viele von ihnen nehmen den öffentlichen Auftrag einer öffentlichen

Universität ernst und entwickeln sich weiter als aktive und ehrliche Bürger*innen. Den anderen Teil des Labors bildet eine Gruppe alter Freund*innen, mit denen ich regelmäßig online und manchmal auch von Angesicht zu Angesicht Kontakt halte. Sie haben mich provoziert, frustriert, ermutigt und beschämt. Besonders für Letzteres bin ich ihnen dankbar. Ich danke euch.

Die beiden anonymen externen Gutachter*innen der University of Chicago Press gaben mir positives Feedback und konstruktive Kritik. Ich hoffe, sie sind der Meinung, dass sich dieses Buch im Vergleich zum von ihnen gelesenen Entwurf verbessert hat. Johanna Rosenbohm hat dieses Buch lektoriert, aber nicht nur das: Durch ihre anspruchsvollen Fragen verbesserte sie es substantiell. Ich bin ihr dankbar. Zuletzt möchte ich meinem neuen Lektor Kyle Wagner danken, mit dem ich sehr gerne zusammengearbeitet habe. Druckreif gemacht wurde dieses Buch jedoch von Doug Mitchell, der dann jedoch in den Ruhestand ging und während der Herstellungsphase tragisch verstarb. Doug war eine der wichtigsten Persönlichkeiten in meinem Berufsleben. Er war ein bemerkenswerter Mensch und ein herausragender Lektor. Dougs Enthusiasmus wird fehlen, genau wie seine Anwesenheit.

STATEMENT DER KÜNSTLERIN

Meine persönliche Arbeit beschäftigt sich mit den Komplexitäten der vergangenen und gegenwärtigen afroamerikanischen Geschichte und Kultur, indem sie People of Color in Momenten radikaler Selbstliebe und emotionalen Selbstschutzes darstellt. Ich genieße es, die Schwachstellen der imperialistischen, weißen und kapitalistischen patriarchalen Kultur offenzulegen, indem ich meine Subjekte bei dem schlichten revolutionären Akt zeige, in unserer Gesellschaft als Minderheit zu existieren. In meinen Augen kann alles politisch oder radikal interpretiert werden, selbst durch so einfache Elemente wie Gesichtszüge oder Haarstrukturen. Liebe, Schmerz, Trauma, Weichheit und Heilung meiner Subjekte inspirieren mich, meine kreative Energie für die Repräsentation der People of Color in realistischer, ehrlicher Weise zu nutzen. Diese Themen adressiere ich in meiner Kunst auf Basis persönlicher Recherchen und meines Verständnisses von Lebenserfahrungen, die meinen eigenen ähneln. Mit dieser Methode beantworte ich die Frage, die sich den tragisch Unbeachteten unterbewusst kontinuierlich stellt: Bin ich wichtig? Meine Kunst will durch Repräsentation und faktisch die Perspektive all jener verändern, die ohne sicheres Selbstwissen durchs Leben gehen.

Sekani Kenyatta Reed

BIBLIOGRAFIE

SCHRIFTEN VON HANNAH ARENDT

Deutsch:
Das Urteilen. Texte zu Kants Politischer Philosophie. Dritter Teil zu »Vom Leben des Geistes«. Übers. v. Ursula Ludz, München: Piper, 5. Aufl., 2010.
Denken ohne Geländer. Texte und Briefe. Hg. v. Heidi Bohnet u. Klaus Stadler, München: Piper, 10. Aufl., 2019.
»Die Lüge in der Politik«, in: *Wahrheit und Lüge in der Politik. Zwei Essays.* München: Piper, 5. Aufl., 2019.
Eichmann in Jerusalem. Ein Bericht von der Banalität des Bösen. München: Piper 2011.
Elemente und Ursprünge totaler Herrschaft. Antisemitismus, Imperialismus, totale Herrschaft. München: Piper, 13. Aufl., 2009.
In der Gegenwart. Übungen im politischen Denken II. München: Piper, 2. Aufl., 2017.
Macht und Gewalt. Übers. v. Gisela Ullenberg, München: Piper, 27. Aufl. 2019.
Über die Revolution. München: Piper, 2011.
Vita activa oder Vom tätigen Leben. München: Piper, 9. Aufl., 2010.
Vom Leben des Geistes. Das Denken. Das Wollen. München: Piper, 10. Aufl., 2020.
»Wahrheit in der Politik«, in: *Wahrheit und Lüge in der Politik. Zwei Essays.* München: Piper, 5. Aufl. 2019.
Was ist Politik? Fragmente aus dem Nachlass. Hg. v. Ursula Ludz, München: Piper, 6. Aufl., 2017.
Zwischen Vergangenheit und Zukunft. Übungen im politischen Denken I. Hg. v. Ursula Ludz. München: Piper, 5. Aufl., 2020.

Englisch:
Between Past and Future. New York: Viking, 1968.
Crises of the Republic. Boston, MA: Mariner Books, 1972.
Eichmann in Jerusalem: A Report on the Banality of Evil. London: Faber & Faber, 1963.
Essays in Understanding: 1930–1954. New York: Schocken, 1994.
Lectures on Kant's Political Philosophy. Chicago: University of Chicago Press, 1982.
The Life of the Mind. 2 Bde., New York: Harcourt, 1978.
Love and Saint Augustine. Hg. v. Joanna Vecchiarelli Scott u. Judith Chelius Stark. Chicago: University of Chicago Press, 1996.
Men in Dark Times. New York: Harcourt, 1968.
On Revolution. New York: Penguin, 1991.
On Violence. New York: Harcourt, 1969.
Origins of Totalitarianism. New York: Harcourt, 1976.
»Society and Culture«, in: *Daedalus 89*, Nr. 2 (1960), S. 278-87.
The Promise of Politics. New York: Schocken, 2007.
Responsibility and Judgment. New York: Schocken, 2003.
»Thinking and Moral Consideration: A Lecture«, in: *Social Research 38*, Nr. 3 (1971), S. 417-46.

Thinking without a Banister: Essays in Understanding, 1953–1975. New York: Schocken, 2018.

WEITERE LITERATUR

Adams, John. *The Works of John Adams*. Bd. 10, Boston: Little, Brown, 1856.
Allen, Danielle. *Our Declaration: A Reading of the Declaration of Independence in Defense of Equality*. New York: Norton, 2014.
———. *Talking to Strangers: Anxieties of Citizenship since Brown vs. Board of Education*. Chicago: University of Chicago Press, 2006.
Appiah, Kwame Anthony. *Cosmopolitanism: Ethics in a World of Strangers*. New York: Norton, 2006.
Aristoteles
———.»Rhetorik«, in: *Werke in deutscher Übersetzung*, hg. v. Hellmut Flashar, Bd. 4, 2. Halbbd., Berlin: Akademie Verlag, 2002.
———. *Politik. Schriften zur Staatstheorie*. Übers. u. hg. v. Franz Schwarz, Reclam, Stuttgart 1989.
———. *Nikomachische Ethik*. Hg. u. übers. v. Ursula Wolf. Reinbek b. Hamburg: Rowohlt, 2006.
Arnett, Ronald C. »Arendt and Saint Augustine: Identity Otherwise Than Convention.« In: *Augustine for the Philosophers: The Rhetor of Hippo, the Confessions, and the Continentals*, hg. v. Calvin L. Troup, S. 39-57. Waco, TX: Baylor University Press, 2014.
———. *Communication Ethics in Dark Times: Hannah Arendt's Rhetoric of Warning and Hope*. Carbondale: Southern Illinois University Press, 2013.
Asen, Robert. *Democracy, Deliberation, and Education*. University Park, PA: Penn State University Press, 2015.
Azoulay, Ariella. *Civil Imagination: A Political Ontology of Photography*. New York: Verso Books, 2012.
Barber, Benjamin. *Starke Demokratie. Über Teilhabe am Politischen*. Übers. v. Christine Goldmann u. Christa Erbacher von Grumbkow. Berlin: Rotbuch, 1994.
Barry, Norman P. *On Classical Liberalism and Libertarianism*. London: Macmillan, 1986.
Benhabib, Seyla. *The Reluctant Modernism of Hannah Arendt*. New York: Rowman and Littlefield, 2003.
Isaiah Berlin: *Freiheit. Vier Versuche*. Übers. v. Reinhard Kaiser. Frankfurt a. M.: Fischer, 2006.
Berlin, Isaiah. *Four Essays on Liberty*. New York: Oxford University Press, 1970.
Bernstein, Richard J. *Why Read Hannah Arendt Now?* Medford, MA: Polity, 2018.
Bertier de Sauvigny, G. de. »Liberalism, Nationalism, and Socialism: The Birth of Three Words.« *Review of Politics 32*, Nr. 2 (April 1970), S. 147-66.
Bonhoeffer, Dietrich: *Ethik*. Hg. v. Ilse Tödt et al. Gütersloh: Gütersloher Verlagshaus, 2016.
Browne, Stephen Howard. »Arendt, Eichmann, and the Politics of Remembrance«, in: *Framing Public Memory*, hg.v. Kendall R. Phillips, S. 45-64. Tuscaloosa, AL: University of Alabama Press, 2004.
Canovan, Margaret. *Hannah Arendt: A Reinterpretation of Her Political Thought*. New York: Cambridge University Press, 1992.
———. *The Political Thought of Hannah Arendt*. New York: Harcourt Brace Jovanovich, 1974.
Clausewitz, Carl von. *Vom Kriege*. Lovech: Hyperbores Classics, 2020.
Crawford, Matthew. *The World beyond Your Head: On Becoming an Individual in an Age of Distraction*. New York: Farrar, Straus, and Giroux, 2016.

Crick, Bernard. *In Defense of Politics*. 4. Aufl. Chicago: University of Chicago Press, 1992.
Rene Descartes, René. *Regulationes ad directionem ingenii. Cogitationes privatae*, Lateinisch-Deutsch, übers. u. hg. v. Christian Wohlers, Hamburg: Meiner, 2011.
Deudney, Daniel. »Publius before Kant: Federal-Republican Security and Democratic Peace«, in: *European Journal of International Relations* 10, Nr. 3 (2004): S. 315-56.
Disch, Lisa J. »More Truth Than Fact: Storytelling as Critical Understanding in the Writings of Hannah Arendt«, in: *Political Theory* 21, Nr. 4 (1993): S. 665-94.
Ellul, Jacques. *The Technological Society*. New York: Vintage, 1964.
Enaudeau, Corinne. »Hannah Arendt: Politics, Opinion, Truth«, in: *Social Research* 74, Nr. 4 (2007): S. 1029-44.
Festinger, Leon. *Theorie der kognitiven Dissonanz*, Huber: Bern u. a., 1978.
Fraser, Nancy. »Rethinking the Public Sphere: A Contribution to the Critique of Actually Existing Democracy«, in: *Social Text* 25/26 (1990): S. 56-80.
Garsten, Bryan. *Saving Persuasion: A Defense of Rhetoric and Judgment*. Cambridge, MA: Harvard University Press, 2009.
Goffman, Erving. »On Face Work«, in: *Psychiatry* 18, Nr. 3 (1955): S. 213-31.
Gordon, Ronald D. »Karl Jaspers: Existential Philosopher of Dialogical Communication«, in: *Southern Communication Journal* 65, Nr. 2 & 3 (2000): S. 105-18.
Gorgias. »Encomium of Helen«, in: *The Norton Anthology of Theory and Criticism*, hg. v. Vincent B. Leitch et al., S. 30-33. New York: W. W. Norton, 2001.
Grotius, Hugo: *Des Hugo Grotius drei Bücher über das Recht des Krieges und Friedens, in welchem das Natur- und Völkerrecht und das Wichtigste aus dem öffentlichen Recht erläutert werden*, übers. v. J. H. v. Kirchmann. Berlin: L. Heilmann Verlag, 1869.
Habermas, Jürgen. *Legitimationsprobleme im Spätkapitalismus*. Frankfurt a. M.: Suhrkamp, 1973.
———. *Theorie des kommunikativen Handelns. Bd. 2: Zur Kritik der funktionalistischen Vernunft*. Frankfurt a. M.: Suhrkamp, 1995.
———. *Strukturwandel der Öffentlichkeit. Untersuchungen zu einer Kategorie der bürgerlichen Gesellschaft*. Frankfurt a. M.: Suhrkamp, 1995.
Hariman, Robert (Hg.). *Prudence: Classical Virtue, Postmodern Practice*. State College, PA: Penn State University Press, 2003.
Hawkins, Stephen, Daniel Yudkin, Miriam Juan-Torres u. Tim Dixon. *Hidden Tribes: A Study of America's Polarized Landscape*. New York: More in Common, 2018. https://www.moreincommon.com/hidden-tribes.
Hayek, Friedrich. *The Road to Serfdom*. The Collected Works of F. A. Hayek, hg. v. Bruce Caldwell, Bd.2. Chicago: University of Chicago Press, 2007.
Heidegger, Martin: »Die Frage nach der Technik«, in: Ders. *Gesamtausgabe Bd. 7/ Abt. 1: Veröffentlichte Schriften 1910-1976: Vorträge und Aufsätze*. Frankfurt a. M.: Klostermann, 2000, S. 5-36.
Henry, P. J. u. Jaime L. Napier. »Education Is Related to Greater Ideological Prejudice«, in: *Public Opinion Quarterly* 81, Nr. 4 (2017): S. 930-42. https://doi.org/10.1093/poq/nfx038.
Hesiod. *Werke und Tage. Griechisch-Deutsch*. Übers. v. Otto Schönberger. Stuttgart: Reclam 1995.
Hobbes, Thomas. *Leviathan*. Übers. v. Jutta Schlösser, hg. v. Hermann Kleber. Hamburg: Meiner, 1996.
———. Opera Philosophica Quae Latine Scripsit Omnia: In Unum Corpus Nunc Primum Collecta Studio Et Labore Gulielmi Molesworth. https://archive.org/details/operaphilosophi03molegoog /page /n8.
Honig, Bonnie. *Public Things: Democracy in Despair*. New York: Fordham University Press, 2017.
Huddy, Leonie, Lilliana Mason u. Lene Aarøe. »Expressive Partisanship: Campaign

Involvement, Political Emotion, and Partisan Identity«, in: *American Political Science Review* 109, Nr. 1 (2015): S. 1-17. https://doi.org/10.1017/S0003055414000604.
Hunter, James Davidson u. Carl Desportes Bowman. *The Vanishing Center of American Democracy*, Charlottesville: University of Virginia Advanced Studies in Culture Foundation, 2016.
Iyengar, Shanto, Gaurav Sood u. Yphtach Lelkes. »Affect, Not Ideology: A Social Identity Perspective on Polarization«, in: *Public Opinion Quarterly* 76, Nr. 3 (2012): S. 405-31. https://doi.org /10.1093/poq/nfs038.
Johnstone, Christopher. »An Aristotelian Trilogy: Ethics, Rhetoric, Politics, and the Search for Moral Truth«, in: *Philosophy & Rhetoric* 13, Nr. 1 (1980): S. 1-24.
Kahn, Victoria. *Rhetoric, Prudence, and Skepticism in the Renaissance.* Ithaca, NY: Cornell University Press, 1985.
Kant, Immanuel. *Kritik der Urteilskraft*. Hamburg: Meiner, 2006.
———. »Über ein vermeintliches Recht, aus Menschenliebe zu lügen«, in: Akademie-Ausgabe Bd. VIII: *Abhandlungen nach 1781*, Berlin 1923, S. 423-430.
———. »Zum ewigen Frieden«, in: *Zum ewigen Frieden und andere Schriften*, S. 152-203. Frankfurt a. M.: Fischer, 2008.
Kateb, George. »The Judgment of Arendt«, in: *Judgment, Imagination, and Politics: Themes from Kant and Arendt*, hg. v. Ronald Beiner u. Jennifer Nedelsky, S. 121-38. New York: Rowman and Littlefield, 2001.
King, Richard H. *Arendt and America*. Chicago: University of Chicago Press, 2015.
Krimstein, Ken. *The Three Escapes of Hannah Arendt: A Tyranny of Truth.* New York: Bloomsbury, 2018.
Kristeva, Julia. *Das weibliche Genie. Das Leben, der Wahn, die Wörter*. Übers. v. Franz v. Wroblewsky. Berlin, Wien: Philo, 2001.
Lasswell, Harold. *Politics: Who Gets What, When, and How.* New York: Whittlesey, 1936.
Lewis, C. S. *Studies in Words*. 2. Aufl. New York: Cambridge University Press, 1967.
Locke, John: *An Essay Concerning Humand Understanding/ Ein Versuch über den menschlichen Verstand*. Hg. v. Katia Saporiti, übers. v. Joachim Schulte. Stuttgart: Reclam, 2020.
———. *Über die Regierung*, übers. v. Dorothee Tidow. Stuttgart: Reclam, 1974.
Manent, Pierre. *A World beyond Politics? A Defense of the Nation-State*. Übers. v. Marc LePain. Princeton, NJ: Princeton University Press, 2006.
Markell, Patchen. *Bound by Recognition*. Princeton, NJ: Princeton University Press, 2003.
Marshall, David L. »The Origin and Character of Hannah Arendt's Theory of Judgment«, in: *Political Theory* 38, Nr. 3 (2010): S. 367-93.
McAfee, Noëlle. »Acting Politically«, in. *From Voice to Influence: Understanding Citizenship in a Digital Age*, hg. v. Danielle Allen u. Jennifer S. Lights, S. 273-92. Chicago: University of Chicago Press, 2015.
Menke, Christoph. »The ›Aporias of Human Rights‹ and the ›One Human Right‹: Regarding the Coherence of Hannah Arendt's Argument«, in: *Social Research* 74, Nr. 3 (2007): S. 739-62.
Milbank, John u. Adrian Pabst. *The Politics of Virtue: Post-Liberalism and the Human Future*. New York: Rowman and Littlefield, 2016.
Milton, John: *John Miltons Areopagitica. Eine Rede für die Preßfreiheit an das Parlament von England. 1644*. Übers. v. Dr. Richard Roepell, Berlin: Veit u. Comp, 1851.
———. *Das verlorene Paradies*. Übers. v. Adolf Böttger. Holzinger: Berlin 2016.
Newcomb, Matthew J. »Totalized Compassion: The (Im)Possibilities for Acting out of Compassion in the Rhetoric of Hannah Arendt«, in: *JAC* 27, Nr. 1/2 (2007): S. 105-33.
Noble, David F. *The Religion of Technology: The Divinity of Man and the Spirit of Invention*. New York: Penguin, 1999.

Norris, Andrew. »On Public Action: Rhetoric, Opinion, and Glory in Hannah Arendt's The Human Condition«, in: *Critical Horizons* 14, Nr. 2 (2013): S. 200-224.
Nussbaum, Martha. *The Monarchy of Fear: A Philosopher Looks at Our Political Crisis.* New York: Simon and Schuster, 2018.
Nyberg, David. *The Varnished Truth: Truth Telling and Deceiving in Ordinary Life.* Chicago: University of Chicago Press, 1993.
Oakeshott, Michael. *Rationalism in Politics and Other Essays.* Indianapolis: Liberty Fund, 1991.
Ober, Josiah. *Demopolis: Democracy before Liberalism in Theory and Practice.* New York: Cambridge University Press, 2017.
O'Donovan, Oliver. *The Ways of Judgm*ent. Grand Rapids, MI: Eerdmans, 2005.
O'Gorman, Ned. »Milton, Hobbes, and Rhetorical Freedom«, in: *Advances in the History of Rhetoric* 18, Nr. 2 (2015): S. 162-80.
———. *The Iconoclastic Imagination: Image, Catastrophe, and Economy in America from the Kennedy Assassination to September 11.* Chicago: University of Chicago Press, 2016.
———. »›Telling the Truth‹: Dietrich Bonhoeffer's Rhetorical Discourse Ethic«, in: *Journal of Communication and Religion* 28, Nr. 2 (2005): S. 224-48.
Oldman, Elizabeth. »Milton, Grotius, and the Law of War: A Reading of Paradise Regained and Samson Agonistes«, in: *Studies in Philology* 104, Nr. 3 (2007): S. 340-75.
O'Neil, Cathy: *Angriff der Algorithmen. Wie sie Wahlen manipulieren, Berufschancen zerstören und unsere Gesundheit gefährden.* Übers. v. Karsten Petersen. München: Hanser, 2017.
Orwell, George. *1984.* Übers. v. Michael Walter. Hg. v. Herbert W. Franke. Berlin: Ullstein 2004.
Pariser, Eli. *Filter Bubble: Wie wir im Internet entmündigt werden.* Übers. v. Ursula Held. München: Hanser, 2012.
Pettit, Philip. *On the People's Terms: A Republican Theory and Model of Democracy.* New York: Cambridge University Press, 2012.
———. *Republicanism: A Theory of Freedom and Government.* New York: Oxford University Press, 1997.
———. *A Theory of Freedom: From the Psychology to the Politics of Agency.* New York: Oxford University Press, 2001.
Pew Research Center. *Political Typology Reveals Deep Fissures on the Right and Left.* Washington, DC: Pew Research Center, 2017. https://www.people-press.org/2017/10/24/political-typology-reveals-deep-fissures-on-the-right-and-left /.
———. *A Wider Ideological Gap between More and Less Educated Adults.* Washington, DC: Pew Research Center, 2016. http://www.people-press.org/2016/04/26/a-wider-ideological-gap-between-more-and-less-educated-adults/.
Platon. *Politeia,* in: Ders.: *Sämtliche Werke,* übers. v. Friedrich Schleiermacher. Reinbek bei Hamburg: Rowohlt 1994, Bd.2, S. 195-537.
Postman, Neil. *Wir amüsieren uns zu Tode. Urteilsbildung im Zeitalter der Unterhaltungsindustrie.* Frankfurt a. M.: Fischer, 1985.
Quintilian. *Instituto Oratoria X. Lehrbuch der Redekunst: 10. Buch.* Lateinisch-Deutsch. Hg. u. übers. v Franz Loretto. Reclam: Stuttgart 1986.
Rawls, John. *Politischer Liberalismus.* Übers. v. Wilfried Hinsch. Frankfurt a. M.: Suhrkamp, 1998.
———. *Eine Theorie der Gerechtigkeit.* Übers. v. Hermann Vetter. Frankfurt a. M.: Suhrkamp, 1975.
———. »Fighting without Hatred: Hannah Arendt's Agonistic Rhetoric«, in: *JAC* 22, Nr. 3 (2002): S. 585-601.
Robinson, Marilynne. *What Are We Doing Here?* New York: Farrar, Straus, and Giroux, 2018.

Rosenblatt, Jason P. *Renaissance England's Chief Rabbi: John Selden*. New York: Oxford University Press, 2006.
Rosenfield, Lawrence. »Hannah Arendt's Legacy«, in: *Quarterly Journal of Speech* 70, Nr. 1 (1984): S: 90-96.
Rousseau, Jean-Jacques. *Abhandlung über den Ursprung und die Grundlagen der Ungleichheit unter den Menschen*. Übers. v. Philipp Rippel. Stuttgart: Reclam, 2018.
Sandel, Michael. »Political Liberalism«, in: *Harvard Law Review* 107 (1994): S. 1765-94.
Schiappa, Edward. »Did Plato Coin Rhêtorikê?«, in: *American Journal of Philology* 111, Nr. 4 (1990): 457–70.
Schmitt, Carl: *Der Begriff des Politischen. Text von 1932 mit einem Vorwort und drei Corollarien*, 9., korr. Aufl., Berlin: Duncker & Humblodt, 2015.
———. *Der Leviathan in der Staatstheorie des Thomas Hobbes: Sinn und Fehlschlag eines politischen Symbols*. Stuttgart: Klett-Cotta, 2018.
Skinner, Quentin. *Liberty before Liberalism*. New York: Cambridge University Press, 1998.
Spohr, Dominic. »Fake News and Ideological Polarization: Filter Bubbles and Selective Exposure on Social Media«, in: *Business Information Review* 34, Nr. 3 (2017): S. 150-60.
Strauss, Leo. *Naturrecht und Geschichte*. Übers. v. Horst Boog. Stuttgart: Koehler, 1956.
Taylor, Charles. *The Ethics of Authenticity*. Cambridge, MA: Harvard University Press, 1992.
———. *Philosophical Papers: Volume 1, Human Agency and Language*. New York: Cambridge University Press, 1985.
———. *Sources of the Self: The Making of Modern Identity*. Cambridge, MA: Harvard University Press, 1989.
Thaler, Richard u. Cass Sunstein. *Nudge: Improving Decisions about Health, Wealth, and Happiness*. New Haven, CT: Yale University Press, 2008.
Tuck, Richard. *The Sleeping Sovereign: The Invention of Modern Democracy*. New York: Cambridge University Press, 2015.
Waldron, Jeremy. *One Another's Equals: The Basis of Human Equality*. Cambridge, MA: Harvard University Press, 2017.
Walzer, Michael. *The Revolution of the Saints*. Cambridge, MA: Harvard University Press, 1965.
Weber, Max. *Politik als Beruf*. 2. Aufl., München u. Leipzig: Duncker & Humblodt 1926.
———. »Die Wirtschaftsethik der Weltreligionen. Konfuzianismus und Taoismus«, in: *Max Weber Gesamtausgabe, Abt. 1, Schriften und Reden, Bd. 19: Schriften 1915-1920*. Hg. v. Helwig Schmidt-Glinzer, Tübingen: Mohr Siebeck, 1989, S. 31-521.
Williams, Raymond. *Keywords: A Vocabulary of Society and Culture*. Überarb. Aufl. New York: Oxford University Press, 1985.
Woodhouse, Arthur Sutherland Pigott, (Hg.) *Puritanism and Liberty: Being the Army Debates (1647–9) from the Clarke Manuscripts with Supplementary Documents (the „Putney Debates")*. Chicago: University of Chicago Press, 1951.
Yeatman, Anna. »Arendt and Rhetoric«, in: *Philosophy Today* 62, Nr. 2 (2018): S: 471-92.
Young-Bruehl, Elisabeth: *Hannah Arendt. Leben, Werk und Zeit*. 2. Aufl., Frankfurt a. M.: Fischer, 2006
———. *Why Arendt Matters*. New Haven, CT: Yale University Press, 2006.
Zagajewski, Adam. *Two Cities: On Exile, History, and the Imagination*. Übers. v. Lillian Vallee. Athens: University of Georgia Press, 2002.
Zerilli, Linda M. G. *A Democratic Theory of Judgment*. Chicago: University of Chicago Press, 2016.
———. *Feminism and the Abyss of Freedom*. Chicago: University of Chicago Press, 2005.
———. »›We Feel Our Freedom‹: Imagination and Judgment in the Thought of Hannah Arendt.« *Political Theory* 33, Nr. 2 (2005): S. 158-88.

ANMERKUNGEN

Vorwort

1 Eine noch immer wertvolle philosophische Diskussion des Liberalismus und Libertarismus findet sich bei Barry, *On Classical Liberalism and Libertarianism*. Barry betont unter anderem, dass der Liberalismus mit »utilitaristischen« Argumenten (z. B. »Er funktioniert eben!«) und mit Verweisen auf die Ethik (z. B. die Unantastbarkeit des Individuums) gerechtfertigt worden sei. Diese beiden Strategien zur Verteidigung des Liberalismus (und Libertarismus) seien jedoch nicht immer widerspruchslos miteinander zu vereinbaren. In diesem Buch werde ich – unter Bezugnahme auf Arendt – beide Behauptungen implizit hinterfragen: Ich glaube nicht, dass der Liberalismus im utilitaristischen Sinne gut »funktioniert« hat, und ich glaube, dass sein ethisches Fundament unzureichend ist.

2 Mehr zum Verhältnis von Republikanismus und Liberalismus vgl. Deudney, *Publius before Kant*, S. 317, und Petitt, *On The People's Terms*, S. 10-12.

3 Vgl. Adams, *Works*, 10, S. 378. In dem wichtigen Buch *Starke Demokratie* von 1984 argumentiert der politische Philosoph Benjamin Barber für einen Blick auf Politik, wie auch ich ihn hier vertrete, meidet jedoch das Etikett »republikanisch«, das er für hoffnungslos nostalgisch und elitär halt. »Demokratie« benötigt für ihn nicht das Adjektiv »republikanisch«. Ich habe keine angemessene Antwort auf die Bedenken Barbers (und vergleichbarer Denker) über den Republikanismus. Ich möchte nur zwei Dinge sagen: (1) Ich glaube, er bedient sich des Republikanismus', ohne es zuzugeben. (2) Ich glaube, sein Begriff von politischer Macht ist nicht komplex genug und unterschätzt deshalb die Bedeutung der systemorientierten Herangehensweise an institutionalisierte politische Macht, die sich mit dem Republikanismus bietet.

4 Browne, »Arendt, Eichmann, and the Politics of Remembrance«, S. 47.

5 Wer nach einer kurzen, zeitgemäßen Einführung in Arendts Werk sucht, dem empfehle ich Bernstein, *Why Read Hannah Arendt Now?*

6 Viele Wissenschaftler*innen haben meine Herangehensweise an Arendt beeinflusst. Manche von ihnen tauchen aus dem einfachen Grund nicht in der Bibliographie auf, dass ich dieses Buch so essayistisch wie möglich halten will. Dennoch möchte ich die Arbeiten von Linda Zerilli und Richard King als für das Folgende besonders wichtig hervorheben. Das soll nicht heißen, dass ich ihre Untersuchungen hier wiedergebe oder sie für meine Fragestellungen verantwortlich sind. Für die Argumentation übernehme ich selbst die volle Verantwortung. Vielmehr will ich damit sagen, dass ich mich nicht nur intensiv mit Arendts Schriften beschäftigt haben, sondern auch in die Texte dieser besonders verständigen Interpreten in theoretischer (Zerilli) und historischer (King) Hinsicht.

7 Das Gleichnis vom verlorenen Sohn findet sich bei Lukas, 15,11–32.

8 Arendts Verwendung des Begriffs *authentisch* mag bei kritischen Lesern Fragen aufwerfen. Hier möchte ich die Aufmerksamkeit auf die Komplexität des Begriffs lenken, der etymologisch mit Wörtern wie Autorität und autorisieren verbunden ist. Es kann Werthaltigkeit, Vertrauenswürdigkeit und Glaubwürdigkeit konnotieren und sogar bedeuten. In Arendts Schilderungen von Politik scheint es ähnlich zu funktionieren wie etwa in den Briefen Abraham Lincolns: Manche von ihnen sind authentisch, andere unauthentisch oder gefälscht, sodass ihnen historische und normative Autorität fehlt. Wenn Arendt von »authentischer Politik« spricht meint sie, dass manche Formen von Politik über mehr historische und normative Autorität verfügen als andere.

9 Der Begriff *Filterblase (filter bubble)* stammt aus Eli Parisers Buch *Filter Bubble. Wie wir im Internet entmündigt werden.* Zur »affektiven Polarisierung« vgl. Iyengar et al., »Affect, Not Ideology«. Zur »expressiven Parteilichkeit« vgl. Huddy et al., »Expressive Partisanship«.

10 Die Studie trägt den Titel: *A Wider Ideological Gap between More and Less Educated Adults.* Andere Untersuchungen kamen zum gleichen Ergebnis, vgl. Henry u. Napier, »Education Is Related to Prejudice«.

11 Eine Studie des Pew Research Center von 2017 beispielsweise ergab, dass die ideologisch am stärksten polarisierten Untergruppen zugleich die politisch engagiertesten sind. Vgl. Pew Research Center, *Political Typology Reveals Deep Fissures on the Right and Left.* Politikwissenschaftlern zufolge wählen politisch active Nutzer der Sozialen Medien ihre Feeds so aus, dass sie Inhalten alternative politischer Perspektiven in geringerem Maße ausgesetzt sind. Vgl. Spohr, »Fake News and Ideological Polarization«.

12 Jeremy W. Peters, »As Critics Assail Trump, His Supporters Dig In Deeper«, *New York Times,* 23. Juni 2018, https://www.nytimes.com/2018/06/23/us/politics/republican-voters-trump.html.

13 Die beste Biographie von Arendt ist und bleibt *Hannah Arendt. Leben, Werk und Zeit* von Elisabeth Young-Bruehl. Vgl. auch Richard H. Kings herausragende Arbeit *Arendt and America.*

14 Arendt, Eichmann in Jerusalem. Ein Bericht von der Banalität des Bösen.

15 Arendt diskutiert diese »schiere Gedankenlosigkeit« etwa im Vorwort zu *Eichmann in Jerusalem,* S. 56f. Eine überzeugende Diskussion von Arendts Sorge angesichts der »Gedankenlosigkeit« findet sich in Young-Bruehl, *Why Arendt Matters,* S. 1-6.

16 Arendt, »Über den Zusammenhang von Denken und Moral«, in: Dies., *Zwischen Vergangenheit und Zukunft,* S. 128-155 (154).

17 Ebd., S. 155.

18 Arendt, *Vita activa oder Vom tätigen Leben,* S. 17.

19 Ebd., S. 17f.

20 Ihre Dissertation erschien unter dem Titel *Der Liebesbegriff bei Augustin.* Bezüglich Arendts Verhältnis zu Augustinus teile ich die Ansicht von Joanna Vecchiarelli Scott und Judith Chelius Stark in deren der englischsprachigen Ausgabe vorangestellten Interpretation: »Die diskursiven Themen und Modalitäten, die Arendt in ihrer Dissertation einführt, bilden wichtige Grundgedanken ihrer späteren Arbeit« (S. 142).

21 Die Wendung »Grundlagen der Politik« folgt Arendts Ansatz, verdankt sich aber auch Obers Rede von den »Grundlagen der Demokratie« (»basic democracy«) in *Demo-*

polis. Young-Bruehl zufolge organisiert sich Arendts politisches Denken rund um »Grunderfahrungen« (»basic experience«) (*Why Arendt Matters*, 8).

22 Am umfassendsten ausgeführt in ihrem Buch *Vita activa.*

23 Ebd., S. 17.

24 Ebd., S. 9. Natürlich können wir dieser Tatsache auch durch menschliche Kooperation, Gemeinschaft, Gastfreundschaft und Solidarität nicht entgehen.

25 Die Bedeutung der Kommunikation für die menschliche Existenz lernte Arendt von ihrem Lehrer, Mentor und Freund Karl Jaspers. Mehr über Jaspers und Kommunikation in: Gordon, »Karl Jaspers«.

26 Arendt, Menschen in finsteren Zeiten, S. 27.

27 Arendt, *Vita activa*, S. 251.

28 Eine wundervoll ausführliche Meditation über die Bedeutung der Versöhnung mit der Welt außerhalb unseres Gehirns bietet Crawford, *The World beyond Your Head.*

29 Arendt, Vom Leben des Geistes, S. 31.

30 Arendt, *Über die Revolution*, S. 152.

31 Ebd., S. 142.

32 Ebd., S. 138.

33 Ich beziehe mich hier auf eine Reihe arendtscher Argumente über Menschenrechte, Menschenwürde, politischen Naturalismus und politische Phänomenologie, die so tiefgründig wie komplex sind. Eine detaillierte Diskussion dieser Themen in Arendts Werk bietet Menke, »The ›Aporias of Human Rights‹«.

34 Laut Joanna Vecchiarelli Scott und Judith Chelius Stark war Arendts Herangehensweise an politische Fragen stark von ihrem Doktorvater und Freund Karl Jaspers beeinflusst: »Für ihn war das Ziel der Philosophie nicht, ein komplettes System des Wissens und der Wirklichkeit zu errichten, sondern in den Prozess der Erhellung und Erschließung einzutreten, der oft Gegensätze, Widersprüche, Grenzen und Beschränkungen offenlegt, und diese philosophischen Reflexionen durch Kommunikation zu teilen.« (vgl. ihre Hinweise in: Arendt, *Love and Saint Augustine*, S. 199–200). Julia Kristeva, eine von Arendts eloquentesten Biografinnen, schrieb über ihr Denken: »Sie feilt nicht aus, noch vollendet sie, ebensowenig wie ihr Diskurs über dem Kampfgetümmel schwebt«. (Kristeva, *Das weibliche Genie. Hannah Arendt*, S. 58). Die explorative Natur des arendtschen Denkens hat viele Kritiker auf den Plan gerufen. Jüngst wurde sie für einige Positionen hinsichtlich der Frage kritisiert, die Mitte des 20. Jahrhunderts als *negro question* bezeichnet wurde. Vgl. Grines, *Hannah Arendt and the Negro Question.* Es lässt sich mit Recht behaupten, dass Arendt die systemische Natur und Beharrlichkeit der weißen Vorherrschaft in den Vereinigten Staaten nicht gänzlich begriff. Behauptungen, Arendt selbst sei Rassistin gewesen, psychologisieren und moralisieren ihr fehlendes Verständnis und vielleicht gar ihre Sympathien und vernachlässigen ihre Bewunderung der US-Bürgerrechtsbewegung. Siehe z. B. Arendt, *Macht und Gewalt*, S. 17f, und dies., *Denken ohne Geländer*, S. 243-247.

35 Arendt, »Society and Culture«, S. 280. Arendts Verhältnis zur philosophischen Tradition kann mit dem von Leo Strauss verglichen und kontrastiert werden. Strauss war einer der wichtigsten politischen Philosophen des 20. Jahrhunderts und fand, wie Arendt, nach der Flucht aus Nazideutschland ein neues Zuhause in den USA. Beiden – sowie Martin Heidegger, dessen Denken sowohl für Strauss als auch für Arendt von entscheidender Bedeutung war, wenn auch in sehr verschiedener Weise – war es äußerst wichtig, dass wir lernen, die antiken Denker zu »lesen«. Strauss betrachtete die

klassische Tradition jedoch als Antithese zur modernen, »historizistischen« und relativistischen Philosophie. Die antike Tradition bildete für Strauss also hauptsächlich einen Kontrapunkt zur modernen Philosophie. Arendt schien eine solche, stark antithetische Beziehung zwischen Antike und Moderne nicht möglich, da beide im Verhältnis zur menschlichen Welt stünden und diese entsprechend besser oder schlechter darstellten. Strauss' bekanntestes Werk ist *Naturrecht und Geschichte*. Eine breite und erhellende Diskussion von Strauss' Arbeit liefert die Arendtianerin Zerilli, *A Democratic Theory of Judgment*, S. 83–116.

Kapitel 1

36 Die Mitschrift der zweiten Präsidentschaftsdebatte in St. Louis, Missouri, 9. Oktober 2016, findet sich unter https://www.nytimes.com/2016/10/10/us/politics/transcript-second-debate.html.

37 Dwight D. Eisenhower, »Farewell Radio and Television Address to the American People, January 17th, 1961«, Eisenhower Archives, https://www.eisenhower.archives.gov/all_about_ike /speeches/farewell_address.pdf.

38 Vgl. Postman, *Wir amüsieren uns zu Tode. Urteilsbildung im Zeitalter der Unterhaltungsindustrie.*

39 Sie mochte keine Eskapistin gewesen sein, unternahm jedoch einige gefährliche Fluchten aus politischen Gründen, insbesondere aus Nazideutschland. Einen wunderbaren illustrierten Bericht über Arendts biografische Fluchten liefert Krimstein, *Die drei Leben der Hannah Arendt.*

40 Eine nützliche Übung im Vergleichen und Gegenüberstellen von Postmans und Arendts Herangehensweise an das Problem der Politik im Fernsehzeitalter lese man Postmans *Wir amüsieren uns zu Tode*, neben Arendts »Reflections on the 1960 National Conventions: Kennedy vs. Nixon«, *in: Thinking Without a Bannister, S. 192-200.*

41 Vgl. Arendt, *Elemente und Ursprünge totaler Herrschaft.*

42 Arendts Gedanken zur zunehmenden Überflüssigkeit des Menschen im modernen Leben diskutiert Kristeva, *Das weibliche Genie,* S. 30f.

43 Peter Heinricher, »NFL Protest Letter Justifies Racism«, Brief an den Herausgeber, *News-Gazette* (Champaign, IL), Freitag, 10. Nov. 2017. Diese Tatsache erinnert an den Titel von Harold Lasswells Klassiker *Politics: Who Gets What, When, How?* Von 1966 und ist in vielen liberalen Denkschulen verbreitet. Barber argumentiert in *Starke Demokratie*, Politik werde dadurch zu einer Form der Tierhaltung, wobei die Bürger die Tiere seien und die Regierung die Wärter.

44 Vgl. Arendt, *Über die Revolution*, S. 355.

45 Robinson, *What Are We Doing Here?,* S. 85.

46 Kristeva, *Das weibliche Genie*, S. 31.

47 Arendt, Elemente und Ursprünge totaler Herrschaft, Vorwort und Teil II.

48 Clausewitz, *Vom Kriege*, Buch I, Kap. 1. Bannon zit. n. Kimberly A. Strassel, »Steve Bannon on Politics as War«, *Wall Street Journal*, 18. Nov. 2016, https://www.wsj.com/articles/steve-bannon-on-politics-as-war-1479513161.

49 Schmitt, *Der Begriff des Politischen,* S. 12ff.

50 McAfee, »Acting Politically«, S. 277.

51 Vgl. Arendt, *On Revolution*, S. 268, sowie Arendt, *Promise of Politics*, S. 17. Eine breite und anspruchsvolle Diskussion von Arendts Vorstellung von Politik als genuinem Akt der Freiheit statt als Herrschaft vgl. Zerilli, *A Democratic Theory of Judgment*, insbes. Kap. 7.

52 Vgl. Arendt, *Denken ohne Geländer.*

53 Vgl. etwa Aristoteles, *Der Staat der Athener*, 43,4.

54 Vgl. Ober, *Demopolis oder Was ist Demokratie*, übers. v. Karin Schuler, Darmstadt 2017, S. 41ff.

55 Arendt, *Vita activa*, S. 302.

56 Arendt, *Über die Revolution*, S. 355.

57 Arendt, *Vom Leben des Geistes*, S. 29.

58 Arendt, *Origins of Totalitarianism*, S. 142, Anm. 38. Es erstaunt, dass sich diese Definition von Politik, die zu Arendts klarsten gehört, in einer Fußnote findet. Die Auslagerung eines solch klaren Politikbegriffs in eine Anmerkung mag zwar merkwürdig erscheinen, passt aber zu ihrem Verfahren, sich meist nicht mit der Politik selbst zu beschäftigen, sondern mit den Faktoren, die uns von ihr abhalten.

59 Allen, *Talking to Strangers.*

60 Arendt benutzte in ihren Schriften häufig die Formulierung »common world«. Sie unterscheidet sich von dem Begriff »Gemeingut«, der manchmal mit dem republikanischen politischen Denken assoziiert wird. Letzteres wird von Liberalen und marxistisch orientierten Denkern breit kritisiert. Liberale stehen dem, was allen »gemein« ist, tendenziell skeptisch gegenüber, und Marxisten sehen das »Gemeinwohl« als ideologisches Instrument, mit dem die Interessen einer Minderheit über die einer Mehrheit gestellt werden, indem die Minderheit behauptet, ihre Interessen dienten eben diesem »Gemeinwohl«. Ich möchte das »Gemeinwohl« keineswegs als objektive, unabhängige Entität verteidigen und sehe dennoch nicht, wie wir »Gemeingut« ablehnen können, ohne noch stärkere Ausprägungen von Ideologie und Dominanz zu riskieren. Haben wir denn nichts gemein? Wenn wir Dinge gemein haben und darunter gemeinsame Ziele oder Ideale sind, handelt es sich dabei nicht um »Gemeingüter?«

61 Zerilli, *Feminism and the Abyss of Freedom*, S. 30.

62 Vgl. Aristoteles, *Politik*; u. ders., *Nikomachische Ethik*.

63 Arendt, *Über die Revolution*, S. 191.

64 Arendt, *On Revolution*. Die Verfassungsbildung diskutiert sie ausführlich in ebd., v. a. S. 185-191.

65 Den Eindruck, das Politische beinhalte etwas Spontanes, scheint Arendt aus der Lektüre der Werke Rosa Luxemburgs (1871-1919) gewonnen zu haben. Die in Polen geborene deutsche Aktivistin stellte sich gegen Deutschlands Handeln im I. Weltkrieg und kritisierte Lenin offen. Mehr über Arendts Luxemburg-Lektüre in: Young-Bruehl, *Hannah Arendt. Leben, Werk und Zeit.*

66 Arendt, *Vita activa*, S. 251.

67 Arendt, *Was ist Politik?*, S. 13.

68 Arendts Verhältnis zur Moderne wird aus unterschiedlichen Perspektiven diskutiert in: Arnett, *Communication Ethics in Dark Times* sowie Benhabib: *The Reluctant Modernism of Hannah Arendt.* Arnett sieht Arendt als scharfe und kategorische Kritikerin der Moderne; Benhabib begreift ihre Kritik der Moderne als prägnant und letztlich ambivalent.

69 Adam Villacin, »Shohei Ohtani and Reframing the Way We Think about Sports«, *Ringer*, 24. Dez. 2018, https://www.theringer.com/mlb/2018/12/24/18154386/shohei-ohtani-los-angeles-angels-pitching-hitting.

70 Vgl. O'Neil, *Angriff der Algorithmen.*

71 Vgl. Arendt, *Between Past and Future*, S. 169.

72 Vgl. z. B. Donald Trumps Rede bei seiner Nominierung zum Präsidentschaftskandidaten auf der Republican National Convention in Cleveland 2016 (Video und Abschrift auf https://abcnews.go.com/Politics/full-text-donald-trumps-2016-republican-national-convention/story?id=40786529); sowie seine Wahlkampfrede in Hilton Head, South Carolina, 30. Dez. 2015 (Video auf https://archive.org/details/CSPAN_20151230_160000_Donald_Trump_Campaign_Rally_in_Hilton_Head_South_Carolina; »I'm a doer«, Minute 12:27).

73 Arendt, *Origins of Totalitarianism*, S. 142 Anm. 38.

74 Arendt zögerte nicht, unsere moderne Gesellschaft mit der Rhetorik der Magie und des Wunders zu beschreiben. Vgl. Arendt, *Between Past and Future*, S. 168-70; Arendt, *Vita activa*, S. 316; *Über die Revolution*, S. 70; und *On Violence*, S. 86. Arendts Diskussion von Wundern steht in engem Zusammenhang mit ihrem Begriff der »Natalität« und ihrem Verständnis von Politik als Modus der »Anfänge« (zusätzlich zur hier zitierten Passage aus *Between Past and Future* vgl. Arendt, *Vita activa*, S. 18 und Arendt, *Thinking without a Banister*, S. 321). Diese Gedanken finden sich bereits in ihren frühesten Arbeiten zu Augustinus und ziehen sich durch ihr gesamtes Werk. Eine hilfreiche Übersicht bietet die Interpretation von Joanna Vecchiarelli Scott u. Judith Chelius Stark in: Arendt, *Love and Saint Augustine*, S. 146-48.

75 Es handelt sich hierbei um wahre politische Geschichten. Zu dem Schwarzen, der mit Mitgliedern des Ku-Klux-Klans spricht, vgl. Dwane Brown, »How One Man Convinced 200 Ku Klux Klan Members to Give Up Their Robes«, in: *National Public Radio*, 20. 08. 2017, https://www.npr.org /2017/08/20/544861933/how-one-man-convinced-200-ku-klux-klan-members-to-give-up-their-robes. Über die Kleinstadt, die illegale Migranten ausbildet, vgl. »Our Town«, in: *This American Life*, https://www.thisamericanlife.org/632/our-town-part-one. Die Geschichte über arme Landarbeiter, die erfolgreich für Rechtsschutz kämpfen, findet sich bei LeRoy Chatfield, »Cesar Chavez: The Farmworker Movement: 1962-1993«, in: *Farmworker Documentation Project*, UC San Diego Library, Zugriff Mai 2019, https://libraries.ucsd.edu/farmworkermovement/.

76 Arendt, *Responsibility and Judgment*, S. 19.

77 Noble, *The Religion of Technology*, liefert eine bekannte Diskussion der Vergötterung der Technologie.

78 Faszinierend diskutiert werden die technologischen Entwicklungen um die Mitte des 20. Jahrhunderts in: Ellul, *Technological Society*.

79 Arendt, *Vita activa*, S. 12. Eine ähnliche philosophische Diagnose des Technologieproblems, die Arendt sicherlich beeinflusste, liefert Martin Heidegger in: *Die Frage nach der Technik*.

80 Vgl. Arendt, »Tradition und die Neuzeit«, *in: Zwischen Vergangenheit und Zukunft, S. 23-53.*

81 Arendt, *Über die Revolution*, S, 72.

82 Arendts Diskussion der Unwiderruflichkeit im Denken der französischen Revolutionäre: Über die Revolution, S. 57ff. Eine allgemeinere geschichtsphilosophische Betrachtung findet sich in Arendt, Tradition und die Neuzeit«, *in: Zwischen Vergangenheit und Zukunft, S. 23-53* sowie in *Elemente und Ursprünge totaler Herrschaft,* S. 944-950.

83 Vgl. Arendt, *Between Past and Future*, S. 100f.

84 Vgl. Arendt, *Über die Revolution*, S. 71, sowie ihre Auseinandersetzung mit T. E. Lawrence in *Elemente und Ursprünge totaler Herrschaft.*

85 Wenn die Regierung eine Maschine zur Kontrolle von Wirtschaft und Gesellschaft ist, dann ist Politik bestenfalls ein Mittel, um die Mechanismen des Staats im Interesse einer Gruppe zuungunsten einer anderen Gruppe zu manipulieren. So wird Politik laut Linda Zerilli, die Arendt zusammenfasst, zur bloßen »instrumentellen, zweckorientierten Aktivität für das Mikro- und Makromanagement gesellschaftlicher Beziehungen.« Zerilli, *Feminism and the Abyss of Freedom*, S. 3.

86 Das, was ich »Gesellschaft« nenne, bezeichnet Arendt entweder als »das Soziale« oder die »Massengesellschaft«. Mit ersterem benennt sie ein Phänomen, ähnlich wie im Fall des »Politischen«; Letzteres bezeichnet ein empirisches Phänomen – ein gigantisches Kollektiv, das durch Massenmedien und große Logistik- und Transportsysteme eine gemeinsame, verbindende Identität hat. In Elemente und Ursprünge totaler Herrschaft kritisiert sie jedoch explizit den Begriff »Gesellschaft« als Mechanismus, der Individuen ihrer Verantwortung enthebt. Vgl. ebd., S. 190-211.

87 Arendt, *Vita activa*, S. 39.

88 Arendt, *Promise of Politics*, S. 68.

89 Vgl. auch Nussbaum, *Monarchy of Fear*.

90 Das war die ideologische Rationale, der nach dem Zweiten Weltkrieg so viele Verfechter der freien Marktwirtschaft folgten — insbesondere Friedrich Hayek. Vgl. Hayek, *Der Weg zur Knechtschaft*.

91 Ein erhellendes Büchlein über die Sündenbocksuche in der Politik bietet Roberts-Miller, *Demagoguery and Democracy*. Arendt behandelt die Problematik der Juden als Sündenböcke in Europa vor dem Aufkommen der Konzentrationslager detailliert in *Elemente und Ursprünge totaler Herrschaft*, u. a. S. 212ff.

92 Politiktheoretiker bezeichnen dies als das »republikanische« Verständnis von Freiheit. Es geht davon aus, dass es zwischen dem »freien Willen« und »politischer Freiheit« keinen bedeutsamen Unterschied gibt, da beide unterstellen, dass jemand »dafür verantwortlich gemacht werden kann, was er durch die Ausübung dieser Freiheit tut. Angenommen es wird unterstellt, einer Person fehle es in einem bestimmten Bereich menschlicher Aktivität an Willensfreiheit. Das bedeutet sofort, dass sie für ihre Taten nicht verantwortlich gemacht werden sollte. Oder man nehme an, jemandem fehle es angeblich nicht am freien Willen als solchem, sondern an einer bestimmten politischen Freiheit, etwa der Freiheit, sich regierungskritisch zu äußern. Auch das würde bedeuten, dass die Person nicht oder nicht gänzlich dafür verantwortlich wäre, sich nicht geäußert zu haben. In jedem Fall besteht eine Verbindung zwischen der Zuschreibung von Freiheit und der Unterstellung von Verantwortung.« Philip Pettit, *A Theory of Freedom*, S. 1f. Die Korrelation zwischen Freiheit und Verantwortung hat auch Arendt häufig erwähnt. Kapitel 5 dieses Buchs beschäftigt sich ausführlicher mit dem Thema Freiheit.

93 Dank an Dave Tell für diese Formulierung.

94 Arendt, *Vita activa*, S. 251.

95 Ebd., S. 11.

96 Zerilli, *Feminism and the Abyss of Freedom,* S. 23.

97 Crick, *In Defense of Politics,* S. 151.

98 Arendt, *Origins of Totalitarianism,* S. 301.

99 Arendt, *Über die Revolution,* S. 35; *Thinking without a Banister,* S. 58. Wie Arendt anmerkt, ist »gründen« eine Bedeutung des griechischen *archê*; »herrschen« ist die andere.

100 Arendt, Promise of Politics, S. 95.

101 Ebd., S. 95, S. 108, S. 116-121.

102 Vgl. Arendt, *Über die Revolution*, S. 34.

103 Vgl. Kapitel 6.

104 Max Weber, *Politik als Beruf*, Berlin 2014, S. 4.

105 Arendt, *Macht und Gewalt*, S. 51.

106 Arendt, *Promise of Politics,* S. 111f.

107 Ebd. S. 113.

108 Vgl. Allen, *Talking to Strangers*, S. 56f.

109 Ebd., S. 57.

110 Asen, *Democracy, Deliberation, and Education,* S. 150f.

111 Mit den Unterschieden zwischen den produktiven, theoretischen und aktiven Künsten beschäftigt sich Quintilian im *Lehrbuch der Redekunst*, 2.18.

112 Arendt, *Über die Revolution,* S. 39.

113 Diese Darstellung basiert auf einer Vorlesung von Lou Turner an der University of Illinois, 17. Okt. 2018.

114 Hunter u. Bowman, »Vanishing Center of American Democracy«, S. 19.

115 Vgl. Habermas, *Legitimationsprobleme im Spätkapitalismus,* sowie O'Gorman, *Iconoclastic Imagination,* Kap. 1.

Kapitel 3

116 Associated Press, »Paddle-Boarders Surrounded by 15 Great White Sharks Told to ›Exit the Water Calmly‹ by Police Helicopter«, *London Telegraph*, 11. Mai 2017; Daniel Comer, »15 Sharks Surround Paddle Boat in Orange County CA«, YouTube video, posted May 12, 2017, https://www.youtube.com/watch?v=Mrwm2H0CfjM& feature=youtu.be.

117 Hier (und an anderer Stelle) stütze ich mich nicht nur auf Arendt, sondern auch auf Danielle Allen, *Talking to Strangers.*

118 Arendt, *Vom Leben des Geistes,* S. 192.

119 In gewisser Hinsicht schließe ich mich hier Barber (*Starke Demokratie*) an. Für Barber besteht der Kern von Politik in Entscheidungen oder Urteilen unter den denkbar schlimmsten Bedingungen, wenn es a priori keine Entscheidungsgrundlage gibt. Mein Ansatz unterscheidet sich jedoch in einem wichtigen Punkt von dem Barbers: Er verweist Politik auf Ausnahmesituationen, in denen wir keine unabhängigen, objektiven

und gültigen Möglichkeiten der Entscheidungsfindung haben. Diese Betrachtung der Politik als Ausnahme finde ich nicht zuletzt deshalb recht problematisch, weil sie die Frage aufwirft, wer unter diesen Bedingungen letztlich die Entscheidung trifft. Mir scheint, dies ist eine politische Frage par excellence. Die Frage nach dem Politischen dreht sich im Kern nicht um Ausnahmemomente, in denen wir ohne präexistierende Grundlage Entscheidungen treffen müssen, sondern um die Art, wie wir Urteile treffen. Ein- und dasselbe Thema – etwa »eine Wählerstimme pro Person« – ließe sich auf »grundlegende« Weise angehen (beispielsweise nach dem Prinzip mathematischer Gleichheit) oder auf »nicht grundlegende« politische Weise (zum Beispiel in Debatten über das Verhältniswahlrecht). Ob ein Thema also politisch wird, hat nichts mit dessen epistemologischem Status zu tun – wie Barber zu argumentieren scheint –, sondern nur mit der Art der Herangehensweise.

120 Eine detaillierte Diskussion von Arendts Bezugnahme auf das Altgriechische, insbesondere den aristotelischen Begriff *krinein*, vgl. Marshall, »Origin and Character of Arendt's Theory of Judgment«.

121 Arendt, *Crises of the Republic*, S. 203.

122 Arendt, *On Revolution*, S. 86 u. 88.

123 Arendt, *Life of the Mind*, 2, S. 64-74. Wie Arendt in Kapitel 13 der Elemente und Ursprünge totaler Herrschaft ausführt, liegt es in der Natur einer totalitären Macht, nicht nur unsere Handlungen, sondern auch unsere Beweggründe zu bestimmen oder in anderer Form zu kontrollieren. Was wir tun genügt nicht – wir müssen es aus den »richtigen« Gründen tun. Vgl. King, *Arendt in America*, S. 52-53.

124 Arendt, *Elemente und Ursprünge totaler Herrschaft*, S. 965.

125 Arendt, *Human Condition*, S. 5.

126 Arendt, »Die Krise in der Erziehung«, in: *Zwischen Vergangenheit und Zukunft*, S. 255-276 (S. 257).

127 Arendt, *Promise of Politics*, S. 99-101.

128 Arendt, *Zwischen Vergangenheit und Zukunft*, S. 259.

129 Vgl. Arnett, »Arendt and Saint Augustine«. Dies ist Teil ihres Versuchs, Kants Konzept der ästhetischen Urteilskraft auf die Politik anzuwenden. Vgl. Arendt, »Über Kants politische Philosophie«, in: Dies., *Das Urteilen*; sowie Kateb, »Judgment of Arendt«.

130 Kateb, »Judgment of Arendt«, S. 125.

131 Arendt: »I believe that the way in which we say ›This is right, this is wrong ‹, is not very different from the way we say ›This is beautiful, this is ugly‹. That is, we are now prepared to meet the phenomena, so to speak, head-on, without any preconceived system.« *Thinking without a Bannister*, S. 482.

132 Young-Bruehl, *Hannah Arendt*, xxxi.

133 Arendt, *Promise of Politics*, S. 167f.

134 Vgl. Zerilli, »We Feel Our Freedom«, S. 162f.

135 Arendt, *Promise of Politics*, S. 167f (Hervorhebung im Original).

136 Arendt, *On Revolution*, S. 221.

137 Arendt, *Lectures on Kant's Political Philosophy*, S. 43. An anderer Stelle überlegt Arendt, dass Empathie das politische Urteil fehlleiten kann, weil sie ironischerweise dem Elend anderer gegenüber unsensible machen kann. Wenn nicht unser Denken, sondern unser Fühlen unseren Urteilen zugrunde liegt, sind wir von der begrenzten, manchmal verdächtigen Bandbreite unserer Gefühle abhängig und übersehen viel-

leicht wichtige politische Probleme. Arendts Überlegung, so habe es sich mit der Sklaverei in Amerika verhalten, findet sich in *On Revolution*, S. 60-62. Eine Diskussion der politischen Probleme des Mitleids als engem Verwandten der Empathie bei Arendt bietet Newcomb, »Totalized Compassion.«

138 Diese Diskussion findet sich auf Quora in einem Beitrag mit dem Titel »What Are the Pros and Cons of Stop and Frisk?«, Zugriff 21. Dez. 2018, https://www.quora.com/What-are-the-pros-and-cons-of-stop-and-frisk. Vgl. »Stop and Frisk«, in: *West's Encyclopedia of American Law*, Zugriff 21. Dez. 2018, https://legal-dictionary.thefreedictionary.com /Stop+and+Frisk.

139 Zagajewski, *Two Cities*, S. 263. In *Arendt in America* unterstreicht King die Bedeutung von »adverbs and adjectives« für Arendts Denken (S. 42).

140 Urteilskraft überhaupt ist das Vermögen, das Besondere als unter dem Allgemeinen enthalten zu denken.« Kant, *Kritik der Urteilskraft*, Einleitung, IV, S. 26.

141 Zur zentralen Rolle des Narrativs nicht nur in Arendts Denken, sondern auch in ihrer Methodik vgl. Disch, »More Truth Than Fact«.

142 Arendt, *Thinking without a Bannister*, S. 180f.

143 Urteile ohne strenge Prozeduren erörtert Arendt unter dem Begriff der »reflektierenden Urteilskraft«, wie Kant ihn in seiner Kritik der Urteilskraft entwirft. Vgl. Arendt, *Lectures on Kant's Political Philosophy*.

144 Descartes, *Regulationes ad directionem ingenii*, Regel II (S. 7).

145 Vgl. Oakeshott, *Rationalism in Politics and Other Essays*, S. 20.

146 Zu Arendts Kritik an modernen Prozessen vgl. Zerilli, »We Feel Our Freedom«.

147 Meine Kritik am Prozeduralismus erinnert an und bezieht sich auf: Taylor, *Sources of the Self* (v. a. S. 495f). Ab den 1960er-Jahren war der wichtigste Vertreter des Prozeduralismus der Philosoph John Rawls. Sein berühmtestes Werk ist zwar *Die Theorie der Gerechtigkeit* (1971, dt. 1979), doch der spätere Text *Politischer Liberalismus* (1993, dt. 2003) ist seine überzeugendste Verteidigung des Prozeduralismus. Rawls plädiert für eine Unterscheidung zwischen unserer Identität als Bürger und unserer persönlichen, privaten Alltagsidentität. Bürger sein bedeutet für ihn, eine quasi-offizielle öffentliche Rolle auszufüllen und in dieser Funktion die »privaten« (beispielsweise religiösen) Überzeugungen vorläufig allgemein anerkannten Regeln unterzuordnen. Dies geschieht im Namen der politischen Zusammenarbeit und soll das Erreichen des demokratischen Gemeinwohls erleichtern. Rawls' Argument ähnelt hier Habermas' Begriff des »öffentlichen Raums«, wie er ihn in *Strukturwandel der Öffentlichkeit* und in Band 2 der *Theorie des kommunikativen Handelns* ausführt. (Rawls und Habermas wurden für ihr Verständnis des »Öffentlichen« und »Privaten« kritisiert. Zur Kritik an Rawls vgl. Sandel, »Political Liberalism«; zur Kritik an Habermas vgl. Fraser, »Rethinking the Public Sphere.«) Diesen Kritiken würde ich die arendtsche hinzufügen: Eben wegen seines quasi-offiziellen Verständnisses von Bürgerschaft läuft der Prozeduralismus Gefahr, Politik auf ein Instrument zum Erreichen demokratischer gesellschaftlicher Ziele zu reduzieren, statt sie als wesentliche Eigenschaft der *conditio humana* zu begreifen. Politik wird damit, wie bereits in der Einleitung ausgeführt, zur bloßen Freizeitbeschäftigung reduziert.

148 Arendt, *Vita activa*, S. 56f.

149 Arendt, *Origins of Totalitarianism*, S. 488.

150 Arendt, *Das Leben des Geistes*, S. 211.

151 Zwei recht unterschiedliche doch gleichermaßen durchdachte Darstellungen der Her-

ausforderungen im Zusammenhang mit Fremden in der heutigen Welt finden sich bei: Allen, *Talking to Strangers*; u. Appiah, *Cosmopolitanism*.

152 Arendt, *Between Past and Future*, S. 221.

153 Disch, »More Truth Than Fact«, S. 666.

Kapitel 4

154 Scott Shane u. Alan Blinder, »Secret Experiment in Alabama Senate Race Imitated

Russian Tactics«, in: *The New York Times*, 19. Nov. 2018, https://www.nytimes.com/2018/12/19/us/alabama-senate-roy-jones-russia.html.

155 Vgl. z. B. Glenn Kessler, Salvador Rizzo u. Meg Kelly, „President Trump

Has Made 6,420 False or Misleading Claims over 649 Days," in: *The Washington Post*, 2. Nov. 2018, https://www.washingtonpost.com/politics/2018/11/02/president-trump-has-made-false-or-misleading-claims-over-days/?utm_term=.dfaa8a0b8502.

156 Kant, *Über ein vermeintliches Recht, aus Menschenliebe zu lügen*, S. 427ff.

157 Bernstein, *Why Read Hannah Arendt Now?*, S. 78.

158 Max Weber, *Politik als Beruf*, S. 58.

159 Ebd., S. 65.

160 Hier schließt sich Weber in vielfacher Hinsicht Kants Bild des Politikers in *Zum ewigen Frieden* an: »Ich kann mir nun zwar einen *moralischen Politiker*, d. i. einen, der die Principien der Staatsklugheit so nimmt, daß sie mit der Moral zusammen bestehen können, aber nicht einen *politischen Moralisten* denken, der sich eine Moral so schmiedet, wie es der Vortheil des Staatsmanns sich zuträglich findet.« Kant, *Zum ewigen Frieden*, S. 186 [Hervorhebungen im Original].

161 Goffman, »On Face Work«, S. 213-31. Arendts analoges Konzept der »Selbstdarstellung« findet sich in *Das Leben des Geistes*, S. 31f.

162 Nyberg, The Varnished Truth, 1.

163 »Für die Politik ist das entscheidende Mittel: die Gewaltsamkeit«, so Weber in *Politik als Beruf*, S. 58). Weber sprach auch von dem »für alles politische Handeln unentrinnbaren Gewaltsamkeitspragma« (*Die Wirtschaftsethik der Weltreligionen*, S. 567)

164 Auch Hannah Arendt wurde in den 1930er-Jahren in Berlin festgenommen und wegen ihrer Aktivitäten im Widerstand inhaftiert. Auch sie log in den Verhören. Anders als Bonhoeffer, der lange im Gefängnis saß und schließlich ermordet wurde, kam Arendt nach wenigen Tagen frei. Kurz darauf floh sie nach Frankreich. Über ihre Haft und die Verhöre berichtet sie in *Essays in Understanding*, S. 5-6.

165 Vgl. Bonhoeffer, *Ethik*.

166 Ebd. Bonhoeffer spricht hier nicht von einer situativen Ethik, insofern diese als ethischer Relativismus begriffen wird. Im Gegenteil: Bonhoeffer plädiert für ein robusteres Verständnis der »absoluten Wahrheit« (wenngleich er diese Wendung zu Recht vermeidet), der auch dann funktioniert, wenn jemand lügt. Vgl. O'Gorman, »Telling the Truth«.

167 Vgl. Arendt, *Über die Revolution*, S. 132f.

168 Arendt, *Die Lüge in der Politik*, S. 30.

169 Ebd., S. 11.

170 Ein faszinierender Dokumentarfilm über Edward Bernays ist Adam Curtis' *The Century of the Self* (London: BBC, 2002).

171 Im Vorwort zur Erstausgabe von *Origins of Totalitarianism* (1953, S. ix) heißt es: »Antisemitism (not merely hatred of the Jews), imperialism (not merely conquest), totalitarianism (not merely dictatorship)—one after the other, one more brutally than the other, have demonstrated that human dignity needs a new guarantee which can be found only in a new political principle, in a new law on earth, whose validity this time must comprehend the whole of humanity while its power must remain strictly limited, rooted in and controlled by newly defined territorial entities.« Damit ist Arendts republikanisches politisches Projekt in vieler Hinsicht zusammengefasst.

172 Arendt, Die Lüge in der Politik, S. 10.

173 Ebd., S. 10f.

174 Arendt, *Elemente und Ursprünge totaler Herrschaft*, S. 766-813.

175 Arendt, *Die Lüge in der Politik*, S. 8.

176 Kant, *Über ein vermeintes Recht, aus Menschenliebe zu lügen*, S. 427.

Kapitel 5

177 Platon, *Politeia*, VII, 514a-17a.

178 Vgl. https://www.washingtonpost.com.

179 *Nudge: Improving Decisions about Health, Wealth, and Happiness* lautet der Titel eines Buchs des Wirtschaftswissenschaftlers Richard Thaler von der University of Chicago und des Juraprofessors Cass Sunstein von der Harvard University.

180 Vgl. https://www.washingtonpost.com/news/fact-checker.

181 Zu Arendts aristotelischer Verwendung des Rhetorikbegriffs vgl. *Vita activa*, S. 36. 1984 schrieb der Rhetoriker Lawrence Rosenfield im *Quarterly Journal of Speech*: »Ich glaube, unter allen zeitgenössischen Denkern bietet Arendt die tiefgreifendste Möglichkeit zur Retablierung der klassischen Rhetorik.« »Hannah Arendt's Legacy«, S. 92. Es ist mindestens interessant, dass die Rhetorik als Disziplin in den USA Arendt immer noch größtenteils vernachlässigt, obwohl Denker wie Martin Heidegger, Michel Foucault und Emmanuel Levinas begeistert aufgenommen wurden und Arendts Werk in verwandten Fachrichtungen breit rezipiert wird. Ein einfacher, wiewohl trauriger Grund ist vermutlich, dass Arendt den Begriff »Rhetorik« nicht häufig verwendet hat. (Zweifellos gibt es auch andere Gründe.) Zur zentralen Rolle der Rhetorik in Arendts Politikverständnis vgl. Marshall, »Origin and Character of Arendt's Theory of Judgment«; Norris, »On Public Action«; Roberts-Miller, »Fighting without Hatred«; Yeatman, »Arendt and Rhetoric«; u. Zerilli, »We Feel Our Freedom«.

182 Locke, *Versuch über den menschlichen Verstand*, 3. Buch, 10. Kap., §34.

183 Vgl. Schiappa, »Did Plato Coin Rhêtorikê?«

184 Aristoteles, *Rhetorik*, 1359b10-15.

185 Arendt, *On Revolution*, S. 77.

186 Platon, *Politeia*, III, 414b-c.

187 Arendt, *Das Urteilen*, S. 69.

188 Vgl. Arendt, *Über die Revolution*, S. 115.

189 Vgl. Arendts Diskussion der Expertise im Unterricht in: »Die Krise in der Erziehung«, in: *Zwischen Vergangenheit und Zukunft*, S. 255-276.

190 Die Wendung »Wissen ist Macht« wird oft fälschlich Francis Bacon zugeschrieben. Tatsächlich verwendete sie Thomas Hobbes in der lateinischen Ausgabe des *Leviathan* von 1668. Vgl. Hobbes, *Opera Philosophica*, I, Kap. 10. Der Satz passt zu Hobbes: Wie in Kapitel 6 ausgeführt, war er der erste in einer langen Reihe von Ingenieuren, die sich als politische Denker gerierten.

191 Arendt, *Thinking without a Banister*, S. 309. Ihr Denken erinnert hier an Michael Oakeshotts Kritk des Rationalismus – angeblich selbstgenügsame und unpersönliche Formen »technischen« oder »wissenschaftlichen« Wissens, die in liberalen Gesellschaften oft als einzig legitime Form des Regierens betrachtet werden. Vgl. Oakeshott, *Rationalism in Politics*, S. 5-42.

192 Vgl. Arendt, *Die Lüge in der Politik*, S. 14 u. Arendt, *Verstehen und Politik*, S. 111.

193 Arendts Argumentation fügt sich in jahrzehntealte Forschungen über kognitive Dissonanz und Konsonanz: Passen Fakten oder Phänomene nicht zu unseren bereits existierenden Vorstellungen, tendieren wir dazu, sie passend zu machen, statt unsere Vorstellungen zu modifizieren. Vgl. Festinger, *Theorie der kognitiven Dissonanz*.

194 Vgl. Arendt, *Die Lüge in der Politik*, S. 18.

195 Vgl. Hobbes, *Leviathan*, Kap. 15.

196 Vgl. Locke, *Zwei Abhandlungen über die Regierung*, II, Kap. 2.

197 Vgl. Rousseau, *Diskurs über die Ungleichheit*.

198 Vgl. Arendt, *Promise of Politics*, S. 67.

199 Locke, *Zwei Abhandlungen über die Regierung*, II, Kap. 6, §67.

200 Vgl. Allen, *Our Declaration*.

201 Arendt, *Über die Revolution*, S. 36.

202 Ebd.

203 Das soll nicht heißen, dass es neben expliziten politischen Verfassungen und Gesetzen keine nicht natürlichen Tatsachen gibt, auf denen menschliche Gleichheit beruhen kann. Jeremy Waldron etwa versteht Arendts Begriff der »Natalität« -- der Fähigkeit jedes Menschen, etwas Neues anzufangen – als suprapolitische Basis für menschliche Gleichheit. Mir erscheint dies überzeugend (vgl. Waldron, *One Another's Equals*, S. 59-60). Doch welche nicht politische oder suprapolitische Basis der menschlichen Gleichheit in der modernen Welt auch zugrunde gelegt wird (Gott, das Sprachvermögen, die Vernunft, etc.) – das Thema bleibt für Arendt jenseits expliziter politischer Strukturen und Verpflichtungen eine rein akademische Frage.

204 Vgl. Aristoteles, *Rhetorik*, 1.1.5 (1354a). Vgl. a. Johnstone, »An Aristotelian Trilogy«, S. 1-24.

205 Niemand argumentiert überzeugender für eine solche Rhetorik als Danielle Allen in *Talking to Strangers*.

206 Vgl. Arendt, *Thinking without a Banister*, S. 64.

207 Vgl. Aristotels, *Rhetorik*, Buch II.

208 Garsten, *Saving Persuasion*, S. 6.

209 Über die Rolle des Zwangs in einer Demokratie gäbe es noch viel zu sagen. Eine philosophische Diskussion der Thematik findet sich bei Pettit, *A Theory of Freedom*.

210 Vgl. Hawkins et al., »Hidden Tribes«, S. 14.

211 Ebd., S. 37.

212 Ebd., S. 51.

213 Eine philosophische Diskussion dieser »Ethik der Authentizität« bietet Taylor, *Ethics of Authenticity*.

214 Vgl. Allen, *Talking to Strangers*, v. a. Kap. 10.

215 Vgl. Arendt, *Promise of Politics*, S. 12-14. Arendt unterschied eher nicht zwischen Meinungen und Tatsachenbehauptungen, weil beide in der Politik gestützt werden müssen. Dennoch besteht ein Unterschied zwischen der Aussage: Alle Amerikaner haben eine Krankenversicherung verdient« und »Die Zahl nicht krankenversicherter Amerikaner sank zwischen Januar und März 2014 um 3,8 Millionen.« Ersteres ist bestenfalls eine Meinung, letzteres eine Tatsachenbehauptung. Arendt beschäftigte sich nicht mit diesem Unterschied, weil sie sich mehr für den Status von Aussagen interessierte als für deren Inhalt. Eine eingehende Untersuchung von Meinungen im Verhältnis zur Wahrheit in der Politik liefert Enaudeau, »Hannah Arendt: Politics, Opinion, Truth«.

216 Laut Benjamin Barber geht es in der Politik nicht um Wahrheit. Politik erlange ihren Ausnahmestatus, weil wir sie praktizierten, wenn es keine Wahrheit gebe. Sie sei deshalb äquivalent zur Herangehensweise von Philosophen an schwierige Fragen ohne präetablierte Regeln oder Wahrheiten. Wenn wir diskutieren, ob wir in den Krieg ziehen, die Krankenversicherung reformieren oder Lehrern höhere Gehälter zahlen sollen, gibt es keine »Wahrheit«, deren Entdeckung die Frage beantworten würde. Nur eine Übereinkunft kann Barber zufolge unser Ziel sein. Dennoch gibt es auch in solchen Situationen Wahrheiten in Form von Fakten oder logischen Schlüssen, die für das Erreichen einer Übereinkunft wichtig sind. Auch Ehrlichkeit, Integrität und die Wahrheit haben ihren Platz. Aus Arendts Perspektive liegt Barbers Fehler darin dass er – wie Platon – Politik zu einem Zweig der Philosophie erklären will. Doch Arendt wurde nie müde zu betonen, dass Politik keine Philosophie ist, gleich, ob sie »fundamental« (in präetablierten Wahrheiten begründet) oder »nicht fundamental« (ohne präetablierte Wahrheiten) ist. Politik ist vielmehr ein soziales Phänomen. Als solches ist die Wahrheit für sie zwar (manchmal hochgradig) relevant, ist aber nicht das einzig Wichtige. Vgl. Barber, *Starke Demokratie*.

217 Arendt, *Die Lüge in der Politik*, S. 9.

218 Ebd., S. 9f.

219 Vgl. Arendt, *Promise of Politics*, S. 12.

220 Vgl. ebd., S. 13.

221 Weber, *Politik als Beruf*, S. 58.

222 Vgl. Arendt, *Die Wahrheit in der Politik*, S. 53. Die Wahrheit »2 + 2 = 4« unterstellt selbstverständlich ein Zehnersystem.

223 Zu Mike Hughes vgl. Jeremy Berke, »A California Man Who Believes the Earth Is Flat Launched Himself Almost 2,000 Feet in the Air in a Homemade Rocket«, in: *Business Insider*, 26. März 2018, https://www.businessinsider.com/mad-mike-hughes-flat-earther-launched-in-homemade-rocket-2018-3/. Ein Professor kann andere in einem Seminar zwingen, etablierten Wahrheiten zuzustimmen. Doch Studenten haben innerhalb des Seminarraums nicht den vollen bürgerlichen Status. Genau das ist der Punkt: Wer in die Politik eintritt, wird zum Vollbürger. Ein Staat, der seine Bürger zu einer bestimmten Meinung zwingt, ist ein Staat, der Politik zum Klassenraum oder zum Gefängnis macht – und das darf in einer freiheitlichen Gesellschaft nicht sein. Arendt

beschäftigt sich mit diesen komplexen Themen vor allem im Hinblick auf das öffentliche Bildungswesen in »Die Krise in der Erziehung«, in: *Zwischen Vergangenheit und Zukunft*, S. 255-276.

224 Hier hilft die wichtige Unterscheidung zwischen individueller und geteilter Meinung, oder, geläufiger ausgedrückt, »privaten« und »öffentlichen« Ansichten. Bei Thomas Hobbes findet sich der moderne Gedanke, dass eine politische Gemeinschaft nichts ist als die Summe der Individuen, aus denen sie besteht. Für Hobbes bedeutete die Aussage, in der Politik gebe es nur Meinungen, dass es nur individuelle Meinungen gebe. Tatsächlich jedoch sind die meisten Ansichten – vor allem in politischen Debatten, Urteilen und Entscheidungen – keineswegs »individuell«, sondern gemeinsam, geteilt oder kollektiv. Die philosophische Literatur und Debatte dazu ist extensiv (vgl. Taylor, *Philosophical Papers*), doch ich möchte an den gesunden Menschenverstand appellieren: Welche Meinungen sind wirklich die eigenen? Ich wette, sie fallen in die umfangreiche Kategorie des »Geschmacks«. Vielleicht mag man keine gebratenen Zwiebeln (rohe sind aber in Ordnung), man mag die Frisur eines Popstars nicht oder findet es absurd, für ein Paar Turnschuhe mehr als 150 Dollar zu bezahlen. Unsere Meinungen über kontroverse politische oder gesellschaftliche Themen wie Überwachung, Studiengebühren oder Fracking. Die Meinung zu diesen Themen ist nicht in der Form die eigene Meinung, wie die Ansicht zum Thema gebratene Zwiebeln es ist. Vielmehr teilt man sie mit einer bestimmten oder unbekannten Gruppe anderer. In der Politik ist vieles, was man als »eigene Meinung« bezeichnet, bereits gemeinsam mit vielen anderen vorgeformt. Diese Meinungen sind kollektiv, ehe sie individuell sind, und nicht umgekehrt.

225 Vgl. Orwell, *1984*.

226 Arendt, *Wahrheit und Politik*, S. 49.

227 Ebd.

228 Vgl. Arendt, *Crises of the Republic*, S. 12.

229 Arendt, *Between Past and Future, S. 239ff.*

230 Arendts gründlichste Diskussion des Republikanismus findet sich in *Über die Revolution*. Eine hilfreiche Auseinandersetzung mit Arendt und dem Republikanismus, v. a. in seiner amerikanischen Ausprägung, bieten Canovan, *Hannah Arendt*, Kap. 6; u. King, *Arendt and America*, Kap. 10. Der führende philosophische Vertreter des Republikanismus in der Gegenwart ist Philip Pettit: vgl. *On the People's Terms* u. *Republicanism*.

231 Arendt, *Between Past and Future*, S. 239ff.

232 Vgl. Arendt, *Wahrheit und Politik*.

233 Arendt, *Was ist Politik*, S. 9.

234 Arendt, *Vita activa*, S. 17.

235 Arendt, ebd., S. 226.

236 Arendt, *Vita activa*, S. 36f. Vgl. auch Arendt, *Über die Revolution*, S. 10.

237 Vgl. Hesiod, *Werke und Tage*, Verse 69-82.

238 Gorgias, *Lobrede auf Helena*, Vers 31.

239 Aristoteles, *Politik*, I. 2.

Kapitel 6

240 Arendt, *Promise of Politics*, S. 116.

241 Ebd., S. 129.

242 Ebd.

243 Ebd., Hervorhebung O'Gorman.

244 Vgl. Arendt, *On Revolution*, S. 11.

245 Arendt, *Über die Revolution*, S. 52; *in: Zwischen Vergangenheit und Zukunft, S. 201-226 (S. 205-210).*

246 Vgl. Arendt, *»Freiheit und Politik«, S. 221;* Thinking without a Banister, S. 321; Vita activa, S. 315f; Über die Revolution, S. 70; On Violence, S. 86.

247 Arendt, *Die Lüge in der Politik*, S. 8.

248 Ebd.; Hervorhebung im Original.

249 Arendt, *Essays in Understanding*, S. 323. Arendt arbeitete an einer Theorie über die Rolle der Vorstellungskraft in der Politik und bezog sich dabei auf Kant. Vgl. Arendt, »Imagination«, in: *Thinking without a Bannister*, S. 387-94; u. Arendt, *Über Kants politische Philosophie.*

250 Vgl. Arendt, *Eichmann in Jerusalem.*

251 Die Wendung »eine Welt jenseits der Politik« stammt von Manent, *A World beyond Politics?*

252 Arendt, *Between Past and Future*, S. 151; Hervorhebung im Original.

253 Patchen Markell weist in *Bound by Recognition* darauf hin, dass sich eine jüngere Ausformung der Vorstellung von Freiheit als »Souverän« paradoxerweise innerhalb der »Politik der Anerkennung« findet, die mit der »Identitätspolitik« verwandt ist. Die Politik der Anerkennung kann sich Markell zufolge auf die »respektvolle Anerkennung« der eigenen Identität konzentrieren und damit einen ausgeprägten Sinn für die eigene (und, in gewisser Hinsicht, angeeignete) Identität und Selbstwirksamkeit in Form eines »Strebens nach unabhängigem Handeln, ohne das Leben in der Gemeinschaft als Schwachstelle, Entfremdung oder Selbstverlust zu erfahren« (S. 12). Markell kontrastiert diesen Ansatz mit Arendts Herangehensweise: »In *Vita activa* beschreibt Hannah Arendt die Beziehung von Handeln und Identität auf andere Weise. Statt Identitäten als präetablierte Tatsachen vorauszusetzen, die menschliches Handeln bestimmen, fasst Arendt sie als Ergebnisse öffentlichen Redens und Handelns, durch die Menschen anderen gegenüber in Erscheinung treten und damit offenlegen, wer sie sind. [...] Arendt macht deutlich, dass die Identität selbst durch öffentliche Worte und Taten entsteht, mit denen die Handelnden in der Welt in Erscheinung treten« (S. 13).

254 Vgl. Walzer, *Revolution of the Saints*. Arendt betrachtete den Englischen Bürgerkrieg weniger als erste modern Revolution, sondern eher als Vorgeschmack auf das, was in Amerika und Frankreich geschehen würde. Vgl. Arendt, *On Revolution*, S. 43.

255 Hobbes, *Leviathan*, S. 177.

256 Vgl. Berlin, *Freiheit: Vier Versuche.*

257 Hobbes, Leviathan, S. 177.

258 Ebd.

259 Locke sah den Beginn aller Eigentumsrechte in dem fundamentalen und unbestreitbaren Recht des Menschen, sich selbst zu besitzen: »[S]o hat doch jeder Mensch ein

Eigentum an seiner eigenen Person.« (Locke, Über die Regierung, II, §27, S. 22).

260 Hobbes, *Leviathan*, S. 104.

261 Arendt, *Between Past and Future*, S. 163. Das Problem der Grenzen bleibt bei Arendt meiner Ansicht nach letztlich ungelöst. Ihr politischer Freiheitsbegriff bezieht sich eindeutig nicht nur auf die Geografie, sondern auch auf die Handlungsqualität. Dennoch betont sie die Bedeutung geopolitischer Grenzen für den Schutz bestimmter Rechte. Eine der großen Krisen der modernen Welt sind für Arendt die »Staatenlosen« oder Flüchtlinge (*Origins of Totalitarianism*, S. 277). Damit hat sie gewiss Recht. Gesetze können die Menschen Arendt zufolge nur wirksam schützen, wenn sie durch eine Regierung überwacht und umgesetzt werden. Folglich kritisiert sie eine Konzentration auf »Menschenrechte« ohne eine gleichermaßen starke Verpflichtung zu politischen Machtstrukturen (vgl. *Origins of Totalitarianism*, S. 291-302 u. *On Revolution*, S. 98f): Flüchtlinge hätten nur »Rechte«, wenn ihnen diese aktiv von einer Regierungsmacht zugestanden würden. Gleichzeitig kritisierte sie Formen politischer Ausgrenzung wie Rassismus oder Majoritarismus – also Ausgrenzungsformen, die »Menschenrechte« über politische Grenzen hinweg verhindern oder mindern sollen. Was das bedeutet, geht über den Horizont dieses Buchs weit hinaus. Mich erinnert Arendts Position an ein kürzlich von dem Polithistoriker Richard Tuck vorgebrachtes Argument zum Wahlrecht: »Jeder innerhalb der Grenzen [eines Gebiets oder Staats] sollte sich an Wahlen beteiligen« unabhängig vom jeweiligen offiziellen Status als »Einwohner« oder »Bürger«. Tuck, *The Sleeping Sovereign*, S. 262-63. Für Tuck können Grenzen innerhalb der globalisierten Welt Formen der Ausgrenzung sein, doch zugleich auch Mittel der Gleichstellung und Inklusion.

262 Vgl. Arendt, *Origins of Totalitarianism*, S. 140.

263 Vgl. Schmitt, *Der Leviathan in der Staatslehre des Thomas Hobbes.*

264 Die Souveränität ist ein wichtiges Anliegen von Lockes *Zwei Abhandlungen über die Regierung.*

265 Weber, *Politik als Beruf*, S. 8, Hervorhebung im Original.

266 Ebd., S. 3.

267 Vgl. Arendt, *Origins of Totalitarianism*, S. 140.

268 Ich beziehe mich hier auf Arendt sowie Zerilli, *Feminism and the Abyss of Freedom*, S. 9-16, u. Canovan, *Political Thought of Arendt*, S. 70.

269 Hobbes' Philosophie ignorierte das, was wir heute als »internationale Beziehungen« bezeichnen. Deshalb musste er sich nie mit dem Potential des Souveränitätsbegriffs auseinandersetzen, Gewalt eher zu produzieren als zu reduzieren. Für Hobbes war Souveränität einfach: Innerhalb eines Staats gibt es nur je einen Souverän, sodass es nicht zu einem Konflikt mehrerer souveräner Willen kommen kann. Soweit ich weiß sprach Hobbes nie von einem Welt-Souverän. Hätte er jedoch bedacht, dass es selbst in seiner idealen Welt verschiedene souveräne Staaten geben würde, hätte er erkannt, inwiefern sein Konzept zu Gewalt führen könnte.

270 Schmitt, *Der Begriff des Politischen*, S. 25.

271 Ebd., S. 32.

272 Arendt, *Über die Revolution*, S. 42.

273 Vgl. Arendt, *Between Past and Future*, S. 142.

274 Arendt, *Über die Revolution*, S. 10.

275 Vgl. Arendt, *Between Past and Future*, S. 142.

276 Vgl. ebd., S. 148.

277 Lewis, *Studies in Words*, S. 111; vgl. a. Williams, *Keywords*, S. 179f.

278 Lewis, *Studies in Words*, S. 111.

279 Aristoteles, *Politik*, 1331a–b.

280 Zit. nach Lewis, *Studies in Words*, S. 112.

281 Vgl. ebd,. S. 113.

282 Vgl. ebd.

283 De Sauvigny, »Liberalism, Nationalism, and Socialism«, S. 150f.

284 Ebd., S. 117f.

285 Ebd., S. 115.

286 Arendt beschäftigt sich nicht mit Milton, aber Zera Finks bahnbrechende Untersuchung über Milton und den Republikanismus, *The Classical Republicans* (Northwestern University Press, 1945), erwähnt *Über die Revolution* in der Bibliographie.

287 Die Argumentation in diesem Kapitel stützt sich auf meinen Artikel in *Advances in the History of Rhetoric*; vgl. O'Gorman, »Milton, Hobbes, and Rhetorical Freedom«. Ich argumentiere hier ähnlich wie Quentin Skinner in *Liberty before Liberalism*. Ich glaube jedoch, dass Skinner die theologischen Einflüsse – vor allem des Paulinus von Nola – auf Miltons Freiheitsbegriff deutlich unterschätzt. Mit diesen paulinischen Elementen beschäftige ich mich näher in »Milton, Hobbes, and Rhetorical Freedom«.

288 Arendt, *Über die Revolution*, S. 159.

289 Vgl. Arendt, *Vita Activa*, Bd. 2.

290 Vgl. Milton, *Das verlorene Paradies*, Fünfter Gesang, S. 113f.

291 Vgl. Hariman, *Prudence*.

292 Vgl. ebd., 8.248.

293 Vgl. Rosenblatt, *Renaissance England's Chief Rabbi*, S 135-57; u. Oldman, »Milton, Grotius, and the Law of War«, S. 345-50.

294 Vgl. Grotius, *Des Hugo Grotius drei Bücher über das Recht des Kriegs und Friedens*, I.1.8. Sehr hilfreich für die Diskussion attributiver Gerechtigkeit bei Grotius war Oliver O'Donovans Auseinandersetzung mit dem Thema in *The Ways of Judgment*, S. 37-40.

295 Vgl. Grotius, *Des Hugo Grotius drei Bücher über das Recht des Kriegs und Friedens*, II.14.2.

296 Victoria Kahn bemerkt: »Aristoteles begrenzt zwar den Aufgabenbereich des Redners in der Rhetorik, stellt in der *Nikomachischen Ethik* jedoch mehrere Analogien zwischen der Rhetorik und der Umsicht auf. Diese beziehen sich weniger auf die Kompetenz […], sondern auf die Urteilsform oder Urteilsfindung, die beide umfassen«. *Rhetoric, Prudence, and Skepticism*, S. 30. Kahn argumentiert, diese »implizite, manchmal explizite Verbindung von Rhetorik und Umsicht in der *Ethik*« habe die Humanisten des Quattrocento beeinflusst, insofern sie die Rhetorik als eigene Form menschlicher, der Urteilsfindung dienender Aktivität betrachteten.« (S. 30). Hingegen gründet »die moderne Skepsis gegenüber der Rhetorik« laut Bryan Garsten in dem »Impuls, die Risiken des Urteilens zu minimieren«: Das Urteilen und mehr noch die Gerechtigkeit würden auf Regeln reduziert, oder – so würde ich hinzufügen, auf die abstrakten Gleichungen der »Gleichheit«. *Saving Persuasion*, S. 9f.

297 Vgl. Grotius, *Des Hugo Grotius drei Bücher über das Recht des Kriegs und Friedens*, II.24.7 u. II.14.2.

298 Vgl. Milton, *Das verlorene Paradies*, Fünfter Gesang. Vgl. auch Philip Pettit's Diskussion der »diskursiven Freiheit« in *A Theory of Freedom*, S. 65-87.

299 Azoulay, *Civil Imagination*, S. 99.

300 In *Vita activa* unterscheidet Arendt zwischen »action«, »work« und »labor«. Für die meisten ihrer Leser, mich selbst eingeschlossen, ist diese Differenzierung zugleich erhellend und schwierig. Eine prägnante Diskussion liefert Bonnie Honig, *Public Things*, S. 42.

301 Milton, *Das verlorene Paradies*, Erster Gesang, S. 11.

302 Ebd., Fünfter Gesang, S. 129f.

303 Vgl. ebd., Zweiter Gesang, S. 30. Freiheit als Nichtunterwerfung ist strukturell analog zur Freiheit als Nichteinmischung, die laut Pettit sowohl in historischer als auch philosophischer Perspektive den Kern des liberalen Freiheitsverständnisses ausmacht. Diesen liberalen Ansatz kontrastiert er mit dem »radikaleren« Konzept der Freiheit im republikanischen Denken, das »Nichtbeherrschung« bedeutet – also einen Zustand, in dem es zwischen den Menschen keine großen Asymmetrien hinsichtlich ihrer politischen Macht gibt. Vgl. Pettit, *On the People's Terms*, S. 10f.

304 Milton, *Das verlorene Paradies*, Zweiter Gesang, S. 33.

305 Ebd., Neunter Gesang, S. 207.

306 Vgl. *Aristoteles*, Politik, 1.3-7.

307 Milton, *Das verlorene Paradies*, Neunter Gesang, S. 225ff.

308 Ebd., Sechster Gesang, S. 139.

309 John Miltons Areopagitica. Eine Rede für die Preßfreiheit an das Parlament von England. 1644, S. 2.

310 Historisch betrachtet gab es im Englischen Bürgerkrieg zwei Parteien: Den König und seine Armee auf der einen und das Parlament und dessen Armee auf der anderen Seite. In dem (natürlich in engem Zusammenhang mit dem Bürgerkrieg stehenden) politischen Konflikt bildete die Parlamentsarmee – die New Model Army – jedoch eine eigene Einheit oder Partei, die manchmal mit dem Parlament zusammenarbeitete, manchmal jedoch eine andere Position vertrat und als eigene, relativ unabhängige politische Kraft agierte. (Die Armee machte Oliver Cromwell und Henry Ireton erst zu politischen Führungspersonen.)

311 Zit. n. Woodhouse, *Puritanism and Liberty*, S. 26; Klammern original, Hervorhebung O'Gorman.

312 Arendt, *Ziviler Ungehorsam*, S. 300.

313 Ebd.

314 Hobbes, *Leviathan*, S. 177.

315 Vgl. Arendt, *Between Past and Future*, S. 142.

316 Vgl. ebd., S. 144.

317 Canovan, *Political Thought of Arendt*, S. 73f.

318 Die qualitative Natur der Freiheit bildet den Kern von Arendts Diskussion von *polis* (Stadt) und *oikos* (Haushalt), die für ihre Argumentation in *Vita activa* so zentral sind. Manche meinen, sie sehe das Haus oder den Haushalt im Wesentlichen als unpolitischen Raum. Doch tatsächlich betrachtete sie die altgriechische Unterscheidung von *polis* und *oikos* als qualitative Differenzierung, die ihr half, die qualitative Natur der menschlichen Freiheit zu untersuchen.

319 Arendt, *Promise of Politics*, S. 129.

Die Wiedergeburt der Politik

320 Vgl. Arendt, *Between Past and Future*, S. 145.

321 Ebd.

322 Den Versuch einer republikanischen Theorie sozialer Gerechtigkeit macht Pettit, *On the People's Terms*, S. 75-129, dort v. a.: »Arm sein heißt, die Ressourcen nicht zu haben, die für das grundlegende Funktionieren innerhalb der lokalen Gesellschaft und für ein Leben ohne Scham nötig sind.« (S. 105) Das ist das Kernargument für ein öffentliches Gesundheits- und Bildungssystem und einen angemessenen Mindestlohn.

323 Vgl. Milbank u. Pabst, *The Politics of Virtue*.

324 Vgl. Arendts Betrachtung von Freiheit, Tugend und Virtuosität in *Between Past and Future*, S. 153f, u. S. 169.

325 Arendt, *Über die Revolution*, S. 48.

326 Ebd., S. 44.

327 Eine reflektierte Betrachung von Arendts Gedanken zur Vergebung findet sich bei Young-Bruehl, *Why Arendt Matters*, Kap. 2.

328 Arendt, *Vita activa*, S. 307.

329 Vgl. Arendt, *Promise of Politics*, S. 58. Vgl. auch Arendt, *Vita activa*.